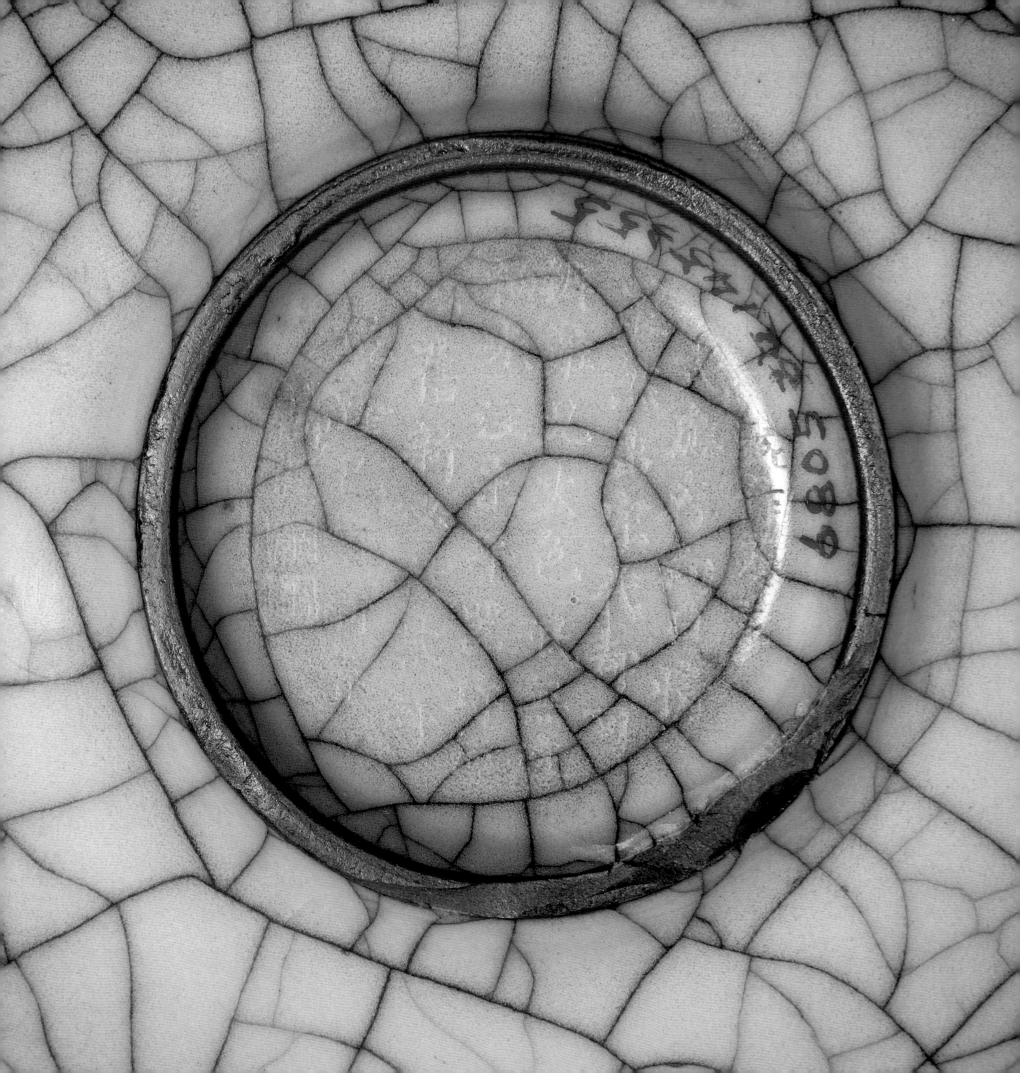

哥瓷雅集

故宫博物院珍藏及出土哥窑瓷器荟萃

故宫博物院 编

故宫出版社

Selection of Ge Ware

The Palace Museum Collection and Archaeological Discoveries

Compiled by the Palace Museum

The Forbidden City Publishing House

目 录

Contents

序言

哥窑是宋代五大名窑之一，它与汝、官、定、钧窑齐名，是为宫廷烧造御用瓷器的官窑，其产品历来珍贵。明代《宣德鼎彝谱》即有"内库所藏柴、汝、官、哥、均、定"的记载，清代乾隆皇帝更将哥窑瓷器视为珍品。现收藏于两岸故宫博物院的哥窑瓷器，多为历代宫廷旧藏，加上其他流散于海内外的传世品，也只有 300 件左右。

传世"宋哥窑"与"北宋官窑"一样，迄今未曾发现确切的窑址，既没在《天工开物》记载的地区——浙江龙泉觅到遗址和残片，也不见于宋皇室陵寝的随葬品中（宋陵多早被盗，故历史上有无，不详，此类情况与汝、官窑瓷器相同），故至今还难以从考古角度寻找科学的佐证材料。

浙江"龙泉哥窑"

1956 年以来，考古工作者曾对龙泉窑系的主要窑址进行过多次科学发掘，清理了大窑、溪口、金村等处窑址，发现黑胎、白胎龙泉青瓷。黑胎青瓷之胎体极薄，所施青釉较厚，釉面莹润明亮，粉青、灰青色釉面均有大小不等的细碎片纹，亦发现有厚胎厚釉之器。

历史上称此类青瓷为龙泉仿官，也见于文献，但从未称之为哥窑，因为它与宫廷旧藏的宋代哥瓷器风格不同。有的学者因文献中有"章生一在琉田主烧青瓷，而曰哥窑"的说法，将其定为哥窑；有的则又将其定为仿官窑或就是官窑。依此而论，窑址发掘品也就出现了"官""哥"不分也难分的现象。有的文献，如《遵生八笺》亦有此说。显然，将其定为官窑或哥窑都不合适，而传世宋哥窑也有官、哥不分的情况，当更有新说。

上海硅酸盐研究所对传世宋哥窑瓷片的化验结果是，其化学成分与龙泉窑址出土的瓷片显然不同。此后，对龙泉窑青瓷系的其他窑址也进行了发掘，发现有类似的开片纹青瓷，于是又出现了它有可能或就是宋哥窑的新论点。

哥窑遗址之谜至今尚未解开，研究者各执一说，似乎都有道理。学术问题的讨论应允许"百家争鸣"，集思广益才能使研究工作不断深入。

宋哥窑瓷器的独特风采

宋代哥窑瓷器具有鲜明的时代特征，笔者仔细观察过，其琢器造型多以仿青铜器为本，古拙、质朴、浑厚。胎质坚致，可分为灰、油灰、黑、赭诸色。其中胎质粗松者叩之声音沙哑，胎呈土黄色，似欠火力。釉质凝厚如同堆脂，色泽有粉青、灰青、油灰、月白、灰黄、深浅米黄等多种，釉面均开有不同角度的冰裂状纹片，色浅黄者如金丝，色黑者宛若铁线，两者相互交错如织，故名"金丝铁线"。釉中蕴含的气泡密集，显微镜下如同聚沫攒珠，凝腻的釉面则光泽莹润，油滑如酥。器口沿多尖锐窄小，故厚釉难以留存而映出胎骨黑色，此一现象传统上称为"紫口"。垂釉多在口边稍下处形成略为高突的环形带，是为哥窑器之一绝，除宋"官窑"作品外，后世各窑口作品及历代仿宋哥窑瓷器均无此特殊现象。宋哥窑瓷器底足工艺分为施釉裹足支钉烧和露胎圈足两种，多数器足因呈黑色而被称之"铁足"。支烧者钉痕小若芝麻粒，此为宋器之共同特征。支钉数量，较小的器物，如盘、碗等，以三五个为多，略大器物如洗等，则达六七个。鼎、炉的器里也多留有数量不等的支钉痕，系叠套烧所致，此后无这一烧法。露胎圈足、足背平齐或略圆、修足干净利落、手抓不起。其盘、碗器形多在晚唐五代至宋初时最为风行，如花形口器，尤其是葵口折腰器最为典型，见于越窑、汝窑、官窑、定窑和耀州窑瓷器。八方杯造型见于钧窑瓷器，贯耳瓶、壶、鼎、炉、洗等也为宋初所盛行，与上述诸窑产品一样精致。可见，"宋哥窑"瓷器系一定历史时期的产物。

故宫博物院收藏的宋哥窑瓷器有60件左右，其中多为宫廷旧藏，少数来自社会流散，计有盘口弦纹瓶（原系私人收藏，1940年征集自扬州）、锥把瓶、贯耳瓶（分椭圆、八方和扁方三种）、投壶式小瓶、戟耳炉、鼎、盘、碗、洗等。台北故宫博物院亦藏有原宫廷遗留的各种造型哥窑瓷器190余件（其中个别时代或许有误）。

1992年初，香港佳士得拍卖行曾拍卖1件宋代哥窑八方贯耳瓶（传世品），预先曾到日本等地展览，在历史上一直被认为是稀世珍品。拍卖前，港埠收藏家欧百龄先生曾陪同笔者前往观赏，确是一件难得的珍品，与故宫博物院和首都博物馆藏品类似。但因这次拍卖会众说纷纭，致使其只拍卖到千万元，否则价码还会更高。

清代乾隆皇帝好古成癖，对历代古器都进行过鉴别欣赏，诸如书画、碑帖、陶瓷、玉石等精品无不留有其鉴赏痕迹，书写或镌刻御制诗句，瓷器中尤以汝、官、哥窑瓷器为多，有的还刻有甲、乙、丙、丁等字，揣度这些珍品的优劣。有的器物还附带有明代收藏家项子京（元汴）字样的紫檀嵌金器座。清宫秘藏两幅意大利画家郎世宁所绘弘历鉴古图，画面中都有传世宋哥窑及官窑瓶、炉、盘等，可见这些瓷器在乾隆时期已经十分珍贵。乾隆皇帝御制诗中亦有专门评论哥窑与仿哥窑瓷器的诗句。

早在两个多世纪以前，乾隆皇帝就曾认识到这些器物具有早年遗物的特征，这也从一个侧面反映了所谓传世宋哥窑绝非是元、明时期产物。我们期望，随着考古工作的不断深入，能够发现哥窑遗址，那时才能完全拨开所谓"宋哥窑"的迷雾。

为庆祝故宫博物院九十二华诞，故宫博物院故宫研究院下属的"陶瓷研究所"（即原"古陶瓷研究中心"）将举办"金丝铁线——故宫博物院哥窑瓷器展"，并召开"故宫博物院哥窑学术研讨会"。会议期间，群贤毕至，来自国内外的专家学者一定会带来很多新的资料和新的研究成果，大家齐聚一堂进行深入讨论，相信都会有很多新的收获。

本次展览得到浙江省文物考古研究所、杭州市文物考古研究所、上海博物馆、龙泉青瓷博物馆、山东博物馆、首都博物馆等兄弟单位的大力支持。在此，向这些单位致以最诚挚的谢意！

我今年已95岁，有生之年欣逢故宫博物院陶瓷研究所为庆祝故宫博物院九十二华诞而开展的哥窑学术研究，并为此做些力所能及的事情，深感分外高兴。在本书即将付梓之际，谨赘数语，权且为序。

耿宝昌

Preface

The Ge ('elder brother') ware ranks among the Five Great Wares of the Song dynasty and is as prestigious as the Ru, Guan, Ding and Jun wares. It had been made for the court and was therefore always highly valued. The Ming dynasty work *Manual of Xuande Ritual Vessels (Xuande Dingyi Pu)* mentions "the Chai, Ru, Guan, Ge, Jun and Ding wares in the royal court collection", and the Qianlong Emperor of the Qing dynasty also greatly cherished Ge wares. The Ge wares now in the collections of two Palace Museums in Beijing and Taipei had belonged to the royal collections of successive dynasties. Together with other heirloom pieces scattered in China and overseas collections, heirloom Ge wares total only about 300 pieces.

Like for Guan (official) ware of the Northern Song, the kiln site for heirloom Song Ge ware is yet to be ascertained (*ge* means elder brother, referring to the elder of two potter brothers in ancient texts). Therefore it is yet hard to fully understand Ge wares from an archaeological perspective. Since 1956, numerous archaeological excavations were conducted at major kiln sites in Longquan, such as those at Dayao, Xikou and Jincun. The celadons unearthed in Longquan include both pieces with white bodies and with black bodies. The black-bodied celadon is very thinly potted, while its glaze is relatively thick, luscious and clear. Both bluish-green or grayish-green glazed wares have fine crackles of variable size. Also found are celadons with a thick body and thick glaze. Traditionally, this type of celadon is called imitation Guan ware of Longquan and it is also known from historical records. However, such Longquan products have never been called Ge ware, because they differ in style from the Song Ge wares in court collections. Clearly, it is not appropriate to designate such Longquan products as Guan or Ge wares. Further complicating the issue is the fact that heirloom pieces designated as Song Ge wares may be hard to distinguish from Song Guan wares. The Shanghai Silicon Institute had analysed a heirloom piece regarded as Ge ware, and its chemistry clearly differs from those unearthed from Longquan kiln sites. The kiln site for heirloom Ge wares is yet to be determined, and scholars have diverse views. It is hoped that frank and open discussions on such as academic questions help to advance our researches through collective wisdom.

Song Ge wares have distinct features. Tall upright pieces such as vases (*zhuoqi*) are usually based on ancient bronze vessels and look archaistic, unpretentious, classic and well potted. Their body material is hard and firm and may look gray, oily gray, black or ochre. Some bodies are coarse and loose and give a dull sound when knocked, which appear loess yellowish and underfired. Glaze of Ge wares is thick and opaque milky, and may be bluish green, grayish celadon, oily gray, moon white, grayish yellow, or deep or pale yellowish (*mi huang* like raw unhulled rice grain). The Ge ware glaze features ice-like crackles of different patterns, which form a web of fine light yellowish lines like gold threads, with distinct thicker black lines like iron wires, known as 'Gold Thread and Iron Wire'. The glaze contains many air bubbles, which have been likened to 'Accumulated Foam and Stringed Beads'. The surface of Ge ware glazes looks soft, moist, and creamy luscious. Mouth rims of Ge wares tend to be narrow and pointed, where the thick glaze drains during firing and reveals the black body material, traditionally termed 'Purple Mouth'. The glaze tends to pool slightly below the mouth rim and forms a slightly raised narrow rib, which is a distinct feature of Ge and Song Guan wares not seen on imitations and any later ceramics from other regions. Ge wares may be fully glazed and fired on tiny spurs, or otherwise have the glaze at the footring wiped off, exposing the dark body, which is known as 'Iron Foot'. Those supported in the kiln on spurs, show spur marks tiny like sesame seeds, as seen on other fine Song wares. The spur marks vary in number, usually three to five for small vessels like bowls and dishes, or six to seven for bigger vessels such as brush washers. Tripods and other incense burners often also have a varied number of spur marks on the inside, caused by supporting smaller vessels during firing, a method not used in later times.

To celebrate the 92nd anniversary of the Palace Museum, the Ceramic Research Institute (formerly the Research Centre of Ancient Ceramics) of the Palace Museum is organising the exhibition *Gold Thread and Iron Wire: Ge Wares of the Palace Museum*, as well as the Palace Museum Academic Symposium on Ge Wares. Distinguished experts and scholars from home and abroad will surely present much new research material and studies for discussion, and I believe we will encounter many new discoveries and results.

This exhibition has received strong support from many organisations, such as the Zhejiang Province Research Institute of Cultural Relics and Archaeology, Hangzhou Municipal Research Institute of Cultural Relics and Archaeology, the Shanghai Museum, the Longquan Celadon Museum, the Shandong Museum, and the Capital Museum. I wish to extend my most sincere thanks to all these organisations.

I am delighted at the age of 95 this year to see the Ceramic Research Institute conduct research on Ge wares as a celebration of the 92nd anniversary of the Palace Museum, and to be able to make some contribution according to my capacity. I write these sincere remarks as a preface for the book about to be printed.

Geng Baochang

前言

在中国陶瓷发展史上，汝窑、官窑、哥窑、定窑、钧窑被合称为"五大名窑"。故宫博物院是现存传世"五大名窑"瓷器数量最多、质量最精的国家级博物馆之一，且多数藏品属于原清宫旧藏，可谓流传有绪、自成体系。为了对"五大名窑"瓷器进行全面深入研究，故宫博物院陶瓷研究所自 2010 年至 2015 年先后举办了官窑、定窑、钧窑、汝窑特展，今年又推出此系列展的最后一个"金丝铁线——故宫博物院哥窑瓷器展"。

在"五大名窑"中，由于烧造传世哥窑的窑址至今尚未发现，致使学术界对哥窑有诸多说法。传世哥窑瓷器一般胎色较深，釉色有灰青、粉青、米黄等，釉层凝厚如堆脂，釉面润泽如酥，而且基本都开有大小、深浅不一的裂纹，俗称"金丝铁线"。器物除碗、盘、洗等以外，其他多为仿商周青铜礼器造型，如鼎式炉、簋式炉、贯耳瓶等，给人以古朴典雅之美感。20 世纪 50 年代以来，在对一些古代墓葬、窖藏和瓷窑遗址开展的考古发掘中，陆续出土了一些灰青釉带开片的瓷器，为进一步厘清哥窑研究中相关问题提供了重要参考。

本展览以展示故宫博物院藏传世哥窑和仿哥窑（釉）瓷器为主，辅以对浙江省龙泉市小梅镇大窑、瓦窑路窑、查田镇溪口村瓦窑垟窑，杭州市老虎洞窑等进行考古发掘所获得的瓷片标本、修复品，以及从上海博物馆、山东博物馆、首都博物馆等文博单位商借的具有代表性的传世哥窑、元代墓葬和元大都遗址出土的哥（官）窑型瓷器和瓷片标本等，供观众朋友们研究、欣赏。

Foreword

The Ru, Guan, Ge, Ding and Jun wares are collectively known as the Five Great Wares in Chinese ceramic history. The Palace Museum is one of the state museums with the finest quality and largest number of such wares. Most of these are inherited from the Qing court collection, and they form a specific collection in themselves. In order to conduct a complete and deep study of the Five Great Wares, the Ceramic Research Institute of the Palace Museum organised from 2010 to 2015 special exhibitions respectively focusing on the Guan, Ding, Jun and Ru wares. This year we launch the last of this series of exhibitions, namely *Gold Thread and Iron Wire: Ge Wares of the Palace Museum*.

Among the Five Great Wares it is only the kiln site for Ge wares that has yet to be determined. Scholars have diverse opinions on its probable location, but have not reached final conclusions. However, it is indisputable that the Qing court collection includes numerous pieces that ought to be Ge wares. Such heirloom pieces designated as Ge wares (heirloom Ge wares) usually have a dark body. Their glazes vary in colour, which may be grayish celadon or yellowish celadon of beige or buff tone, the latter reminiscent of raw, unhulled rice grains (*mi huang*). The glazes are thick and look fatty and luscious, with the soft moist feel of cream. Ge ware glaze features crackles that vary in size, thickness and tone, termed 'Gold Thread and Iron Wire'. While common Ge ware forms include bowls, dishes and brush washers, some Ge wares copy shapes of bronze ritual vessels of the Shang and Zhou dynasties, such as censers in the form of *gui* or *ding*, and bottle vases with tubular handles (arrow vases), which look archaistic, unpretentious, classic and elegant. Since 1950s, some ceramics with crackled grayish celadon glazes have been discovered in archaeological excavations of tombs, hoards and kiln sites across China, and these provide important materials for clarifying questions related to Ge wares.

The ceramics in the present exhibition are mainly heirloom pieces designated as Ge wares (heirloom Ge wares), and imitations of Ge wares/glazes from the collection of the Palace Museum. In addition there are fragments and restored pieces unearthed from kiln sites in Zhejiang province. These include those from Dayao kiln site, Wayaolu kiln site of Xiaomei town, and Wayaoyang kiln site of Xikou village of Chatian town, both in Longquan city, and those from Laohudong in Hangzhou city. Also represented in the exhibition are ceramics loaned from organisations such as the Shanghai Museum, the Shandong Museum, the Capital Museum, which include heirloom pieces designated as Ge wares, as well as related complete vessels and fragments unearthed from sites of the Yuan capital Dadu in present-day Beijing and some Yuan dynasty tombs.

图版目录

List of Plates

图版

Plates

传世与出土哥窑、哥（官）窑型瓷器

　　古代文献对哥窑最早的记述出自于元代末年成书的《静斋至正直记》。今天，人们习惯把一类胎色较深、施青灰色或米黄色厚釉、釉质润泽如酥、釉面开有大小深浅不同裂纹的瓷器称作哥窑产品。目前，这些瓷器主要收藏在北京故宫博物院、台北故宫博物院、英国大英博物馆（含大维德基金会）、上海博物馆等单位，亦称"传世哥窑瓷器"。

　　传世哥窑瓷器造型除碗、盘、洗等外，其他多仿商周青铜礼器造型，如鼎式炉、簋式炉、贯耳瓶等，给人以古朴典雅之美感。传世哥窑瓷器在外观上常呈现"金丝铁线""紫口铁足""聚沫攒珠"等特点。其釉面开有交织如网的裂纹，统称"百圾碎"。裂纹大小不同、颜色深浅不一，小纹路呈浅黄色，大纹路呈灰黑色，故有"金丝铁线"之称。"紫口铁足"形成的原因是由于哥窑瓷器胎色较深、施釉较厚，在焙烧过程中，器口釉层在高温熔融状态下垂流变薄，映出紫黑色胎骨；而采用垫饼垫烧的瓷器，为避免釉与垫饼粘连，底足需刮釉，遂露出铁黑色胎。传世哥窑瓷器釉面润泽如酥、釉中气泡密集，犹如"聚沫攒珠"。这些气泡能使射入釉层的光线发生散射，致使釉面呈现柔润如玉的质感。

　　20世纪50年代以来，考古工作者在对上海青浦元代任氏墓、江苏南京明初汪兴祖墓、北京元大都遗址等进行的考古发掘中，发现了一些青釉带开片的瓷器。开始时，人们认为这些瓷器与传世哥窑或官窑瓷器一样，后来，随着研究的深入，逐渐发现这类瓷器与传世哥窑或官窑瓷器有别，而与杭州老虎洞窑元代地层出土瓷片标本特征相似，因此将其认作元代"哥（官）窑型"产品。这为进一步厘清哥窑研究中的相关问题提供了重要参考。

Heirloom Ge wares, Unearthed Ge wares, and Ge (or Guan) Type Wares

The earliest text related to Ge ware is from a work composed at the end of the Yuan dynasty, titled *A Straightforward Account of the Tranquil Studio in the Zhizheng Period (Jingzhai Zhizheng Zhiji)*. Today what people designate as Ge wares features a dark body, a thick grayish or yellowish celadon glaze of beige or buff tone that is creamy and luscious, with distinctive crackles of varied sizes, thickness and tinge. Such ceramics are mostly found in collections such as the Palace Museums in Beijing and Taipei, the British Museum (including the Sir Percival David Collection), and the Shanghai Museum, and are therefore called 'heirloom Ge wares'.

Among the heirloom Ge wares, the most common forms are bowls, dishes and washers, or shapes copying ritual bronze vessels of the Shang and Zhou dynasties, such as incense burners in form of *gui* or *ding*, and bottle vases with tubular handles, which look archaistic, unpretentious, classic and elegant. Heirloom Ge wares often demonstrate three features known as 'Gold Thread and Iron Wire', 'Purple Mouth and Iron Foot', and 'Accumulated Foam and Stringed Beads'. Their glaze displays a web of crackles called *baijisui* or 'Hundred Crackles'. The crackles vary in size and tone, whereby a combination of small ones in light yellow with large ones in grayish black led to the term 'Gold Thread and Iron Wire'. 'Purple Mouth and Iron Foot' refers to the dark colour of the iron-rich body material. The thick glaze drains from the mouth rim during firing and reveals the black body underneath. 'Iron Foot' on Ge wares denominates a footring wiped free of glaze to avoid sticking to the clay pads on which it was supported, and exposing the black body. The glaze of heirloom Ge wares contains many tiny bubbles that have been likened to 'Accumulated Foam and Stringed Beads'. The bubbles make light shining on the glaze scatter and make it appear lustrous like jade.

From the 1950s onwards, archaeologists have unearthed a small number of wares with crackled celadon glazes from sites such as the Ren family tombs of the Yuan dynasty in Qingpu, Shanghai, the early Ming dynasty tomb of General Wang Xingzu in Nanjing, Jiangsu, and the site of the Yuan capital Dadu in Beijing. Scholars first considered these unearthed pieces the same as heirloom Ge or Guan wares. However, through further research, it was found that these unearthed pieces differ from heirloom Ge and Guan wares, and are similar to finds from the Yuan dynasty strata at the Laohudong kiln site in Hangzhou. These ceramics are now regarded as Yuan dynasty Ge (or Guan) type wares and provide important reference material for further clarification of questions related to Ge wares.

1 | 哥窑灰青釉凸弦纹瓶

南宋
高 20.1 厘米　口径 6.4 厘米　足径 9.7 厘米
故宫博物院藏

瓶撇口、细长颈、扁圆腹、圈足。颈及肩部饰凸起的弦纹四道。通体施灰青色釉，釉面开满"金丝铁线"片纹。圈足内满釉。足端无釉，呈铁褐色。

此瓶在细长的颈部饰有间距不等且略微凸起的数道弦纹，颈部虽长但不失度，腹部鼓而不显臃肿，充分展示了宋人追求俊秀挺拔的审美意识和宋器质朴典雅的造型艺术风范。

利用实体显微镜拍摄的釉面显微结构照片（40 倍、100 倍）

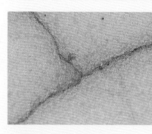 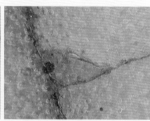

拍摄部位：外壁腹部。

釉面有"金丝"和"铁线"，裂纹浸色较宽。可观察到釉内含有大量尺寸较小的气泡。釉层乳浊。

釉化学成分含量表（%）

化学成分	Na₂O	MgO	Al₂O₃	SiO₂	K₂O	CaO	TiO₂	MnO	Fe₂O₃	Rb	Sr	Y	Zr
釉	0.51	1.49	10.66	72.19	4.81	8.50	0.04	0.30	0.50	0.0164	0.0261	0.0016	0.0069

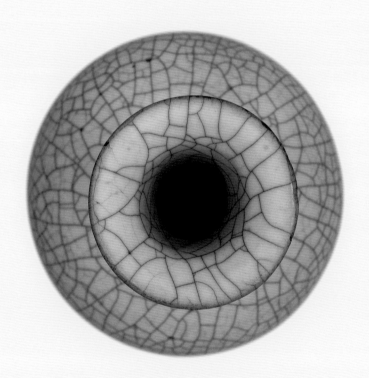 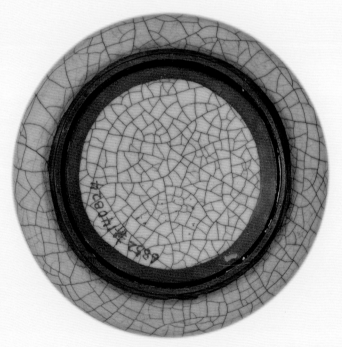

Ge ware grayish celadon vase with raised ribs
Southern Song dynasty (1127-1279), height 20.1 cm mouth diameter 6.4 cm foot diameter 9.7 cm, the Palace Museum

2 | 哥窑灰青釉胆式瓶

南宋
高 14.2 厘米　口径 2.2 厘米　足径 5.4 厘米
故宫博物院藏

瓶小口、长颈、溜肩、圆腹微垂、圈足。通体施灰青色釉，釉面滋润，满布黑色大开片纹、黄色小开片纹。圈足内满釉，足端无釉，呈黑褐色。

此瓶造型端庄典雅，釉面油润，泛酥油光，且布满"金丝铁线"片纹。足墙浅而上宽下窄，内墙呈斜坡状，手捏无法提起。可称传世哥窑器中工艺特征突出的代表作。

利用实体显微镜拍摄的釉面显微结构照片（20 倍、40 倍、100 倍）

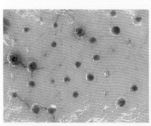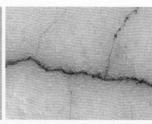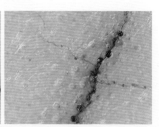

拍摄部位：外壁颈部（20 倍），外壁腹部（40 倍、100 倍）。

釉面有"金丝"和"铁线"。可观察到釉内含有较多尺寸较为均匀的气泡。釉层乳浊。

釉化学成分含量表（%）

化学成分	Na$_2$O	MgO	Al$_2$O$_3$	SiO$_2$	K$_2$O	CaO	TiO$_2$	MnO	Fe$_2$O$_3$	Rb	Sr	Y	Zr
釉	0.38	1.95	12.15	71.27	6.21	6.61	0.03	0.30	0.11	0.0206	0.0229	0.0021	0.0115

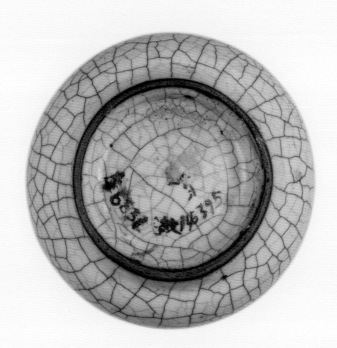

Ge ware grayish celadon vase of gallbladder form
Southern Song dynasty (1127-1279), height 14.2 cm mouth diameter 2.2 cm foot diameter 5.4 cm, the Palace Museum

3 | 哥窑灰青釉胆式瓶

南宋

高 13.8 厘米　口径 2.5 厘米　足径 4.5 厘米

故宫博物院藏

瓶小口、长颈、溜肩、圆腹微垂、圈足。通体施灰青色釉，釉面油润且布满黑、黄二色大小相间的纹片。圈足内满釉，足端无釉，呈黑褐色。此瓶堪称传世哥窑瓷器中工艺特征鲜明突出的佳作。

利用实体显微镜拍摄的釉面显微结构照片（20 倍、40 倍、100 倍）

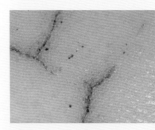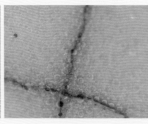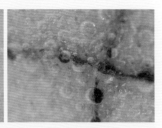

拍摄部位：外壁肩部。

釉面有"金丝"和"铁线"。可观察到釉内含有较多尺寸较大的气泡。釉层较为通透。

釉化学成分含量表（%）

化学成分	Na$_2$O	MgO	Al$_2$O$_3$	SiO$_2$	K$_2$O	CaO	TiO$_2$	MnO	Fe$_2$O$_3$	Rb	Sr	Y	Zr
釉	0.11	3.61	11.01	69.67	5.56	8.20	0.04	0.33	0.47	0.0213	0.0229	0.0014	0.0084

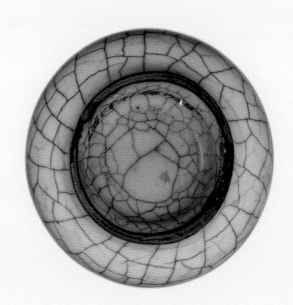

Ge ware grayish celadon vase of gallbladder form
Southern Song dynasty (1127-1279), height 13.8 cm mouth diameter 2.5 cm foot diameter 4.5 cm, the Palace Museum

哥窑灰青釉贯耳瓶

南宋

高 11.5 厘米　口径 2.5 厘米　足径 4.2 厘米

故宫博物院藏

瓶直口、长颈、溜肩、腹上鼓下敛、圈足。口部两侧对称置管形贯耳。通体施灰青色釉，釉面滋润，布满细碎开片纹。圈足内满釉，足端无釉，呈黑褐色。

此瓶贯耳位置与哥窑常见同类瓶相比，显得比较特殊。常见贯耳一般附在颈部，此器耳部上端与瓶口沿平齐，口耳相连的宽度与腹径几乎相等，上下呼应，构成视觉上的平衡感，给人以端庄优雅之美感。

利用实体显微镜拍摄的釉面显微结构照片（40 倍、100 倍）

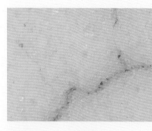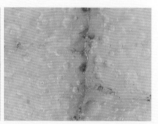

拍摄部位：外壁腹部。

釉面有"金丝"和"铁线"，裂纹浸色较宽。可观察到釉内含有较多尺寸较小、较为均匀的气泡。釉层乳浊。

釉化学成分含量表（%）

化学成分	Na₂O	MgO	Al₂O₃	SiO₂	K₂O	CaO	TiO₂	MnO	Fe₂O₃	Rb	Sr	Y	Zr
釉	0.43	1.92	12.73	69.50	5.42	8.46	0.03	0.29	0.23	0.0178	0.0273	0.0019	0.0086

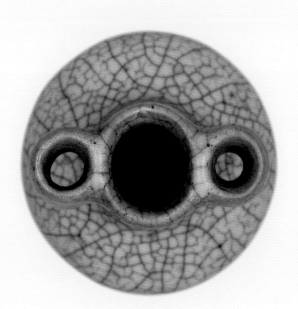

Ge ware grayish celadon bottle vase in form of ancient bronze vessel *touhu* "arrow pot" with tubular handles
Southern Song dynasty (1127-1279), height 11.5 cm mouth diameter 2.5 cm foot diameter 4.2 cm, the Palace Museum

官窑灰青釉贯耳瓶

南宋

高 12.8 厘米　口径 3.2 厘米　足径 5.2 厘米

1952 年青浦区重固镇任仁发家族墓出土，上海博物馆藏

瓶直口、长颈、扁圆腹、圈足。长颈上部对称置管形贯耳，耳上端与瓶口沿齐平。通体施灰青色乳浊釉，釉面布满大小开片纹。口沿釉薄处映出灰紫色胎，足端露胎处呈灰黑色，即所谓"紫口铁足"。

此瓶出土于上海青浦元代任氏家族墓地。其年代，有南宋传世及元代烧造两说。根据目前所掌握的资料，与此瓶较为接近者有新安沉船及浙江长兴石泉墓出土（水）品，而四川中江窖藏等亦见类似造型器物，可资参考。此瓶亦可与本书图版 4 传世哥窑灰青釉贯耳瓶相对比观察。

Guan ware grayish celadon bottle vase in form of ancient bronze vessel *touhu* "arrow pot" with tubular handles
Southern Song dynasty (1127-1279), height 12.8 cm mouth diameter 3.2 cm foot diameter 5.2 cm, excavated in 1952 from the clan cemetery of Ren Renfa at Chonggu town, Qingpu district, Shanghai, Shanghai Museum

5 | 哥窑灰青釉贯耳壶

南宋

高 17.2 厘米　口横 4.7 厘米　口纵 4.4 厘米

足横 6.7 厘米　足纵 5.5 厘米

故宫博物院藏

瓶横切面呈椭圆形。撇口、长粗颈、鼓腹下垂、高圈足微外撇。颈部饰两道凸弦纹，两侧置管形贯耳。通体施釉，釉色灰青，釉面温润，布满细碎的开片纹。圈足内满釉，足端无釉，呈铁褐色。

此瓶造型仿古青铜器，古朴端庄，釉色、开片、胎色等工艺特征突出，是传世哥窑瓷器中的代表作。造型摹仿古代青铜器是哥窑瓷器常见的现象。仿古源于中国古人的复古思想，他们相信理想的社会出现在夏、商、周三代，并视周朝为代表礼制的时代。要恢复古礼，用器也该具有古风。特别在宋徽宗以后，不少官府和民间用瓷都以商、周青铜器为楷模，复古之风从此连绵不绝，影响深远。这些仿古瓷器或许也曾被用作礼器进入古人的祭祀大典，后来则被用于焚香、插花，成为生活的优雅点缀。

利用实体显微镜拍摄的釉面显微结构照片（40 倍、100 倍）

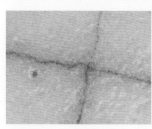 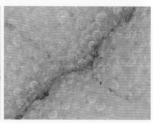

拍摄部位：外壁腹部。

釉面有"金丝"和"铁线"。可观察到釉内含有大量尺寸较为均匀的气泡。釉层较为通透。

釉化学成分含量表（%）

化学成分	Na$_2$O	MgO	Al$_2$O$_3$	SiO$_2$	K$_2$O	CaO	TiO$_2$	MnO	Fe$_2$O$_3$	Rb	Sr	Y	Zr
釉	0.41	2.03	12.51	68.12	6.05	8.93	0.05	0.27	0.63	0.0199	0.0231	0.0019	0.0102

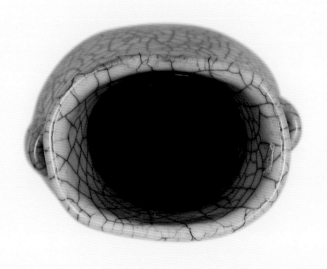 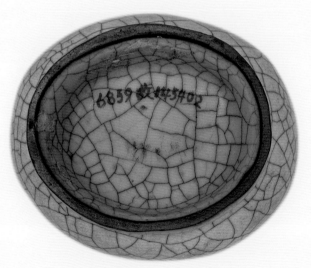

Ge ware grayish celadon vase in form of ancient bronze vessel *hu* with tubular handles
Southern Song dynasty (1127-1279), height 17.2 cm mouth length 4.7 cm mouth width 4.4 cm foot length 6.7 cm foot width 5.5 cm, the Palace Museum

6 | 哥窑灰青釉贯耳壶

南宋

高 14.8 厘米　口横 4.8 厘米　口纵 4.1 厘米

足横 5.4 厘米　足纵 4.8 厘米

故宫博物院藏

瓶横切面呈椭圆形。撇口、束颈、垂腹、高圈足。颈部中间上下各饰一道凸弦纹，两侧置管形贯耳。通体施灰青色釉，釉面润泽，布满黑、黄两色大小相间的开片纹。圈足内满釉，足端无釉，呈黑褐色。

Ge ware grayish celadon vase in form of ancient bronze vessel *hu* with tubular handles
Southern Song dynasty (1127-1279), height 14.8 cm　mouth length 4.8 cm　mouth width 4.1 cm　foot length 5.4 cm　foot width 4.8 cm, the Palace Museum

哥窑灰青釉贯耳壶

南宋

高 13.7 厘米　口横 5.3 厘米　口纵 4.8 厘米

足横 5.3厘米　足纵 4.8 厘米

故宫博物院藏

瓶横切面呈椭圆形。撇口、束颈、垂腹、圈足。颈两侧对称置管形贯耳。通体施灰青色釉，釉面滋润，布满黑、黄两色大小相间的纹片。圈足内满釉，足端无釉，呈黑褐色。

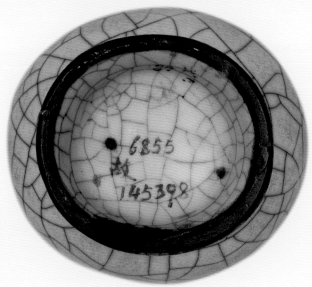

Ge ware grayish celadon vase in form of ancient bronze vessel *hu* with tubular handles
Southern Song dynasty (1127-1279), height 13.7 cm mouth length 5.3cm mouth width 4.8 cm foot length 5.3 cm foot width 4.8 cm, the Palace Museum

8 哥窑灰青釉贯耳八方穿带扁壶

南宋

高 24 厘米　口横 9.8 厘米　口纵 7.1 厘米

足横 10.2 厘米　足纵 8.4 厘米

故宫博物院藏

壶作八方形。撇口、束颈、垂腹、高圈足。圈足斜直，足墙两侧各开一孔。颈部饰两道凸弦纹，两侧对称置管形贯耳。通体施灰青釉，釉色浅淡。器身遍布开片纹，口、颈、圈足处开片细密，腹部开片略舒朗。圈足端不施釉，呈铁黑色。

此壶圈足两端开两孔。据明代文献记载，陈设时以绳穿孔，缚系于家具之上，防止壶体倾倒，因此名曰穿带壶。穿带壶（瓶）亦见于宋代官窑瓷器。

这件壶为清宫旧藏，查《故宫物品点查报告》，可知曾收藏于皇极殿正殿。

利用实体显微镜拍摄的釉面显微结构照片（40 倍、100 倍）

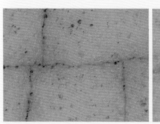 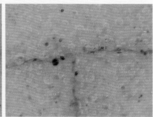

拍摄部位：外壁腹部。

釉面有"金丝"，"铁线"几乎不可见。可观察到釉内含有大量尺寸较为均匀的气泡。釉层乳浊。

釉化学成分含量表（%）

化学成分	Na$_2$O	MgO	Al$_2$O$_3$	SiO$_2$	K$_2$O	CaO	TiO$_2$	MnO	Fe$_2$O$_3$	Rb	Sr	Y	Zr
釉	0.55	1.32	11.15	71.59	5.76	7.39	0.03	0.34	0.88	0.0212	0.0263	0.0014	0.0103

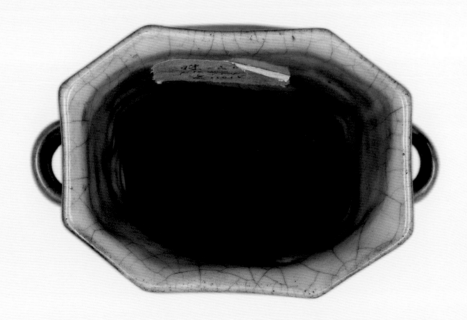 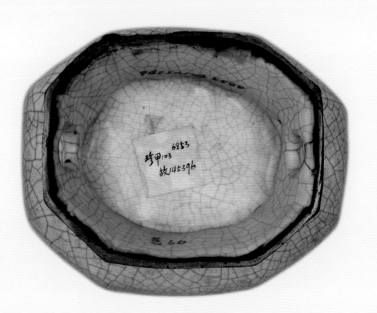

Ge ware grayish celadon flattened octagonal vase inspired by ancient bronze vessel *hu* with tubular handles

Southern Song dynasty (1127-1279), height 24 cm mouth length 9.8 cm mouth width 7.1 cm foot length 10.2 cm foot width 8.4 cm, the Palace Museum

哥窑米黄釉贯耳八方扁壶

南宋

高 14.9 厘米　口横 4.8 厘米　口纵 4 厘米

足横 4.8 厘米　足纵 4.5 厘米

故宫博物院藏

壶作八方形。撇口、束颈、垂腹、高圈足。颈部饰两道凸弦纹，两侧对称置管形贯耳。通体施米黄色釉，釉面遍布细碎开片。片纹有两种，一种深且长，呈黑色，一种浅而短，呈黄色。这是典型传世哥窑瓷器"金丝铁线"特征。圈足端不施釉，呈铁黑色。外底有一处缩釉，这种现象在传世哥窑瓷器中较为常见。

贯耳八方壶是传世哥窑的常见器形。如果去除贯耳，此瓶形体与青铜觯的造型颇为相似，因此，其造型可能仿自铜觯。

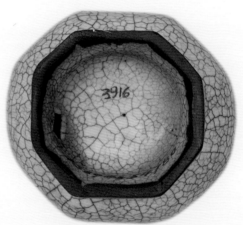

Ge ware yellowish celadon flattened octagonal vase inspired by ancient bronze vessel *hu* with tubular handles
Southern Song dynasty (1127-1279), height 14.9 cm　mouth length 4.8 cm　mouth width 4 cm　foot length 4.8 cm　foot width 4.5 cm, the Palace Museum

10 哥窑灰青釉贯耳八方扁壶

南宋

高 14.8 厘米　口横 4.6 厘米　口纵 3.7 厘米

足横 4.8 厘米　足纵 4.4 厘米

故宫博物院藏

壶作八方形。撇口、束颈、垂腹、高圈足外撇。颈部饰两道凸弦纹，两侧对称置管形贯耳。通体施灰青釉，釉面遍布黑色细碎开片纹。足端不施釉，呈铁褐色，即文献所称"铁足"。

这件瓶釉色滋润，釉面开片细密，属于传世哥窑瓷器中的典型器。

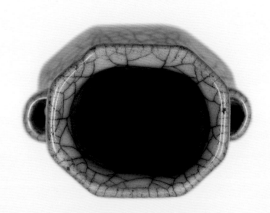

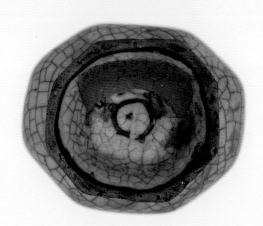

Ge ware grayish celadon flattened octagonal vase inspired by ancient bronze vessel *hu* with tubular handles
Southern Song dynasty (1127-1279), height 14.8 cm mouth length 4.6 cm mouth width 3.7 cm foot length 4.8 cm foot width 4.4 cm, the Palace Museum

11 | 哥窑灰青釉罐

南宋

高 7.8 厘米 口径 4.7 厘米 足径 4.2 厘米

故宫博物院藏

罐唇口、短束颈、丰肩、肩以下渐收敛、圈足。通体施灰青釉，釉质滋润。釉面满布灰黑色开片纹，开片舒朗。圈足端不施釉，呈铁黑色。口沿一周釉层较薄，映出紫黑色胎体，形成"紫口"特征。

这件罐小巧精致，造型古朴，釉面润泽。此罐属于清宫旧藏，查《故宫物品点查报告》可知曾被收储于太极殿。

利用实体显微镜拍摄的釉面显微结构照片（40 倍、100 倍）

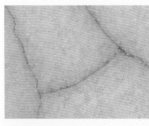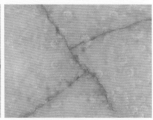

拍摄部位：外底。

釉面有"铁线"，"金丝"几乎不可见，裂纹较直。可观察到釉内含有的气泡数量较少、尺寸较为均匀。釉层乳浊。

釉化学成分含量表（%）

化学成分	Na₂O	MgO	Al₂O₃	SiO₂	K₂O	CaO	TiO₂	MnO	Fe₂O₃	Rb	Sr	Y	Zr
釉	0.60	1.28	13.44	66.28	6.05	10.14	0.04	0.46	0.70	0.0208	0.0289	0.0019	0.0140

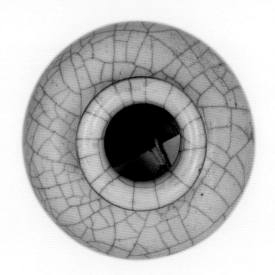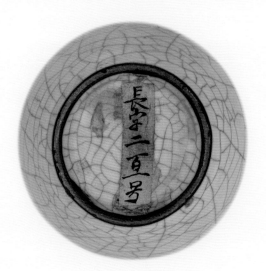

Ge ware grayish celadon jar
Southern Song dynasty (1127-1279), height 7.8 cm mouth diameter 4.7 cm foot diameter 4.2 cm, the Palace Museum

12 哥窑灰青釉海棠式炉

南宋

高 7.8 厘米　口横 14.6 厘米　口纵 12.5 厘米

底横 7.4 厘米　底纵 6 厘米

故宫博物院藏

炉呈四瓣海棠式。折沿、撇口、斜壁、平底，底下承以四个如意云头形足。通体施灰青釉，釉面有黄、黑两色开片。足端无釉，呈黑褐色。内底有五个圆形支烧钉痕。

利用实体显微镜拍摄的釉面显微结构照片（40 倍、100 倍）

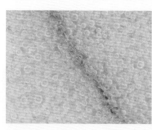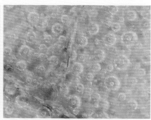

拍摄部位：外底。

釉面有"金丝"和"铁线"，裂纹浸色较宽。可观察到釉内含有大量尺寸不均匀的气泡。釉层通透。

釉化学成分含量表（%）

化学成分	Na$_2$O	MgO	Al$_2$O$_3$	SiO$_2$	K$_2$O	CaO	TiO$_2$	MnO	Fe$_2$O$_3$	Rb	Sr	Y	Zr
釉	0.60	1.07	10.90	72.26	5.46	7.94	0.04	0.31	0.42	0.0187	0.0268	0.0019	0.0075

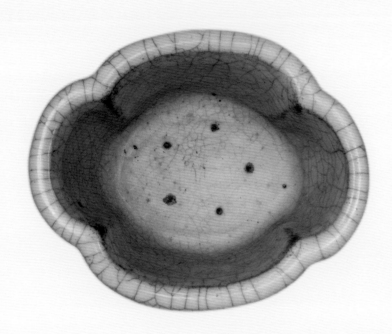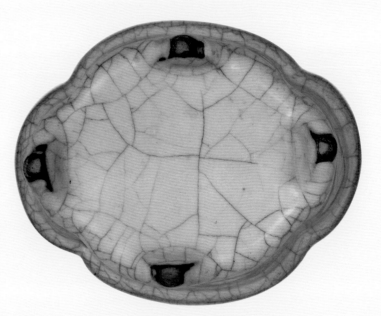

Ge ware grayish celadon incense burner of four lobed foliate form

Southern Song dynasty (1127-1279), height 7.8 cm mouth length 14.6 cm mouth width 12.5 cm bottom length 7.4 cm bottom width 6 cm, the Palace Museum

13 | 哥窑灰青釉三足樽式炉

南宋
高 7.9 厘米　口径 12.5 厘米　底径 10.3 厘米
故宫博物院藏

炉撇口、圆唇、直壁、平底，底下承以三足并有凸起圈足，三足与圈足均着地。通体施灰青釉，釉面密布黄、黑两色开片纹。足端无釉，呈黑褐色。内底有六个圆形支烧钉痕，中央有一圆孔。

宋代汝窑、龙泉窑、景德镇窑等均曾烧造过三足樽式炉。

利用实体显微镜拍摄的釉面显微结构照片（40 倍、100 倍）

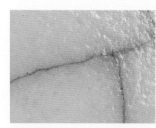 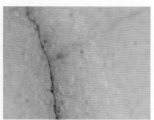

拍摄部位：外底。

釉面有"金丝"和"铁线"。可观察到釉内含有的气泡较小、尺寸较为均匀。釉层乳浊。

哥窑灰青釉三足樽式炉釉化学成分含量表（%）

化学成分	Na$_2$O	MgO	Al$_2$O$_3$	SiO$_2$	K$_2$O	CaO	TiO$_2$	MnO	Fe$_2$O$_3$	Rb	Sr	Y	Zr
釉	0.36	2.23	12.96	68.70	5.50	7.96	0.05	0.39	0.86	0.0228	0.0283	0.0009	0.0091

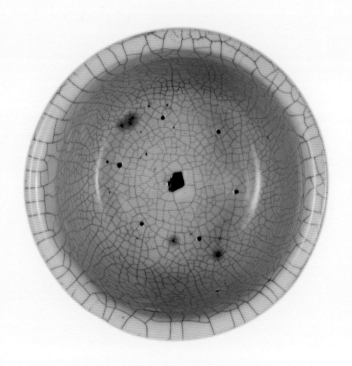 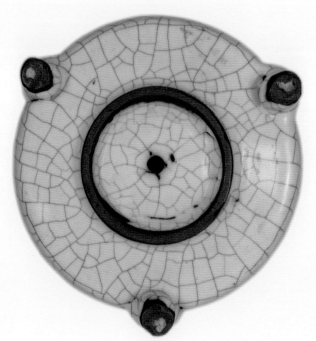

Ge ware grayish celadon incense burner in form of ancient bronze vessel *sanzu zun* (tripod *zun* of barrel form)
Southern Song dynasty (1127-1279), height 7.9 cm mouth diameter 12.5 cm bottom diameter 10.3 cm, the Palace Museum

14 哥窑灰青釉双耳三足鬲式炉

南宋

高 5.2 厘米　口径 7.9 厘米　足距 5.4 厘米

故宫博物院藏

炉圆唇、束颈、扁腹、三乳足。口上两侧对称置环形耳。通体施灰青釉，釉面有黄、黑两色开片。足端无釉，呈黑褐色。

利用实体显微镜拍摄的釉面显微结构照片（40 倍、100 倍）

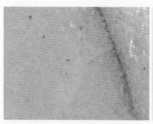 

拍摄部位：外壁近足处。

釉面有"金丝"和"铁线"，裂纹较直。可观察到釉内含有较多尺寸不均匀的气泡。釉层乳浊。

釉化学成分含量表（%）

化学成分	Na₂O	MgO	Al₂O₃	SiO₂	K₂O	CaO	TiO₂	MnO	Fe₂O₃	Rb	Sr	Y	Zr
釉	0.33	2.86	12.26	65.23	5.31	11.58	0.05	0.52	0.85	0.0185	0.0384	0.0015	0.0114

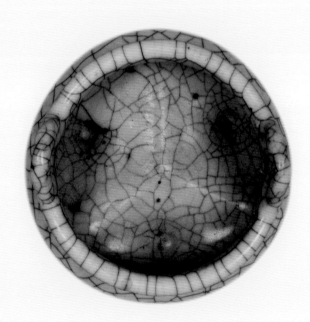 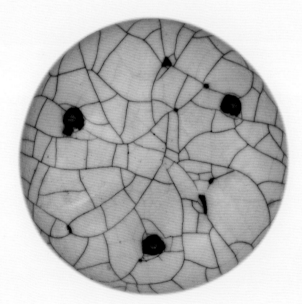

Ge ware grayish celadon tripod incense burner inspired by ancient bronze vessel *li* with upright handles
Southern Song dynasty (1127-1279), height 5.2 cm mouth diameter 7.9 cm distance between feet 5.4 cm, the Palace Museum

15 哥窑灰青釉双耳三足鼎式炉

南宋

高 12.5 厘米　口径 13 厘米　足距 9.1 厘米

故宫博物院藏

炉圆唇、垂腹、底下承以三柱足，足内中空。口上对称置环形耳，腹部饰一道凸弦纹。通体施灰青釉，釉面有开片纹。足端无釉，呈黑褐色。内底有五个圆形支烧钉痕，外底有六个圆形支烧钉痕。

利用实体显微镜拍摄的釉面显微结构照片（40 倍、100 倍）

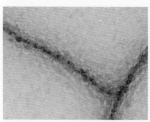

拍摄部位：腹部外壁。

釉面有"铁线"，"金丝"几乎不可见，裂纹浸色较宽。可观察到釉内含有大量尺寸不均匀的气泡。釉层较为通透。

釉化学成分含量表（%）

化学成分	Na_2O	MgO	Al_2O_3	SiO_2	K_2O	CaO	TiO_2	MnO	Fe_2O_3	Rb	Sr	Y	Zr
釉	0.52	1.58	12.95	65.34	5.49	11.83	0.05	0.29	0.95	0.0199	0.0277	0.0014	0.0108

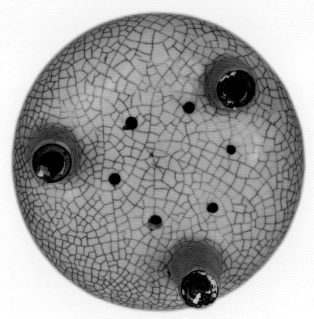

Ge ware grayish celadon tripod incense burner in form of ancient bronze vessel *ding* with upright handles
Southern Song dynasty (1127-1279), height 12.5 cm mouth diameter 13 cm distance between feet 9.1 cm, the Palace Museum

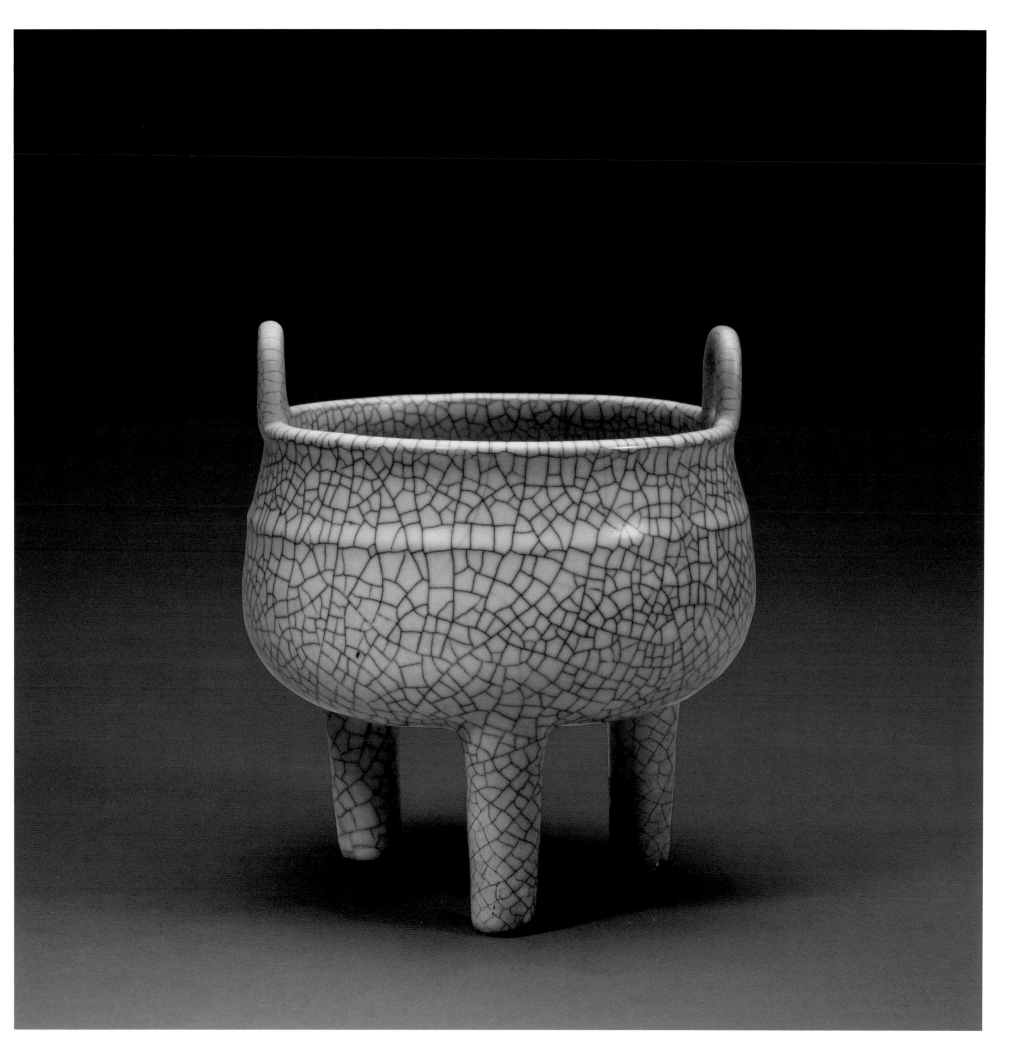

16 哥窑灰青釉鱼耳簋式炉

南宋

高 8 厘米　口径 12.5 厘米　足径 9.2 厘米

故宫博物院藏

炉撇口、尖唇、束颈、垂腹、圈足。颈、腹之间对称置鱼形耳。通体施灰青釉，釉层较厚。釉面遍布开片纹，多为黑色大开片纹，夹杂少数浅黄色短开片纹。圈足较窄，修足规矩，足端不施釉，呈铁褐色，即所谓"铁足"。外底分布一圈六个黑色支烧钉痕，内底亦存五个支烧钉痕，且比外底支钉痕细小，系在炉内套烧其他器物所致。

双耳簋式炉是传世哥窑瓷器中的典型器，造型模仿青铜簋，当为焚香用具。

利用实体显微镜拍摄的釉面显微结构照片（40 倍、100 倍）

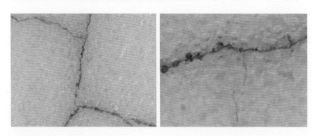

拍摄部位：外底。

釉面有"金丝"和"铁线"。可观察到釉内含有较多尺寸较小的气泡。釉层乳浊。

釉化学成分含量表（%）

化学成分	Na₂O	MgO	Al₂O₃	SiO₂	K₂O	CaO	TiO₂	MnO	Fe₂O₃	Rb	Sr	Y	Zr
釉	0.46	1.57	12.45	68.28	5.83	9.60	0.04	0.27	0.50	0.0203	0.0287	0.0006	0.0098

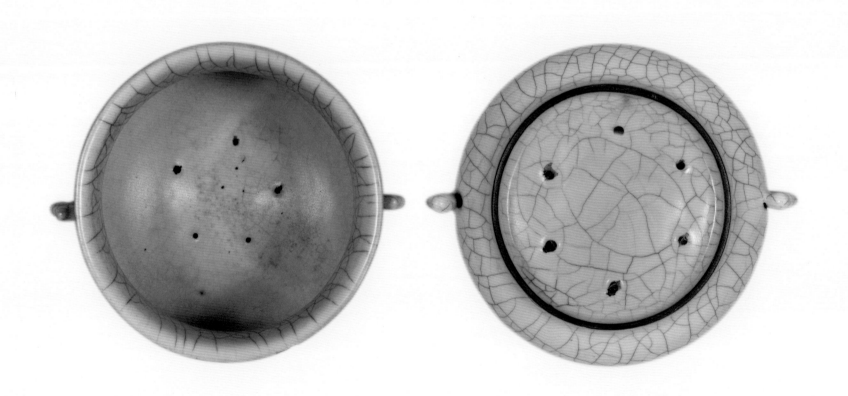

Ge ware grayish celadon incense burner in form of ancient bronze vessel *gui* with fish handles

Southern Song dynasty (1127-1279), height 8 cm mouth diameter 12.5 cm foot diameter 9.2 cm, the Palace Museum

哥窑灰青釉鱼耳簋式炉

南宋

高 9 厘米　口径 11.8 厘米　足径 9.6 厘米

故宫博物院藏

炉撇口、尖唇、束颈、垂腹、圈足。颈、腹之间对称置鱼形耳。通体施灰青釉，釉质滋润，釉面满布开片纹。大开片纹呈黑色，深且长；小开片纹呈黄色，浅而短。开片纹路呈不规则的锯齿状。圈足端不施釉，呈黑褐色，即所谓"铁足"。外底分布一周六个黑色圆形支烧钉痕，内底亦存留五个支烧钉痕，系在炉内套烧其他器物所致。

哥窑瓷器深受清代帝王喜爱，清高宗乾隆皇帝堪称其中的代表。其在位期间共刊印《御制诗集》五部，收录咏瓷诗近 200 首，其中题为咏哥窑的 21 首，涉及盘、碗、瓶、尊、炉、枕、砚等造型。部分诗作被宫廷匠师奉旨镌刻在器物上，其中流传至今的作品为后人了解乾隆朝对哥窑瓷器的鉴赏标准提供了重要参考。

此炉外底即刻有乾隆皇帝御制诗。诗云："伊谁换夕薰，香讶至今闻。制自崇鱼耳，色犹缬鳝纹。本来无火气，却似有云氲。辨见八还毕，鼻根何处分。"诗末署"乾隆丙申仲春御题"，钤"古香"和"太璞"印。乾隆丙申年即乾隆四十一年（1776 年）。这首诗名为《咏哥窑炉》，收录于《御制诗四集》卷三十八。

利用实体显微镜拍摄釉面显微结构照片（20 倍、40 倍、100 倍）

 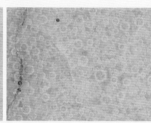 

拍摄部位：外底。

釉面有"金丝"和"铁线"，裂纹浸色较窄。可观察到釉内含有较多尺寸不均匀的气泡。釉层较为通透。

釉化学成分含量表（%）

化学成分	Na$_2$O	MgO	Al$_2$O$_3$	SiO$_2$	K$_2$O	CaO	TiO$_2$	MnO	Fe$_2$O$_3$	Rb	Sr	Y	Zr
釉	0.63	1.12	12.38	68.91	5.52	9.51	0.04	0.35	0.54	0.0187	0.0276	0.0020	0.0127

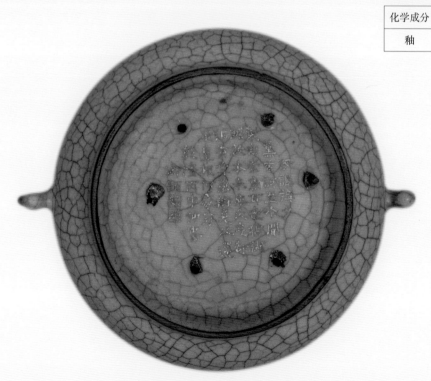

Ge ware grayish celadon incense burner in form of ancient bronze vessel *gui* with fish handles
Southern Song dynasty (1127-1279), height 9 cm mouth diameter 11.8 cm foot diameter 9.6 cm, the Palace Museum

18 | 哥窑灰青釉鱼耳簋式炉

南宋

高 8.3 厘米　口径 11.8 厘米　足径 9.5 厘米

故宫博物院藏

炉撇口、尖圆唇、短束颈、垂腹、圈足。腹部对称置鱼形耳。通体施灰青釉，釉面密布细碎开片纹。开片有两种，一种为黑色大开片纹，一种为黄色小开片纹，二者合称"金丝铁线"。开片纹路呈不规则锯齿状。圈足较窄，修足规整，足端不施釉，呈铁褐色。外底分布一周六个黑色支烧钉痕，内底存留六个黑色支烧钉痕，较外底支烧钉痕小巧。

此炉系清宫旧藏。查《故宫物品点查报告》，此炉曾被收藏于颐和轩。

Ge ware grayish celadon incense burner in form of ancient bronze vessel *gui* with fish handles
Southern Song dynasty (1127-1279), height 8.3 cm mouth diameter 11.8 cm foot diameter 9.5 cm, the Palace Museum

19 | 哥窑灰青釉双耳簋式炉

南宋

高 5.3 厘米　口径 7.5 厘米　足径 5.7 厘米

故宫博物院

炉撇口、尖唇、短束颈、垂腹、圈足。颈、腹之间对称置方形耳。通体施灰青釉，釉面满布开片纹，有黑色大开片和黄色小开片两种，即所谓"金丝铁线"。圈足较窄，修足规矩，足端不施釉，呈铁褐色，呈现"铁足"特征。

　　双耳簋式炉是传世哥窑瓷器中的典型器，造型模仿青铜簋，此炉双耳为方形，与哥窑簋式炉常见的鱼形耳不同。另外，外底和内底均不见支烧钉痕，与其他鱼耳簋式炉亦不同，显得较为特别。

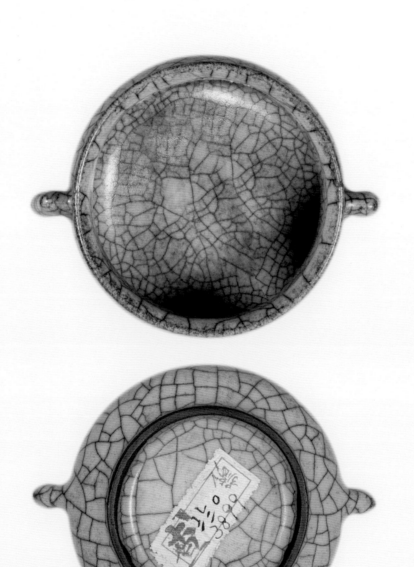

Ge ware grayish celadon incense burner in form of ancient bronze vessel *gui* with double handles
Southern Song dynasty (1127-1279), height 5.3 cm mouth diameter 7.5 cm foot diameter 5.7 cm, the Palace Museum

20

哥窑青釉葵口洗

南宋

高 2.9 厘米　口径 12.1 厘米　足径 8.4 厘米

故宫博物院藏

洗口呈六瓣葵花状，口下渐内收、底心微上凸、浅圈足。通体施青釉，釉面密布开片纹。足端无釉，呈黑褐色。外底有五个细小支烧钉痕。

利用实体显微镜拍摄的釉面显微结构照片（40 倍、100 倍）

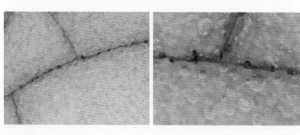

拍摄部位：外底。

釉面有"金丝"和"铁线"，裂纹较直、浸色较宽。可观察到釉内含有较多尺寸不均匀的气泡。釉层较为通透。

釉化学成分含量表（%）

化学成分	Na$_2$O	MgO	Al$_2$O$_3$	SiO$_2$	K$_2$O	CaO	TiO$_2$	MnO	Fe$_2$O$_3$	Rb	Sr	Y	Zr
釉	0.49	1.92	12.54	67.11	4.88	10.88	0.04	0.52	0.62	0.0191	0.0372	0.0019	0.0127

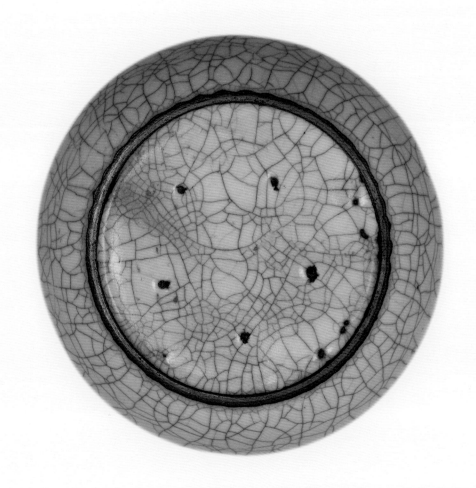

Ge ware celadon brush washer with six lobed rim
Southern Song dynasty (1127-1279), height 2.9 cm mouth diameter 12.1 cm foot diameter 8.4 cm, the Palace Museum

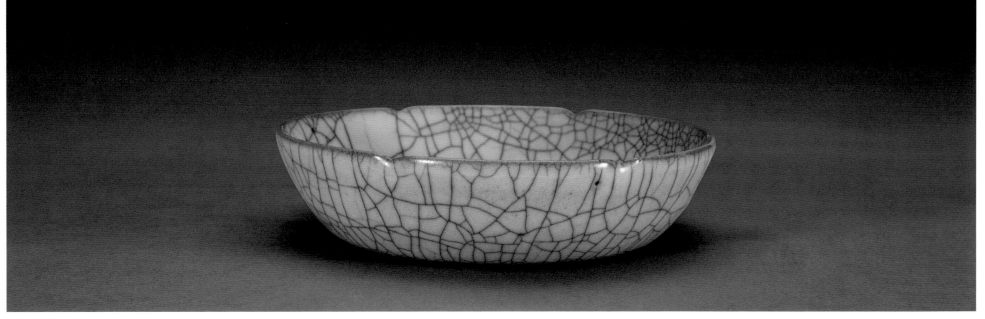

21

哥窑青釉葵花式洗

南宋

高 4 厘米　口径 13 厘米　足径 11 厘米

故宫博物院藏

洗呈葵花式。敞口、斜直壁、广底、矮圈足。通体施青釉，釉面开有大小相间的纹片，纵横交织。大开片呈铁黑色，小开片呈金黄色，俗称"金丝铁线"。外底有五个黑褐色小支烧钉痕。

此洗造型精巧雅致，器身随口沿起伏凹凸变化，凝重中透着秀气。釉层肥厚，釉面莹润，光泽柔和，开片自然。葵花式洗属于南宋哥窑瓷器中具有代表性的作品。

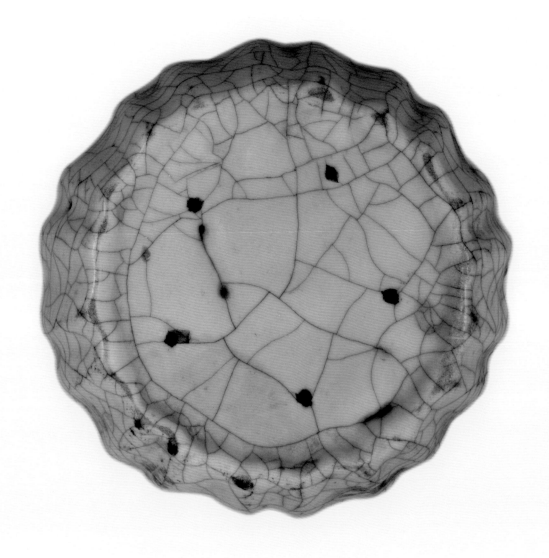

Ge ware celadon brush washer of mallow form (*kui shi xi*)
Southern Song dynasty (1127-1279), height 4 cm mouth diameter 13 cm foot diameter 11 cm, the Palace Museum

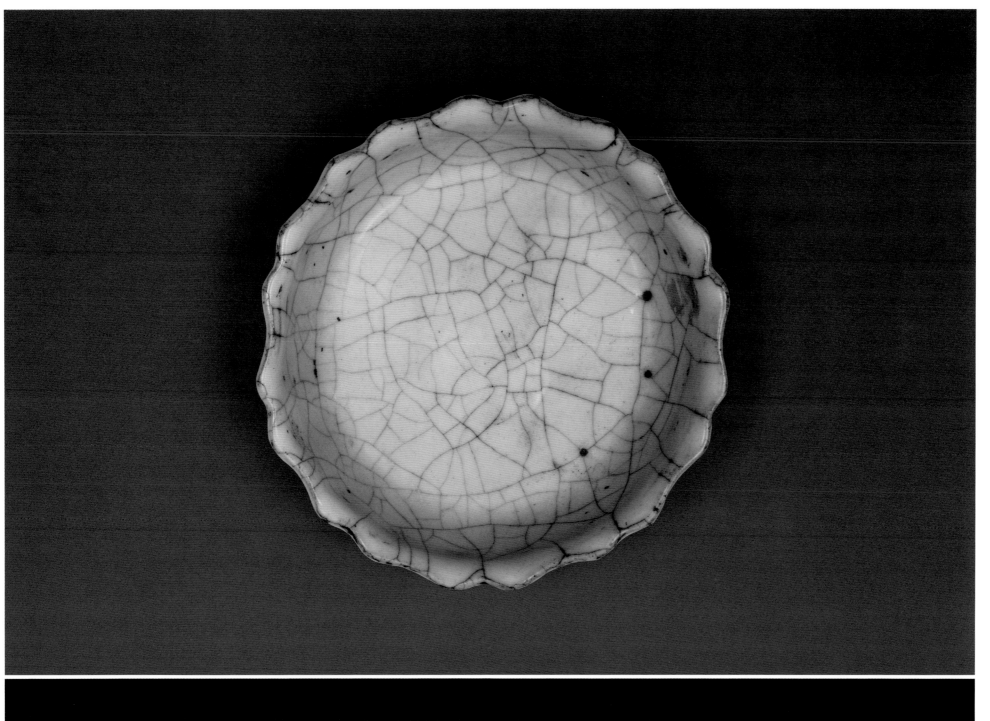
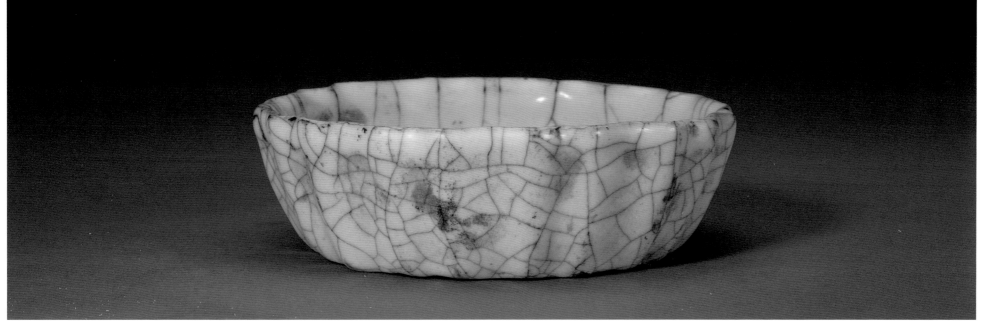

22 | 哥窑青釉葵花式洗

南宋

高 2.9 厘米　口径 12.1 厘米　足径 8.4 厘米

故宫博物院藏

洗呈葵花式。敞口、斜直壁、广底、矮圈足。通体施青色釉，釉面开有大小相间的纹片，以黑色大片纹为主，土黄色小片纹为辅，俗称"金丝铁线"。外底有六个黑褐色小支烧钉痕。

此洗造型优美，胎体略显厚重，釉面润泽如酥，具有较强的艺术感染力。

利用实体显微镜拍摄的釉面显微结构照片（40 倍、100 倍）

 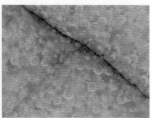

拍摄部位：外底。

釉面有"金丝"和"铁线"，裂纹较直。可观察到釉内含有大量尺寸均匀的气泡。釉层通透。

釉化学成分含量表（%）

化学成分	Na₂O	MgO	Al₂O₃	SiO₂	K₂O	CaO	TiO₂	MnO	Fe₂O₃	Rb	Sr	Y	Zr
釉	0.46	1.84	12.25	68.06	5.13	10.14	0.04	0.27	0.81	0.0206	0.0296	0.0016	0.0091

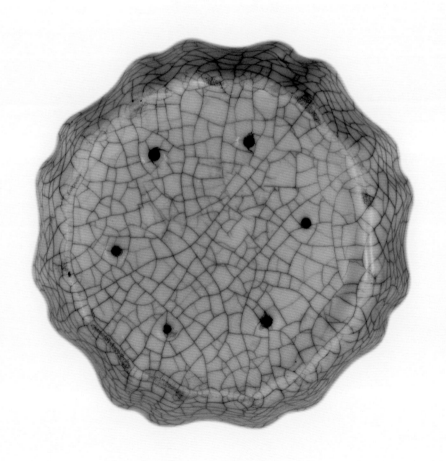

Ge ware celadon brush washer of mallow form (*kui shi xi*)
Southern Song dynasty (1127-1279), height 2.9 cm mouth diameter 12.1 cm foot diameter 8.4 cm, the Palace Museum

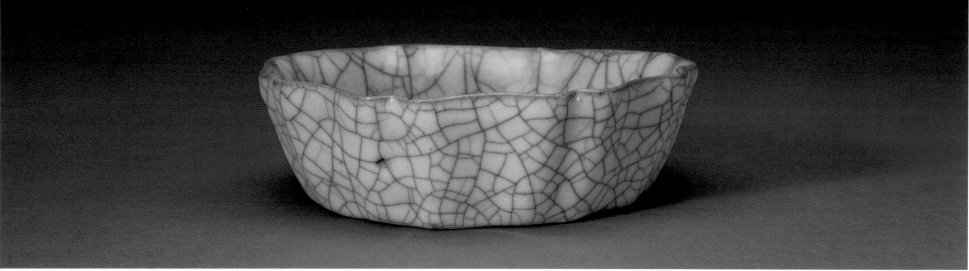

23 | 哥窑青釉葵花式洗

南宋
高 3.5 厘米　口径 11.9 厘米　足径 9.3 厘米
故宫博物院藏

洗呈六瓣葵花式。敞口、斜直壁、广底、矮圈足，底心微上凸。通体施青釉，釉面满布开片纹。外底有六个细小支烧钉痕。

洗为宋代瓷器中的流行式样，汝窑、钧窑、官窑、龙泉窑等都有烧造，其中尤以哥窑葵花式洗形体最为优美。

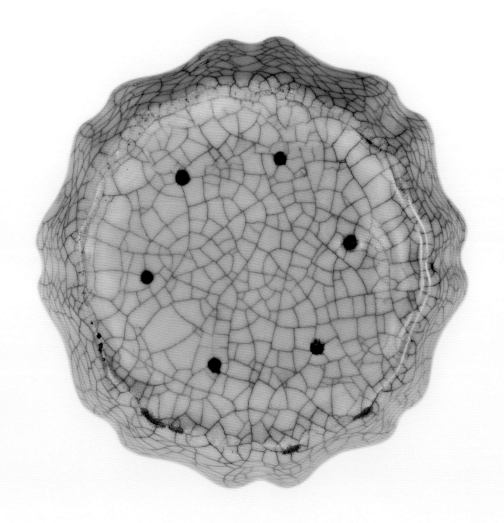

Ge ware celadon brush washer of mallow form (*kui shi xi*)
Southern Song dynasty (1127-1279), height 3.5 cm mouth diameter 11.9 cm foot diameter 9.3 cm, the Palace Museum

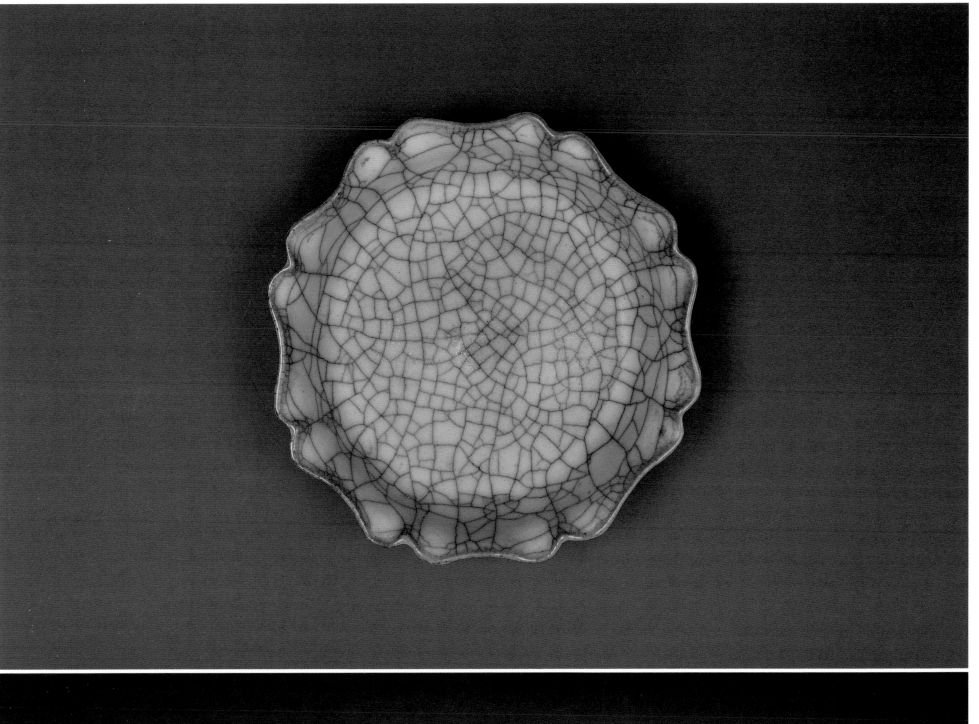

24 | 哥窑青釉葵花式洗

南宋

高 3.3 厘米　口径 11.7 厘米　足径 8.9 厘米

故宫博物院藏

洗呈六瓣葵花式。敞口、斜直壁、广底、矮圈足，底心微上凸。通体施青釉，釉面开细碎片纹。外底有五个细小支烧钉痕。

Ge ware celadon brush washer of mallow form (*kui shi xi*)
Southern Song dynasty (1127-1279), height 3.3 cm mouth diameter 11.7 cm foot diameter 8.9 cm, the Palace Museum

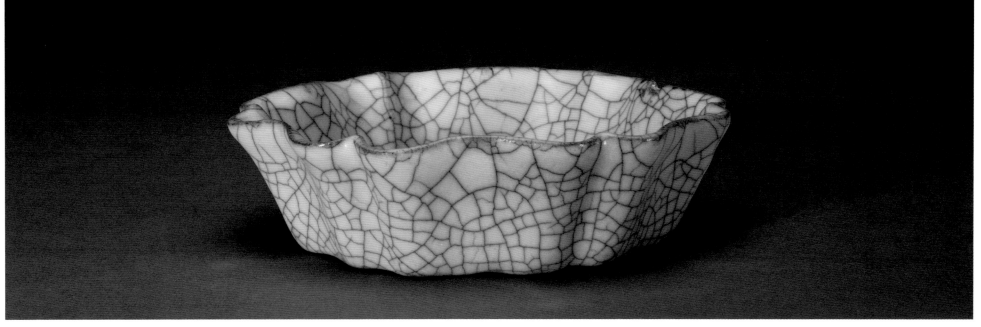

官窑青釉葵花式洗

南宋

高 3.3 厘米　口径 11.6 厘米　足径 8.7 厘米

故宫博物院藏

洗呈六瓣葵花式。敞口、斜直壁、广底、矮圈足，底心微上凸。通体施青釉，釉面开细碎片纹。外底有五个细小支烧钉痕。

葵花式洗是哥窑、官窑青瓷中常见的造型。此洗尺寸与本书图版 24 相仿，也曾被认定为哥窑产品，后改归为官窑产品。

利用实体显微镜拍摄的釉面显微结构照片（40 倍、100 倍）

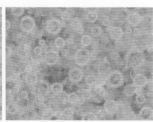

拍摄部位：外底。

釉面无明显浸色裂纹。可观察到釉内含有较多尺寸不均匀的气泡。釉层通透。

釉化学成分含量表（%）

化学成分	Na$_2$O	MgO	Al$_2$O$_3$	SiO$_2$	K$_2$O	CaO	TiO$_2$	MnO	Fe$_2$O$_3$	Rb	Sr	Y	Zr
釉	0.51	1.55	12.89	68.90	4.96	9.10	0.03	0.32	0.73	0.0187	0.0271	0.0023	0.0151

Guan ware celadon brush washer of mallow form (*kui shi xi*)
Southern Song dynasty (1127-1279), height 3.3 cm mouth diameter 11.6 cm foot diameter 8.7 cm, the Palace Museum

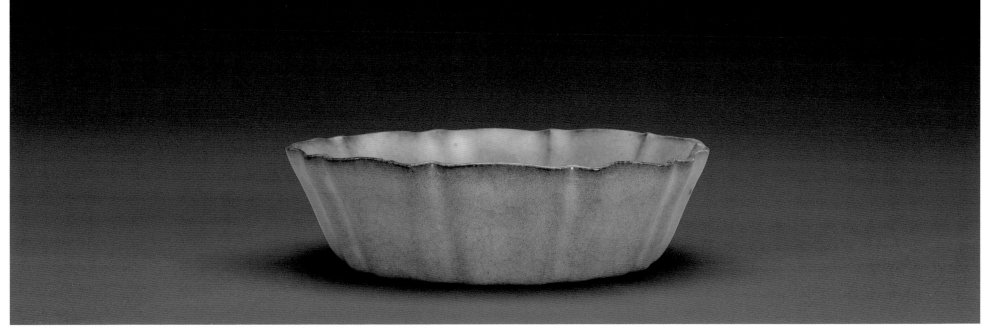

25 | 哥窑灰青釉葵花式洗

南宋

高 3.2 厘米　口径 10.5 厘米　足径 8.3 厘米

故宫博物院藏

洗呈六瓣葵花式。敞口、斜直壁、广底、矮圈足，内底微上凸。通体施灰青色釉，釉面开细碎片纹。外底有五个细小支烧钉痕。

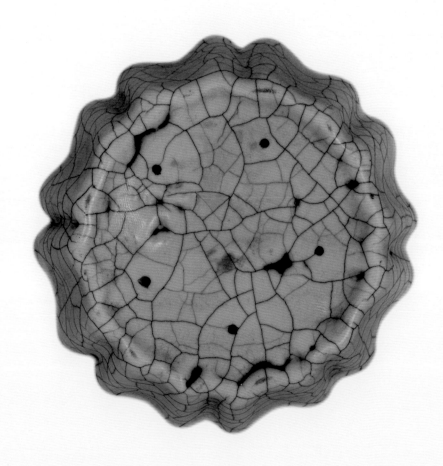

Ge ware grayish celadon brush washer of mallow form (*kui shi xi*)
Southern Song dynasty (1127-1279), height 3.2 cm mouth diameter 10.5 cm foot diameter 8.3 cm, the Palace Museum

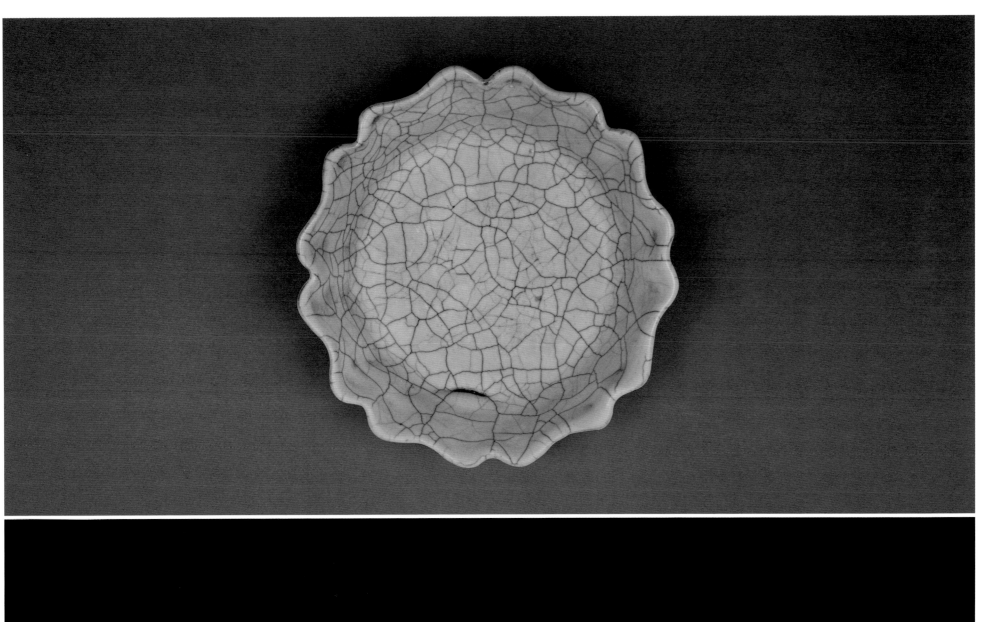

哥窑米黄釉葵花式洗

南宋

高 3.4 厘米　口径 11.8 厘米　足径 8.7 厘米

故宫博物院藏

洗呈六瓣葵花式。敞口、斜直壁、广底、矮圈足，底心微上凸。通体施米黄釉，釉面开细碎片纹。外底有六个细小支烧钉痕。

利用实体显微镜拍摄的釉面显微结构照片（40 倍、100 倍）

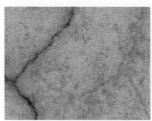 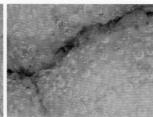

拍摄部位：外底。

釉面有"金丝"和"铁线"。可观察到釉内含有大量尺寸均匀的气泡，釉层较为通透。

釉化学成分含量表（%）

化学成分	Na$_2$O	MgO	Al$_2$O$_3$	SiO$_2$	K$_2$O	CaO	TiO$_2$	MnO	Fe$_2$O$_3$	Rb	Sr	Y	Zr
釉	0.55	1.33	12.58	69.74	5.78	8.59	0.04	0.32	0.07	0.0188	0.0225	0.0017	0.0103

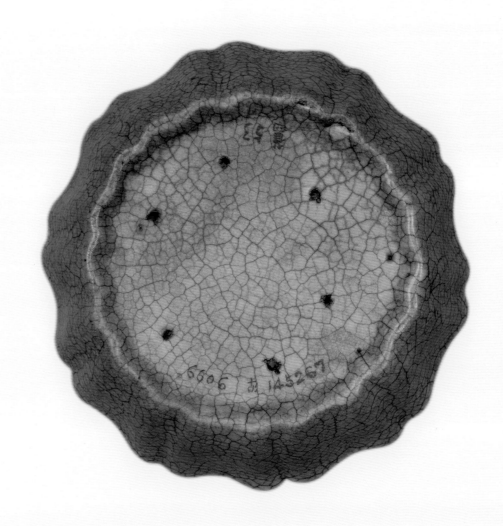

Ge ware yellowish celadon brush washer of mallow form (*kui shi xi*)
Southern Song dynasty (1127-1279), height 3.4 cm mouth diameter 11.8 cm foot diameter 8.7 cm, the Palace Museum

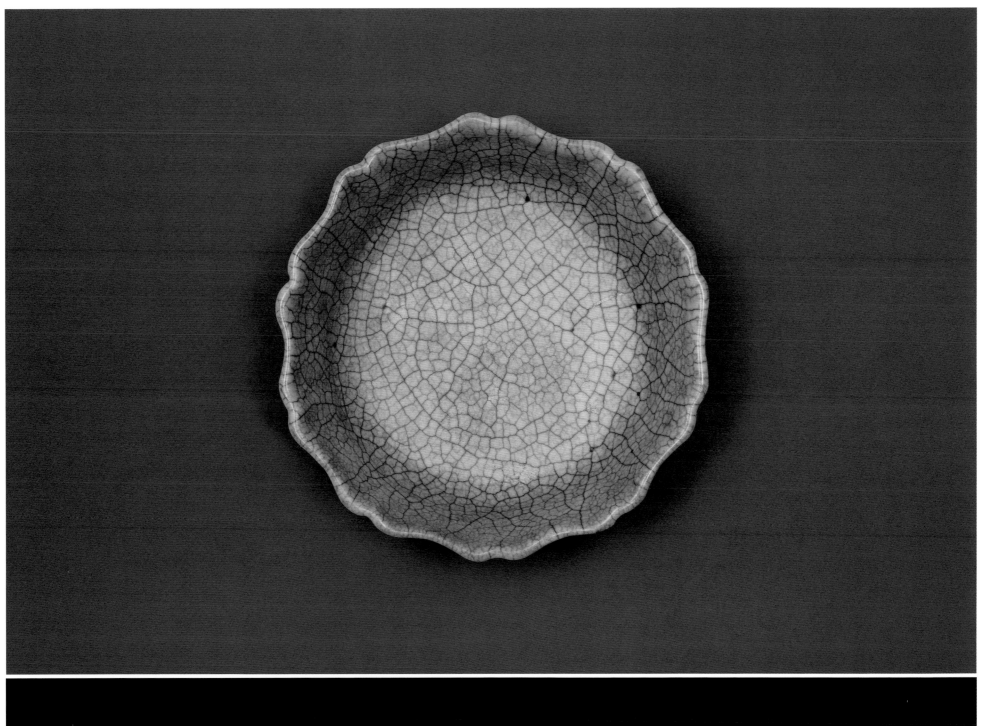
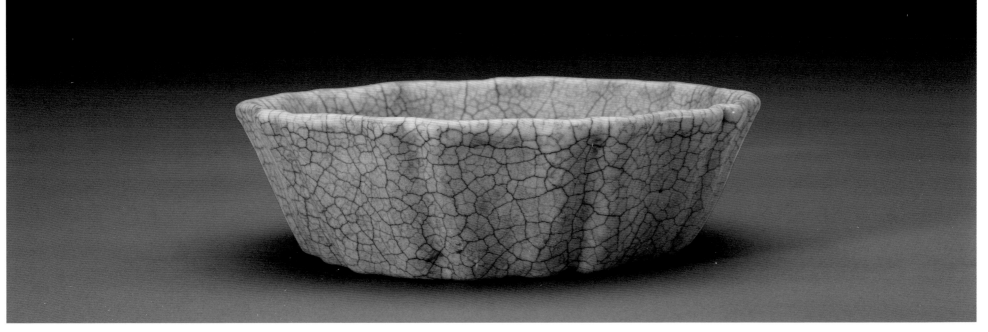

27 | 哥窑米黄釉葵花式洗

南宋

高 3.8 厘米　口径 10 厘米　足径 7.5 厘米

故宫博物院藏

洗呈六瓣葵花式。敞口、斜直壁、广底、矮圈足，内底微上凸。通体施米黄釉，釉面开细碎片纹。外底有五个细小支烧钉痕。

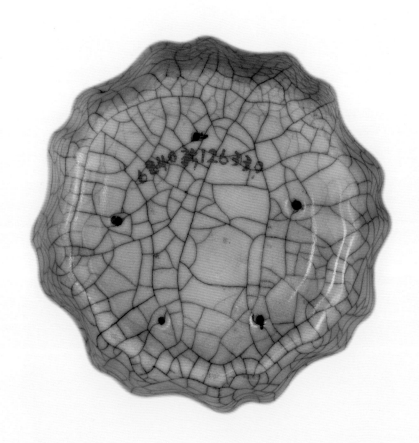

Ge ware yellowish celadon brush washer of mallow form (*kui shi xi*)
Southern Song dynasty (1127-1279), height 3.8 cm mouth diameter 10 cm foot diameter 7.5 cm, the Palace Museum

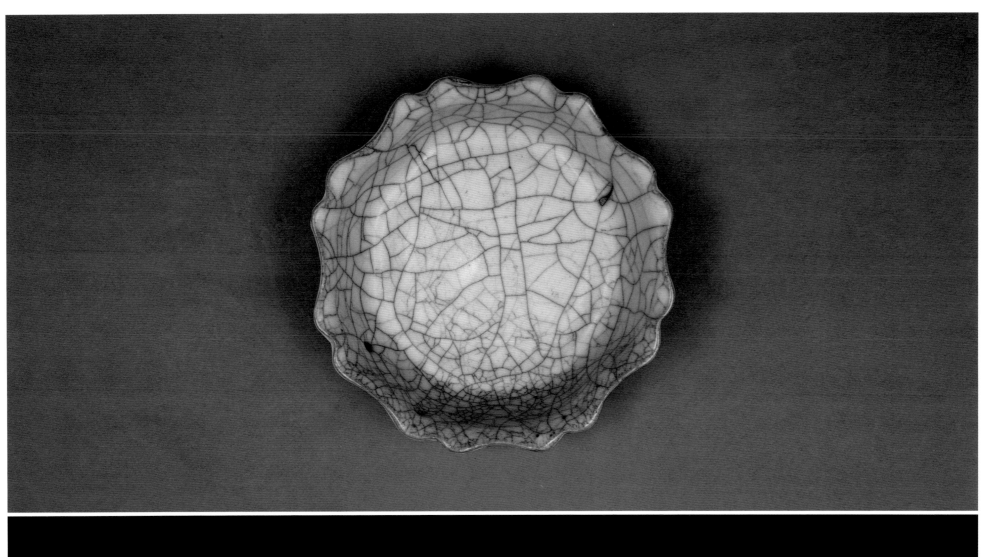

28 | 哥窑米黄釉五足洗

南宋

高 9.2 厘米　口径 18.8 厘米　底径 7.7 厘米

上海博物馆藏

洗圆唇、口沿微外撇、直腹、广底，底下承以五个如意头形扁足。口沿上置五枚乳丁。通体施米黄色釉，釉层较厚，釉面莹润，里外开细碎片纹，纹片黄、黑二色交错分布，俗称"金丝铁线"。内底有六个圆形细小支烧钉痕。外底正中心有圈足，足端平切刮釉，修足规整。整个器物各部分比例得当，线条流畅、优美，气度非凡。属于典型传世哥窑瓷器。

从现存传世哥窑瓷器看，造型多为盘、碗、仿古类器物、文房器具等，此类五足洗罕见，堪称名品。英国伦敦大维德基金会藏有一件与此洗造型类似的器物，尺寸相近，制作也较为精美。这两个洗有一个共同现象，即五个乳丁与五足均上下位置对应。不同的是，大维德藏品部分釉面泛浅灰色，缺少"金丝铁线"的典型特征，五足微外撇，且内底粘有三个圆形泥点支具。

明代宣德时期，景德镇就已开始烧造仿哥釉瓷器，但产量不大。成化朝仿哥釉瓷器产量较大，器物釉层肥厚，平整光亮，釉色、釉质均佳，具有较高水平。清代雍正时期景德镇御窑厂烧造者尤为神似。

Ge ware yellowish celadon brush washer with five feet
Southern Song dynasty (1127-1279), height 9.2 cm mouth diameter 18.8 cm bottom diameter 7.7 cm, Shanghai Museum

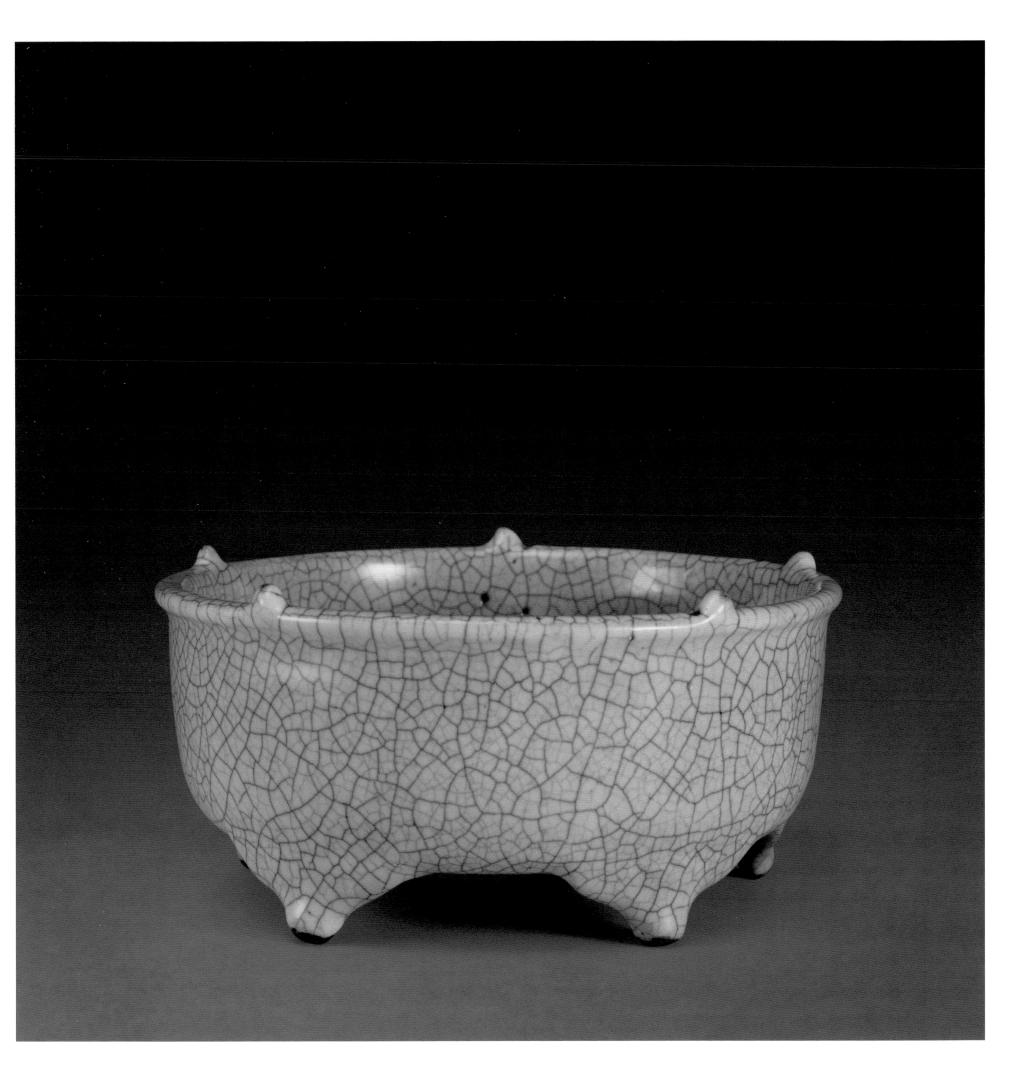

29

哥窑灰青釉碗

南宋

高 7.5 厘米　口径 19.8 厘米　足径 5.6 厘米

故宫博物院藏

碗敞口、深弧壁、圈足。通体内外和圈足内均施灰青釉，釉面密布黄、黑二色开片纹。足端无釉。

利用实体显微镜拍摄的釉面显微结构照片（40 倍、100 倍）

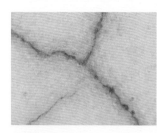 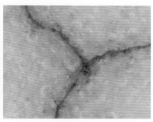

拍摄部位：外底。

釉面有"金丝"和"铁线"，裂纹浸色较宽。可观察到釉内含有气泡数量较少、尺寸较为均匀。釉层乳浊。

釉化学成分含量表（%）

化学成分	Na$_2$O	MgO	Al$_2$O$_3$	SiO$_2$	K$_2$O	CaO	TiO$_2$	MnO	Fe$_2$O$_3$	Rb	Sr	Y	Zr
釉	0.50	1.69	13.27	66.25	5.65	10.40	0.04	0.26	0.94	0.0205	0.0288	0.0007	0.0088

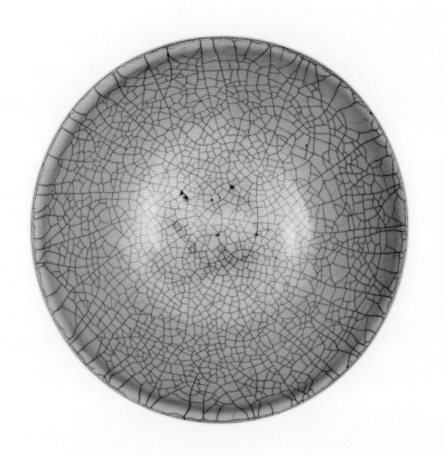 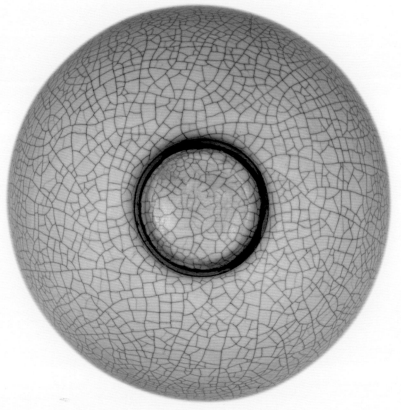

Ge ware grayish celadon bowl
Southern Song dynasty (1127-1279), height 7.5 cm mouth diameter 19.8 cm foot diameter 5.6 cm, the Palace Museum

30

哥窑灰青釉碗

南宋

高 3.3 厘米　口径 7.8 厘米　足径 3 厘米

故宫博物院藏

碗敛口、深弧壁、圈足。通体内外和圈足内施灰青釉，釉面密布黄、黑二色开片纹。足端无釉。

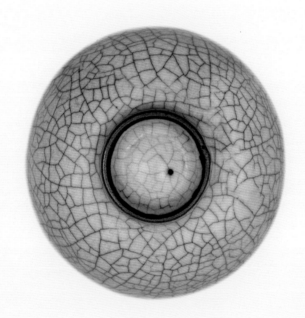

Ge ware grayish celadon bowl
Southern Song dynasty (1127-1279), height 3.3 cm mouth diameter 7.8 cm foot diameter 3 cm, the Palace Museum

哥窑灰青釉葵口碗

南宋

高 7.6 厘米　口径 19.7 厘米　足径 7 厘米

故宫博物院藏

碗口呈六瓣葵花状、深弧壁、圈足。通体内外和圈足内施灰青釉，足端无釉，呈黑褐色，即所谓"铁足"。釉面布满开片纹。

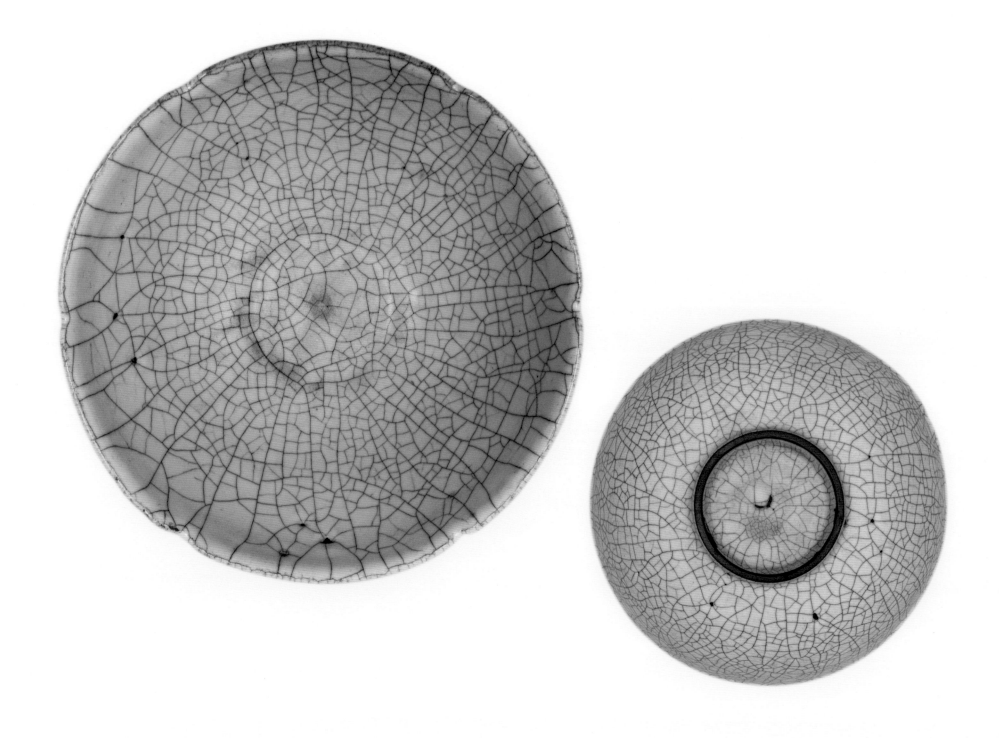

Ge ware grayish celadon bowl with six lobed rim
Southern Song dynasty (1127-1279), height 7.6 cm mouth diameter 19.7 cm foot diameter 7 cm, the Palace Museum

32 哥窑灰青釉葵口碗

南宋
高 7.4 厘米　口径 18 厘米　足径 5.1 厘米
故宫博物院藏

碗敛口、口部呈六瓣葵花状、深弧壁、圈足。通体内外和圈足内施灰青釉，釉面有黄、黑二色开片纹。足端无釉，呈铁黑色。

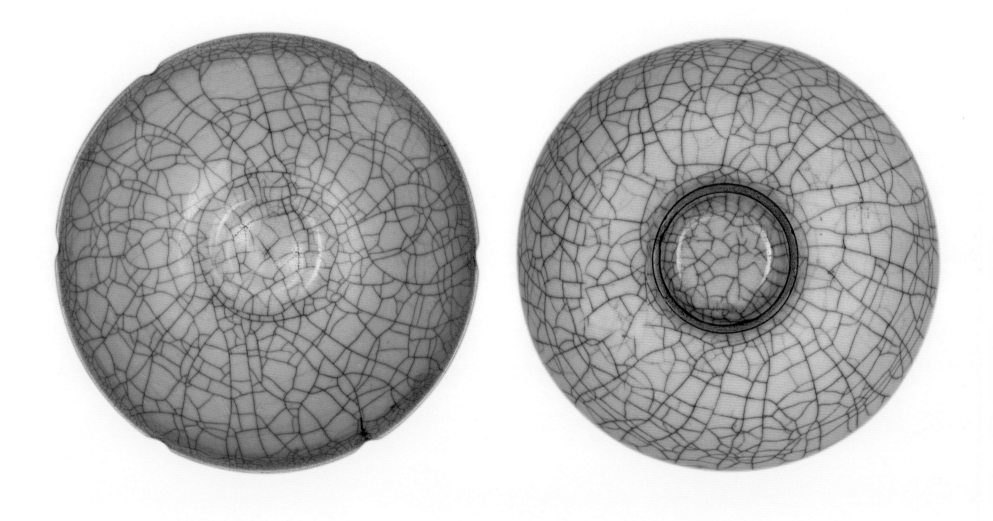

Ge ware grayish celadon bowl with six lobed rim
Southern Song dynasty (1127-1279), height 7.4 cm mouth diameter 18 cm foot diameter 5.1 cm, the Palace Museum

33 | 哥窑青釉葵口碗

南宋

高 7.3 厘米　口径 19.5 厘米　足径 6.7 厘米

故宫博物院藏

碗敞口、口部呈六瓣葵花状、深弧壁、圈足。通体内外和圈足内均施青釉，釉面密布黄、黑二色开片。足端无釉，呈铁黑色。外底镌刻乾隆皇帝御制诗。诗曰："碗作葵花式，应存向日情。依然出宋代，却可辨难兄。火色泯无迹，釉光注未平。器珍原以旧，新必致訾評。"句末錾刻"乾隆己亥（1779 年）新春御题"，钤"古香""太璞"印。

利用实体显微镜拍摄的釉面显微结构照片（20 倍、40 倍、100 倍）

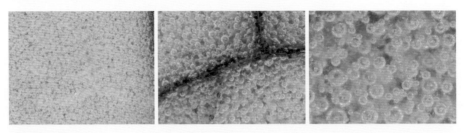

拍摄部位：外底。

釉面有"金丝"和"铁线"，裂纹较直、浸色较宽。可观察到釉内含有大量尺寸不均匀的气泡。釉层通透。

釉化学成分含量表（%）

化学成分	Na$_2$O	MgO	Al$_2$O$_3$	SiO$_2$	K$_2$O	CaO	TiO$_2$	MnO	Fe$_2$O$_3$	Rb	Sr	Y	Zr
釉	0.44	2.01	10.76	70.47	5.08	9.24	0.04	0.41	0.56	0.0199	0.0271	0.0016	0.0075

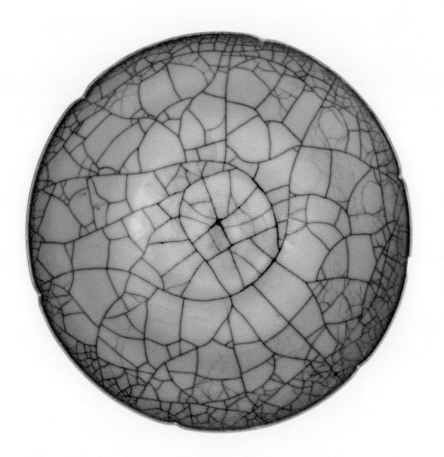

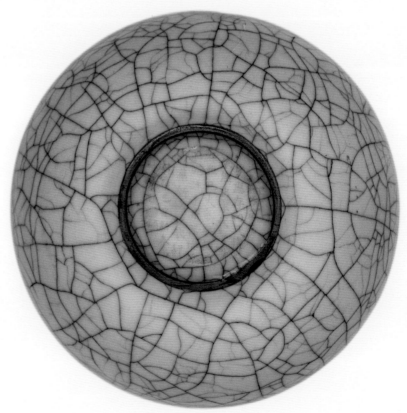

Ge ware celadon bowl with six lobed rim
Southern Song dynasty (1127-1279), height 7.3 cm mouth diameter 19.5 cm foot diameter 6.7 cm, the Palace Museum

官窑青釉葵口碗

南宋

高 7.9 厘米　口径 19.4 厘米　足径 5.4 厘米

故宫博物院藏

碗敛口、口部呈六瓣葵花状、深弧壁、圈足。这件今人研究认定为南宋官窑的青釉碗，曾被乾隆皇帝当成哥窑产品，命人在其底部镌刻御制诗："哥窑百圾破，铁足独称珍。恰似标坯相，而能完谧神。宣成后精巧，柴李昔清淳。此是酌中者，休论器尚新。"句末鏨刻"乾隆辛丑（1781年）新正御题"，钤"太""璞"印。

此碗与本书图版 33 造型、大小相似，恰好印证了明清以来"官、哥不分"的说法。明代高濂《遵生八笺》说"官窑品格，大率与哥窑相同"，只是"官窑质之隐纹如蟹爪，哥窑质之隐纹如鱼子，但汁料不如官窑佳耳"。从外观看，官窑与哥窑产品确实有许多相似之处，如均烧造青瓷、胎色较深、施釉较厚、釉面开片等。

利用实体显微镜拍摄的釉面显微结构照片（20 倍、40 倍、100 倍）

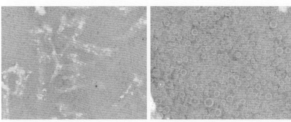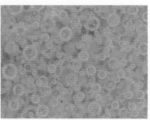

拍摄部位：外底。

釉面有"金丝"，"铁线"不可见，裂纹较直。可观察到釉内含有大量尺寸不均匀的气泡。釉层通透。

釉化学成分含量表（%）

化学成分	Na₂O	MgO	Al₂O₃	SiO₂	K₂O	CaO	TiO₂	MnO	Fe₂O₃	Rb	Sr	Y	Zr
釉	0.49	1.41	11.25	71.79	5.68	7.43	0.04	0.30	0.60	0.0215	0.0233	0.0013	0.0082

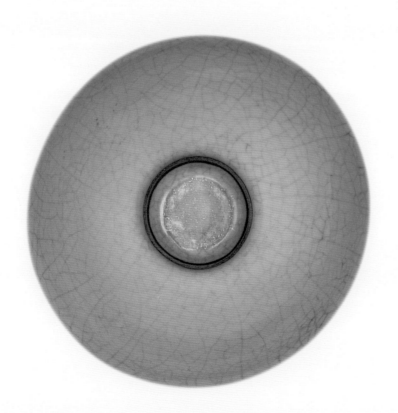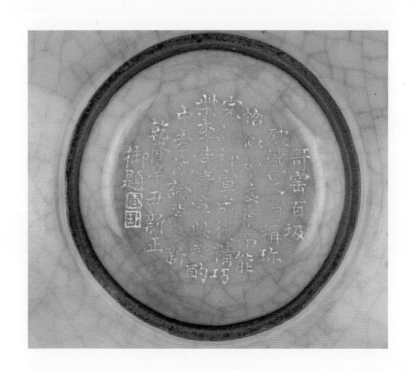

Guan ware celadon bowl with six lobed rim
Southern Song dynasty (1127-1279), height 7.9 cm mouth diameter 19.4 cm foot diameter 5.4 cm, the Palace Museum

34 哥窑青釉葵口碗

南宋

高 7 厘米　口径 18.5 厘米　足径 6.8 厘米

故宫博物院藏

碗口呈六瓣葵花状、深弧壁、圈足。通体内外和圈足内均施青釉，釉面开有细碎片纹，片纹呈黄、黑两色，即所谓"金丝铁线"。

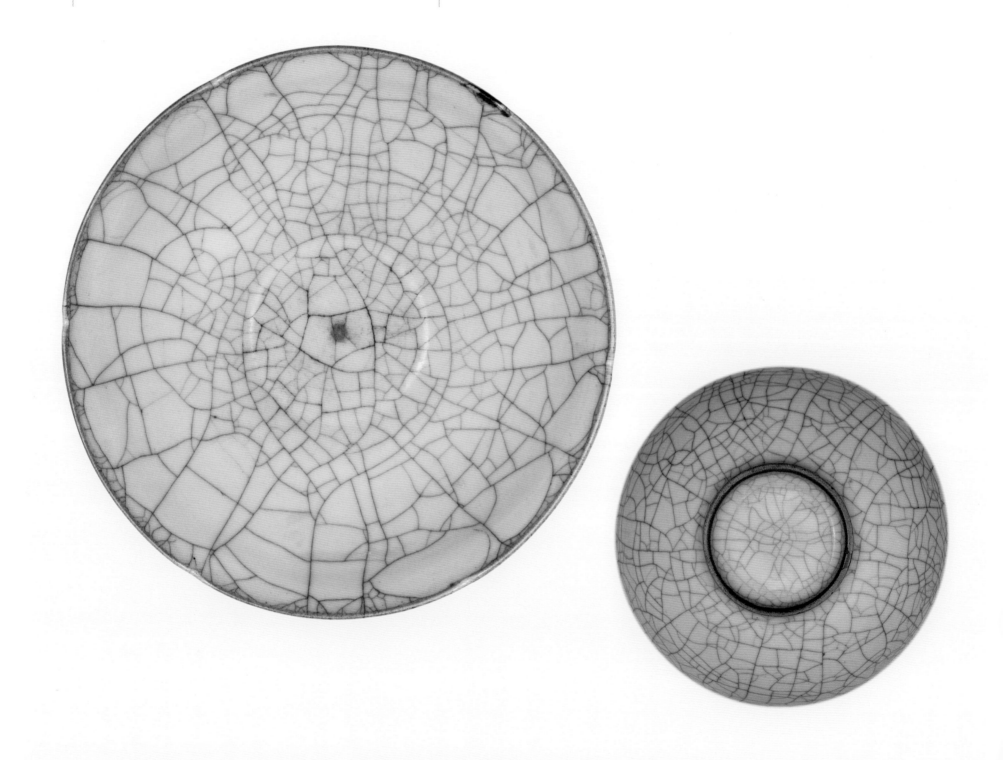

Ge ware celadon bowl with six lobed rim
Southern Song dynasty (1127-1279), height 7 cm mouth diameter 18.5 cm foot diameter 6.8 cm, the Palace Museum

35 | 哥窑青釉葵口碗

南宋

高 7.2 厘米　口径 17.8 厘米　足径 5.2 厘米

故宫博物院藏

碗口呈六瓣葵花状、深弧壁、圈足。通体内外和圈足内均施灰青釉，釉面光亮莹润，满布黑色开片纹，俗称"百圾碎"。足端不施釉，呈铁黑色。

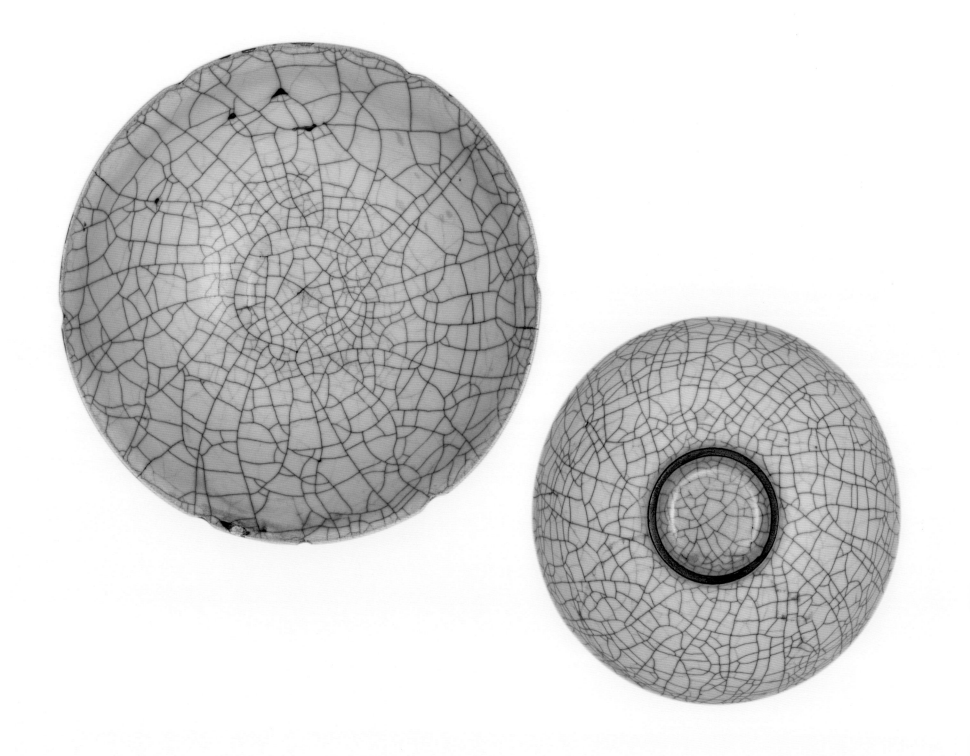

Ge ware celadon bowl with six lobed rim
Southern Song dynasty (1127-1279), height 7.2 cm mouth diameter 17.8 cm foot diameter 5.2 cm, the Palace Museum

36

哥窑青釉葵口碗

南宋

高 4.8 厘米　口径 11.8 厘米　足径 3.8 厘米

故宫博物院藏

碗口呈六瓣葵花状、深弧壁、圈足。口沿镶嵌铜钉。通体内外和圈足内均施青釉，釉面满布开片纹。足端无釉，呈黑褐色。

此碗造型俊秀，釉层肥腴，属于传世哥窑瓷器典型作品。

利用实体显微镜拍摄的釉面显微结构照片（40 倍、100 倍）

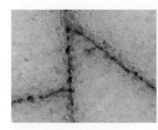 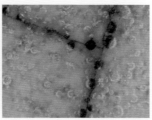

拍摄部位：外壁近足处。

釉面有"铁线"，"金丝"几乎不可见，裂纹较直。可观察到釉内含有大量尺寸不均匀的气泡。釉层较为通透。

釉化学成分含量表（%）

化学成分	Na$_2$O	MgO	Al$_2$O$_3$	SiO$_2$	K$_2$O	CaO	TiO$_2$	MnO	Fe$_2$O$_3$	Rb	Sr	Y	Zr
釉	0.44	1.84	11.81	67.73	6.10	9.69	0.03	0.68	0.68	0.0200	0.0380	0.0017	0.0118

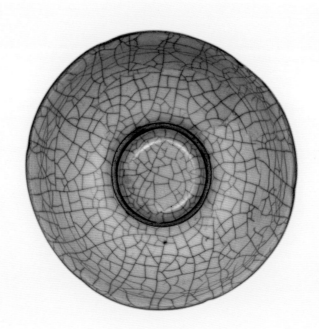

Ge ware celadon bowl with six lobed rim
Southern Song dynasty (1127-1279), height 4.8 cm mouth diameter 11.8 cm foot diameter 3.8 cm, the Palace Museum

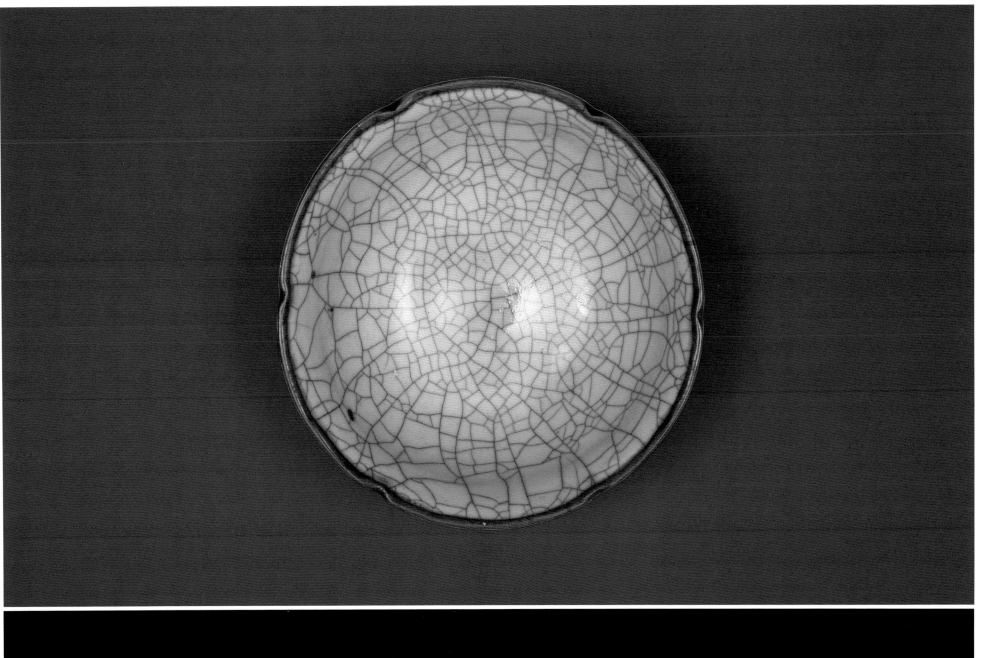

官窑青釉葵口碗

南宋

高 4.5 厘米　口径 11.6 厘米　足径 3.9 厘米

故宫博物院藏

碗敞口、口部呈六瓣葵花状、深弧壁、圈足。通体内外和圈足内均施青釉，釉面均满布开片纹。足端无釉，呈黑褐色。

此碗与本书图版 36 造型、大小相似，既印证了明清以来常见的"官、哥不分"的说法，又可通过科技检测对比二者的异同。

利用实体显微镜拍摄的釉面显微结构照片（40 倍、100 倍）

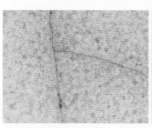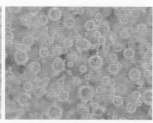

拍摄部位：外壁近足处。

釉面有"金丝"，"铁线"几乎不可见，裂纹较直。可观察到釉内含有大量尺寸不均匀的气泡。釉层较为通透。

官窑青釉葵口碗釉化学成分含量表（％）

化学成分	Na₂O	MgO	Al₂O₃	SiO₂	K₂O	CaO	TiO₂	MnO	Fe₂O₃	Rb	Sr	Y	Zr
釉	0.31	2.49	11.41	70.06	5.47	8.51	0.04	0.40	0.33	0.0206	0.0287	0.0017	0.0087

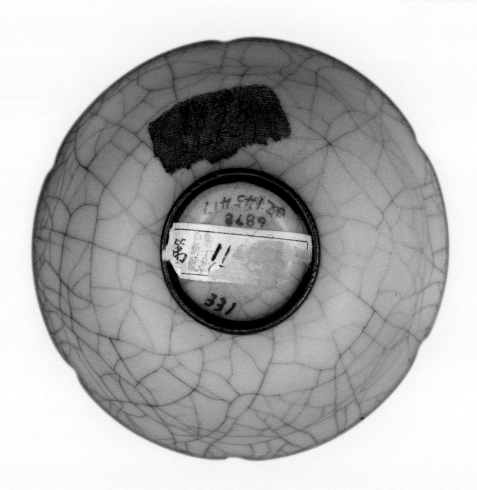

Guan ware celadon bowl with six lobed rim
Southern Song dynasty (1127-1279), height 4.5 cm mouth diameter 11.6 cm foot diameter 3.9 cm, the Palace Museum

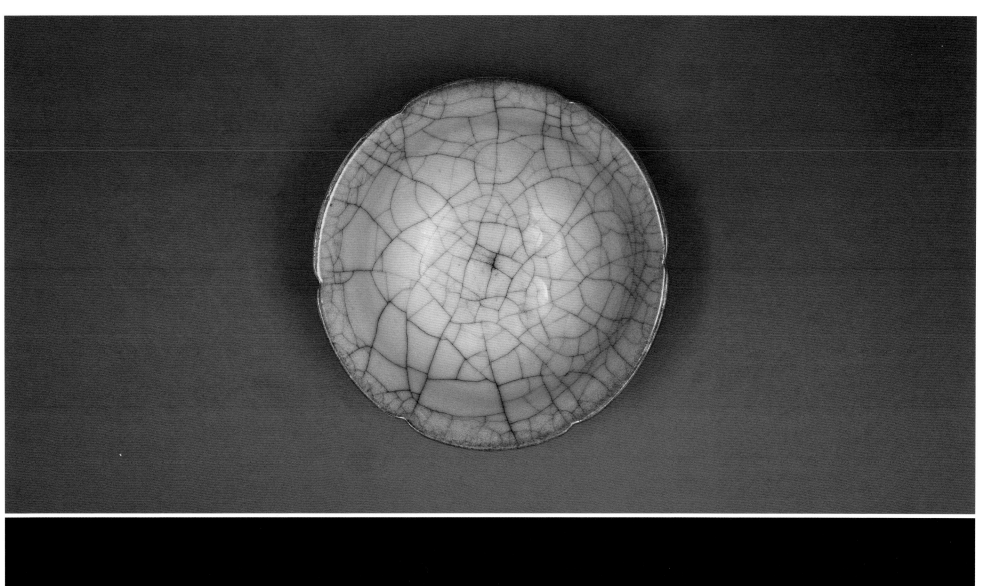

37

哥窑灰青釉浅盘

南宋

高 1.8 厘米　口径 15.3 厘米　足径 5 厘米

故宫博物院藏

盘敞口、折沿、弧壁较浅、圈足。通体内外和圈足内均施灰青釉，近口沿处由于釉层较薄而显得颜色略深。内外釉面均满布开片纹，盘心开片纹较为细碎，外壁开片纹略大，且中间有更多细小的黄色开片。此盘造型规整，釉面莹润，属于典型的传世哥窑瓷器。

利用实体显微镜拍摄的釉面显微结构照片（40 倍、100 倍）

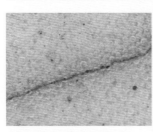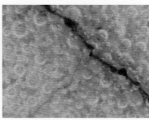

拍摄部位：外壁近足处。

釉面有"金丝"和"铁线"，裂纹浸色较宽。可观察到釉内含有大量尺寸不均匀的气泡。釉层通透。

釉化学成分含量表（%）

化学成分	Na₂O	MgO	Al₂O₃	SiO₂	K₂O	CaO	TiO₂	MnO	Fe₂O₃	Rb	Sr	Y	Zr
釉	0.50	1.39	11.46	71.59	5.67	7.69	0.04	0.32	0.35	0.0195	0.0251	0.0018	0.0112

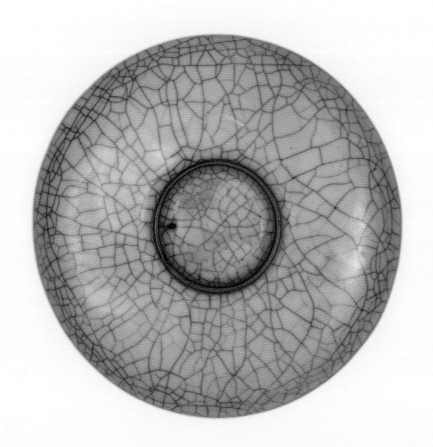

Ge ware grayish celadon shallow dish
Southern Song dynasty (1127-1279), height 1.8 cm mouth diameter 15.3 cm foot diameter 5 cm, the Palace Museum

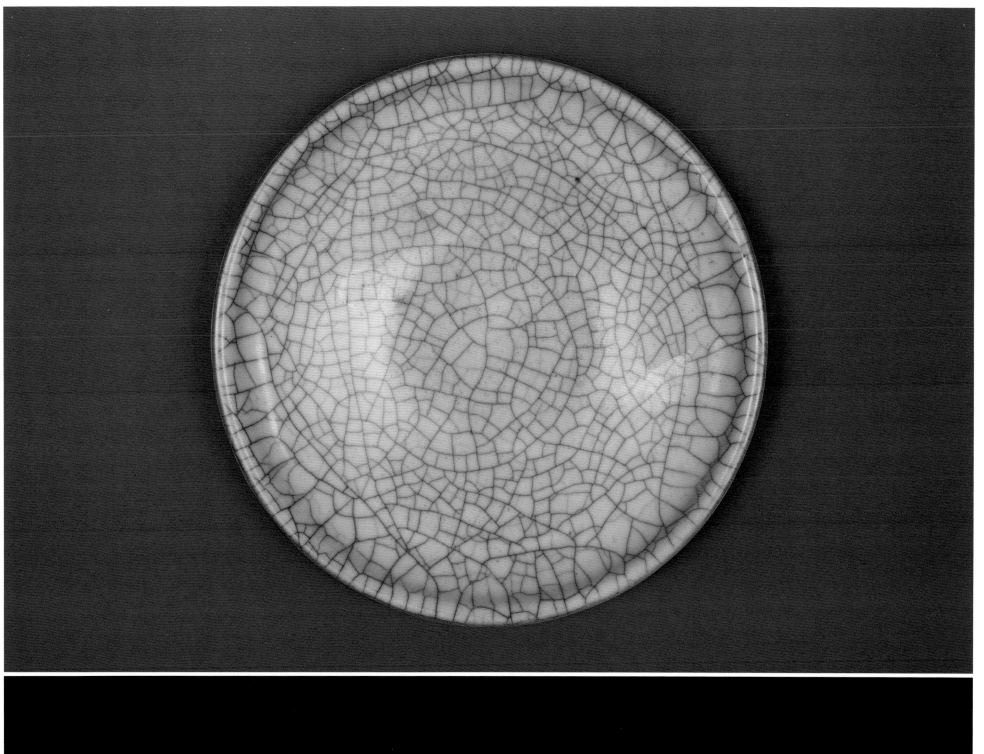
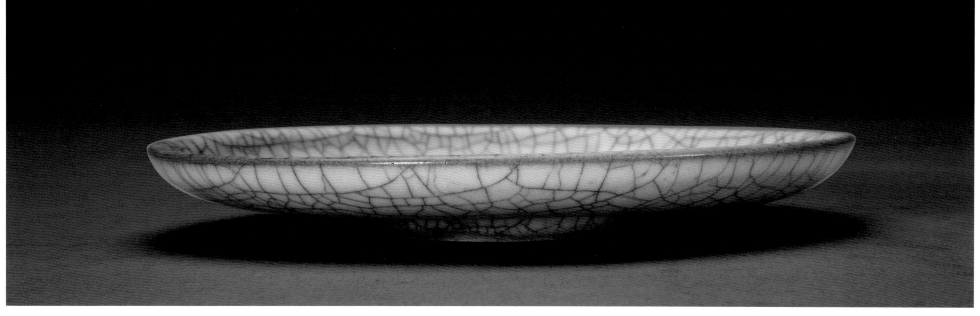

38

哥窑灰青釉浅盘

南宋

高 1.6 厘米　口径 15.5 厘米　足径 6 厘米

山东博物馆藏

盘敞口、弧壁较浅、圈足。黑褐色胎，灰青色釉，盘身满布纵横交织的不规则片纹。年代久远的珍稀性与奇特自然的开片，使人顿生错落有致而妙趣天成之感。

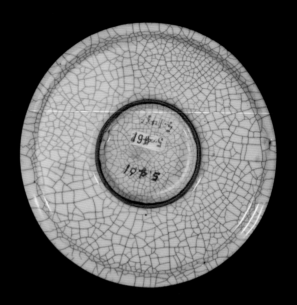

Ge ware grayish celadon shallow dish
Southern Song dynasty (1127-1279), height 1.6 cm mouth diameter 15.5 cm foot diameter 6 cm, Shandong Museum

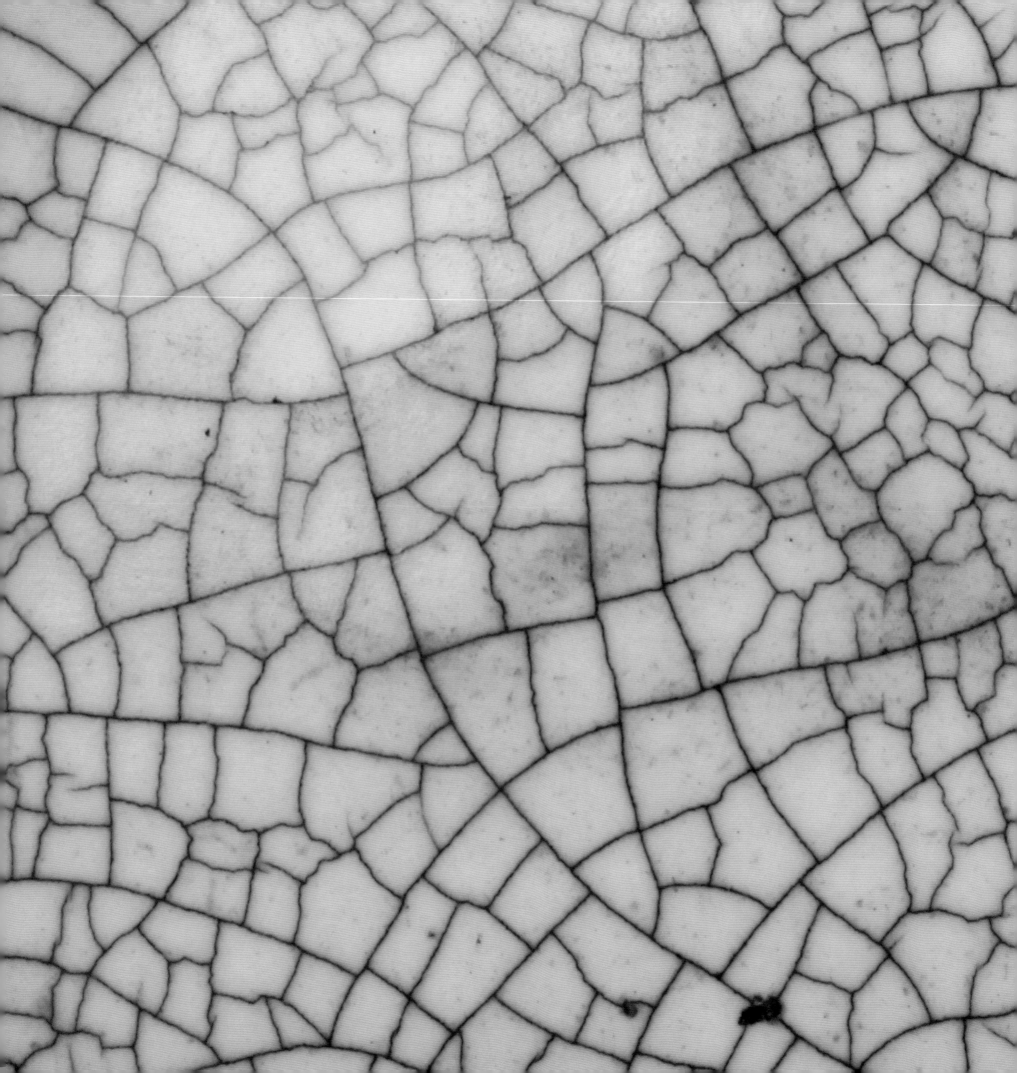

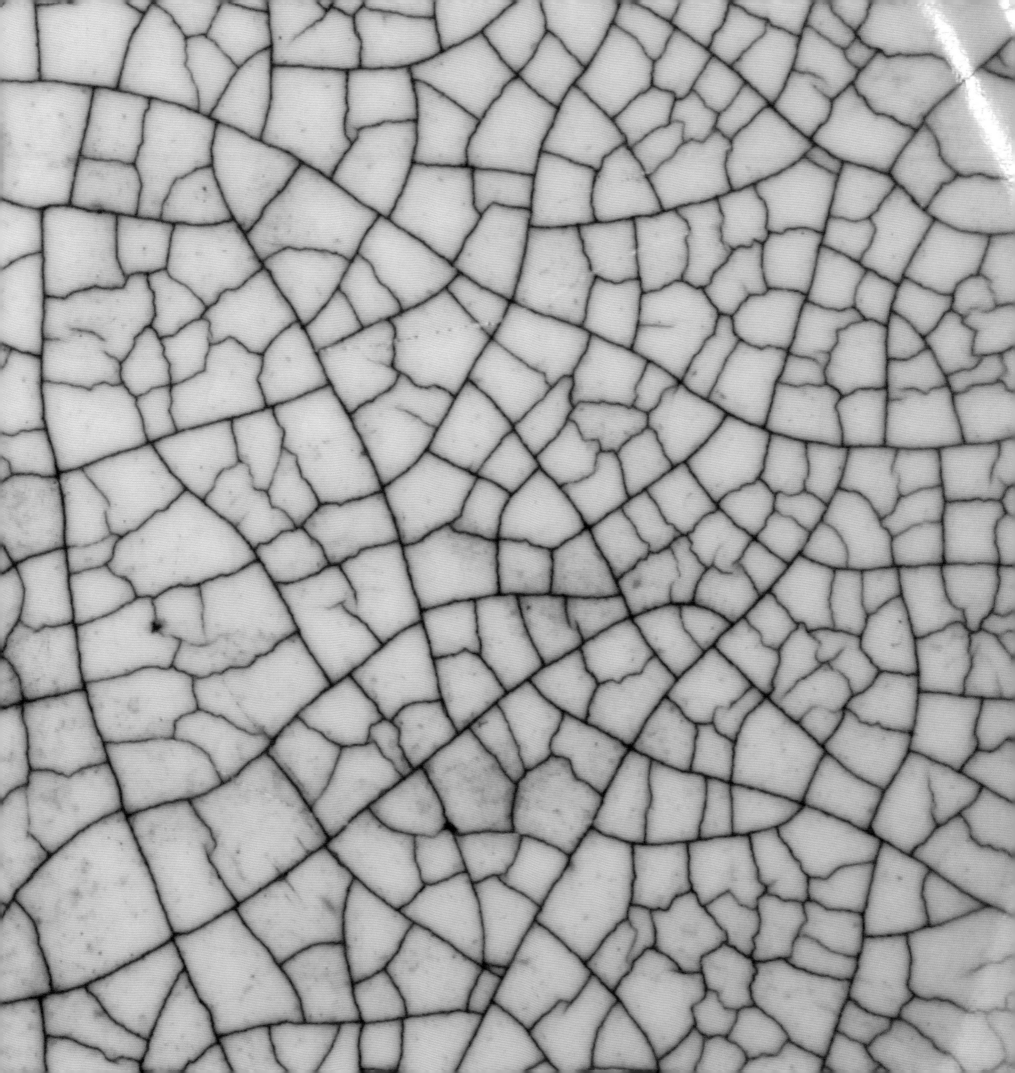

39 哥窑米黄釉盘

南宋
高 3.2 厘米　口径 16.9 厘米　足径 7.6 厘米
故宫博物院藏

盘敞口、浅弧壁、圈足。通体内外和圈足内均施釉，釉色泛米黄，釉面布满细碎开片纹。足端无釉，圈足内缩釉现象明显。

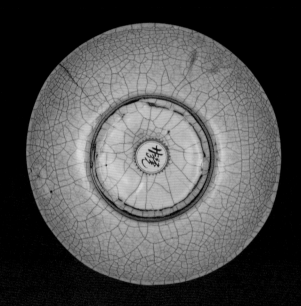

Ge ware yellowish celadon dish
Southern Song dynasty (1127-1279), height 3.2 cm mouth diameter 16.9 cm foot diameter 7.6 cm, the Palace Museum

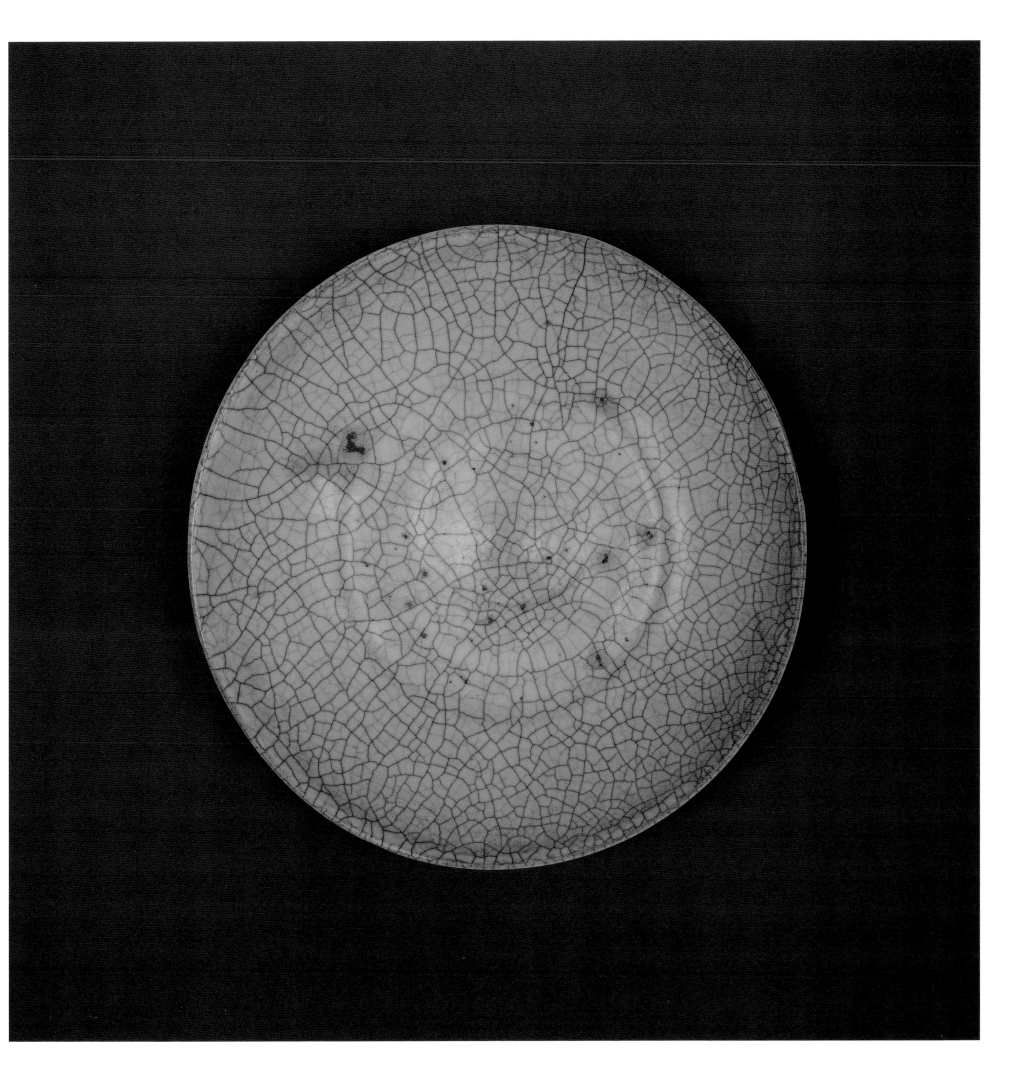

哥窑米黄釉盘

南宋
高 2.8 厘米　口径 15.3 厘米　足径 5.4 厘米
故宫博物院藏

盘敞口、浅弧壁、圈足。通体内外和圈足内均施米黄色釉，釉面满布细碎的黑、黄二色开片纹。足端无釉，呈铁褐色。

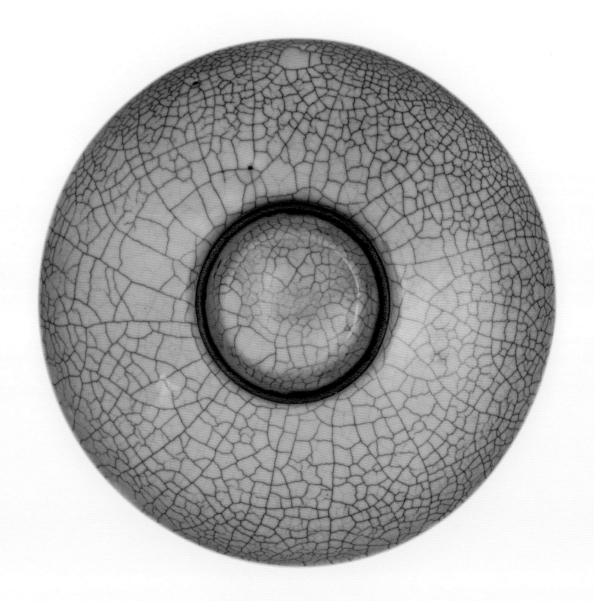

Ge ware yellowish celadon dish
Southern Song dynasty (1127-1279), height 2.8 cm mouth diameter 15.3 cm foot diameter 5.4 cm the Palace Museum

41 哥窑灰青釉盘

南宋

高 2.7 厘米　口径 15.6 厘米　足径 5.7 厘米

故宫博物院藏

　　盘口微内敛、浅弧壁、圈足。通体内外和圈足内均施釉，口沿处釉色微泛黄，余处釉呈灰青色。器身满布细碎开片纹，黑色开片纹间夹杂细小的黄色开片纹，变化万千，雅趣天成。足端无釉，呈黑褐色。

利用实体显微镜拍摄的釉面显微结构照片（40 倍、100 倍）

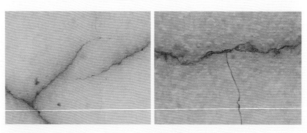

拍摄部位：内底（40 倍）、外壁近足处（100 倍）。

釉面有"金丝"和"铁线"，裂纹浸色较窄。可观察到釉内含有的气泡数量较少，尺寸亦较小。釉层乳浊。

釉化学成分含量表（%）

化学成分	Na₂O	MgO	Al₂O₃	SiO₂	K₂O	CaO	TiO₂	MnO	Fe₂O₃	Rb	Sr	Y	Zr
釉	0.50	1.63	12.71	67.45	6.21	9.84	0.04	0.26	0.36	0.0216	0.0246	0.0015	0.0118

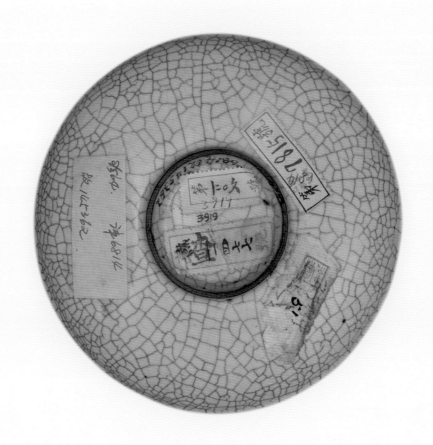

Ge ware grayish celadon dish
Southern Song dynasty (1127-1279), height 2.7 cm mouth diameter 15.6 cm foot diameter 5.7 cm, the Palace Museum

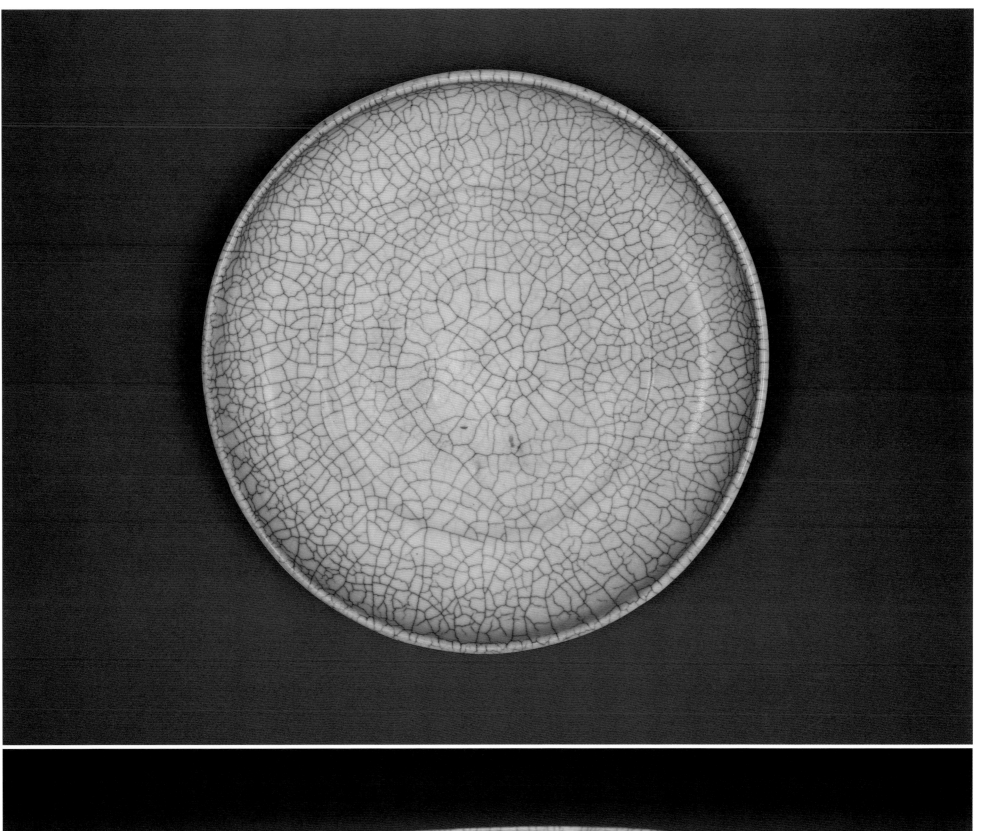
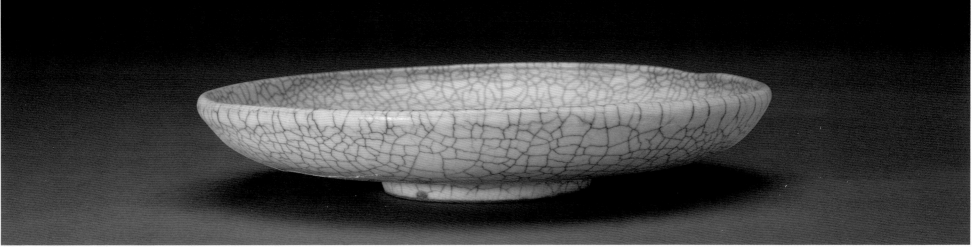

42 哥窑灰青釉葵口盘

南宋

高 4.1 厘米　口径 18.7 厘米　足径 6.7 厘米

故宫博物院藏

盘六瓣葵花口、浅弧壁、圈足。通体内外和圈足内均施釉，釉色灰青，由于釉层较厚，致使葵口较浅，不甚明显。足端无釉，呈黑褐色。器物整体造型规整，釉面莹润。

利用实体显微镜拍摄的釉面显微结构照片（40 倍、100 倍）

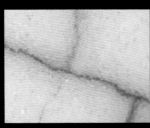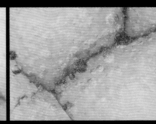

拍摄部位：外壁近足处（40 倍）、外底（100 倍）。

釉面有"金丝"和"铁线"，裂纹浸色较宽。可观察到釉内含有大量尺寸不均匀的气泡。釉层较为通透。

釉化学成分含量表（%）

化学成分	Na₂O	MgO	Al₂O₃	SiO₂	K₂O	CaO	TiO₂	MnO	Fe₂O₃	Rb	Sr	Y	Zr
釉	0.51	1.41	11.20	70.90	5.93	8.30	0.04	0.33	0.38	0.0213	0.0264	0.0018	0.0096

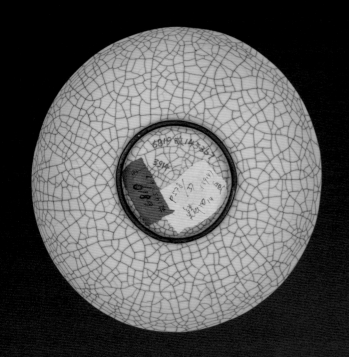

Ge ware grayish celadon dish with six lobed rim
Southern Song dynasty (1127-1279), height 4.1 cm mouth diameter 18.7 cm foot diameter 6.7 cm, the Palace Museum

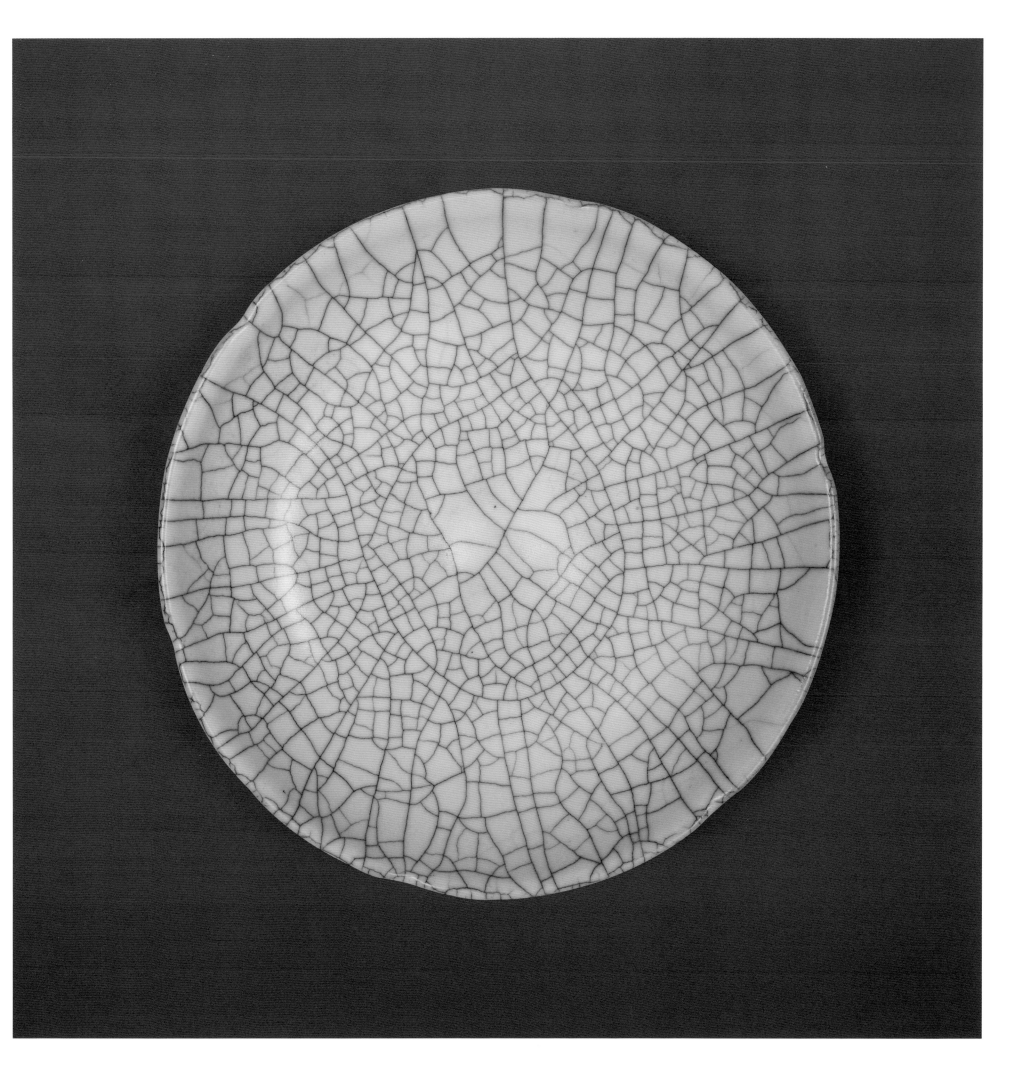

哥窑灰青釉葵口盘

南宋

高 2.9 厘米　口径 15.4 厘米　足径 5.6 厘米

故宫博物院藏

盘六瓣葵花口、浅弧壁、圈足。通体内外和圈足内均施釉，足端无釉露胎，口沿处因釉层较薄而映出灰黑色胎。开片纹遍布器身，内底片纹细碎，内外壁片纹稍大。造型规整，开片富于变化，堪称传世哥窑瓷器中的典型器。

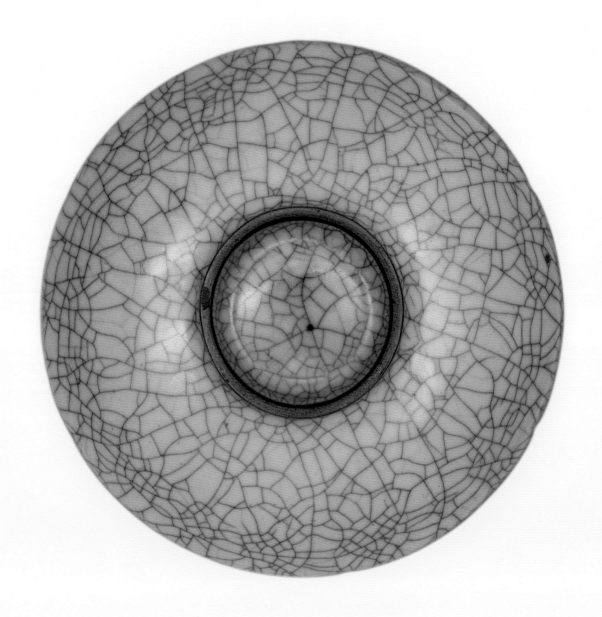

Ge ware grayish celadon dish with six lobed rim
Southern Song dynasty (1127-1279), height 2.9 cm mouth diameter 15.4 cm foot diameter 5.6 cm, the Palace Museum

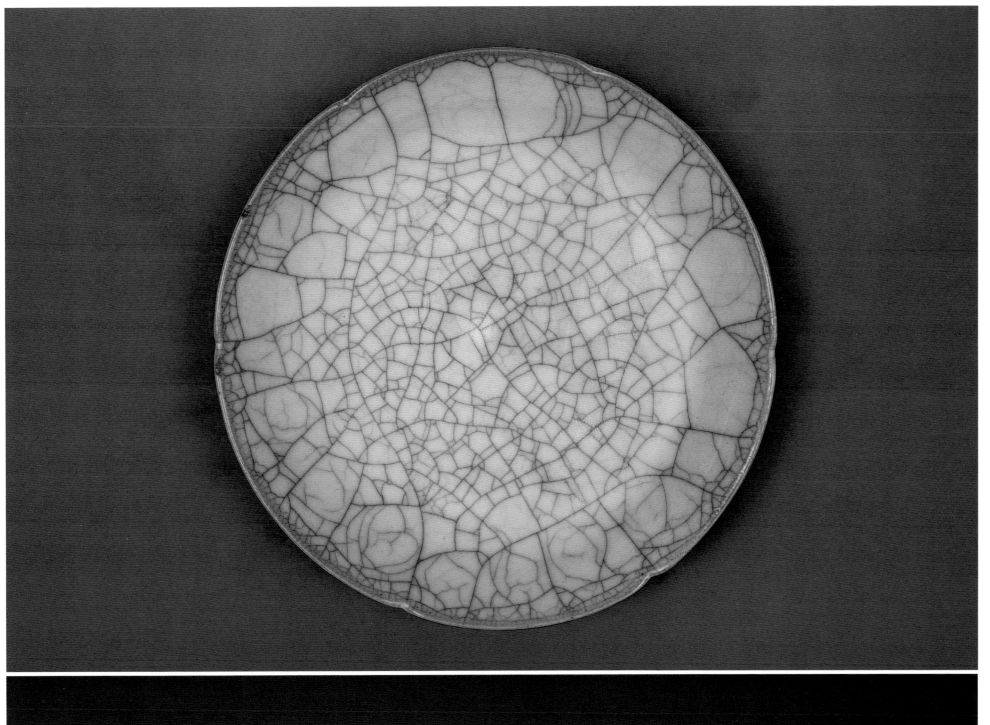

44 哥窑灰青釉葵口盘

南宋

高 3.1 厘米　口径 15.2 厘米　足径 5.3 厘米

故宫博物院藏

盘六瓣葵花口、浅弧壁、圈足微内敛。通体内外和圈足内均施灰青色釉，釉面遍布细碎开片。口沿处因釉层较薄而映出黑褐色胎，外壁近口沿处可见较明显的多次施釉痕迹。足端无釉露胎。

Ge ware grayish celadon dish with six lobed rim
Southern Song dynasty (1127-1279), height 3.1 cm mouth diameter 15.2 cm foot diameter 5.3 cm, the Palace Museum

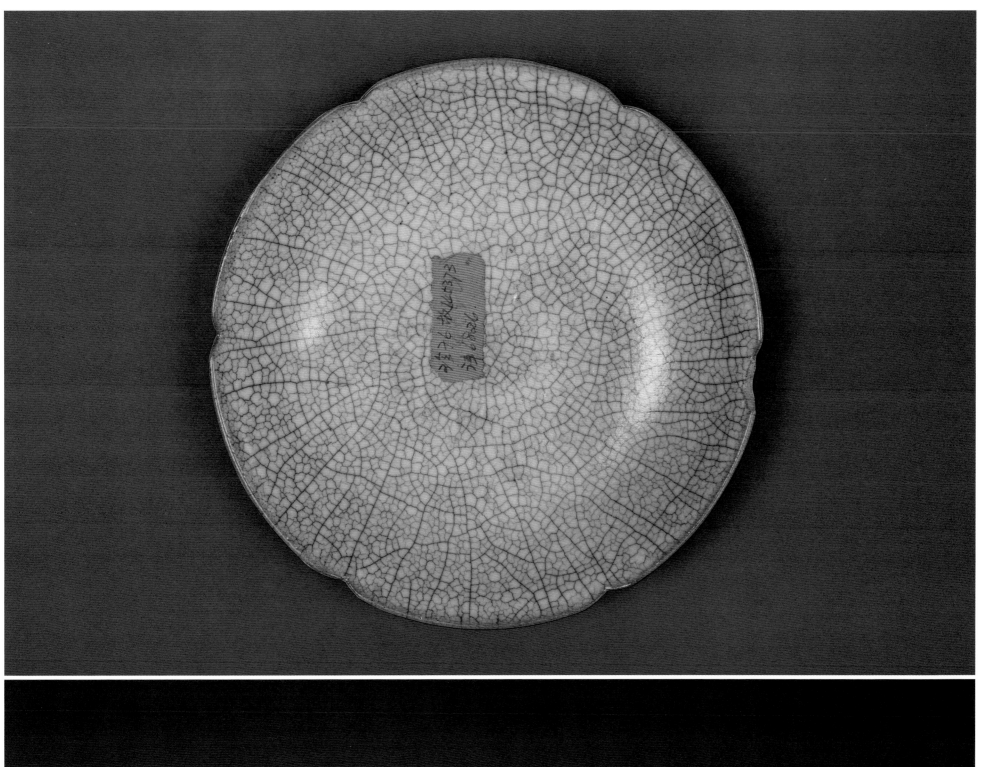

45 哥窑米黄釉葵口盘

南宋

高 3.2 厘米　口径 15.2 厘米　足径 5.2 厘米

故宫博物院藏

盘六瓣葵花口、浅弧壁、圈足。通体内外和圈足内均施釉，釉色泛黄，满布细碎开片纹。足端无釉露胎。

外底镌刻乾隆皇帝御制诗《哥窑盘子》，诗曰："处州精制擅章生，盘子曾供泛索盛。新法不看百坂破，那知得号有难兄。"句末署"乾隆丙申春御题"，钤"太璞"印。该诗收录于《御制诗四集》卷九十七。

利用实体显微镜拍的釉面显微结构照片（20 倍、40 倍、100 倍）

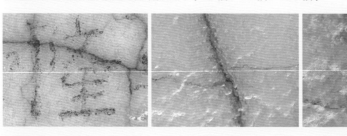

拍摄部位：外底。

釉面有"金丝"和"铁线"，裂纹浸色较宽。可观察到釉内含有较多尺寸均匀的气泡。釉层较为通透。

釉化学成分含量表（%）

化学成分	Na₂O	MgO	Al₂O₃	SiO₂	K₂O	CaO	TiO₂	MnO	Fe₂O₃	Rb	Sr	Y	Zr
釉	0.50	1.43	12.81	68.45	5.96	9.19	0.03	0.24	0.38	0.0201	0.0284	0.0017	0.0107

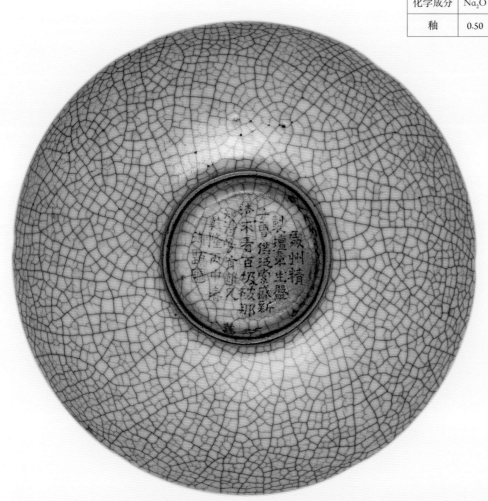

Ge ware yellowish celadon dish with six lobed rim
Southern Song dynasty (1127-1279), height 3.2 cm mouth diameter 15.2 cm foot diameter 5.2 cm, the Palace Museum

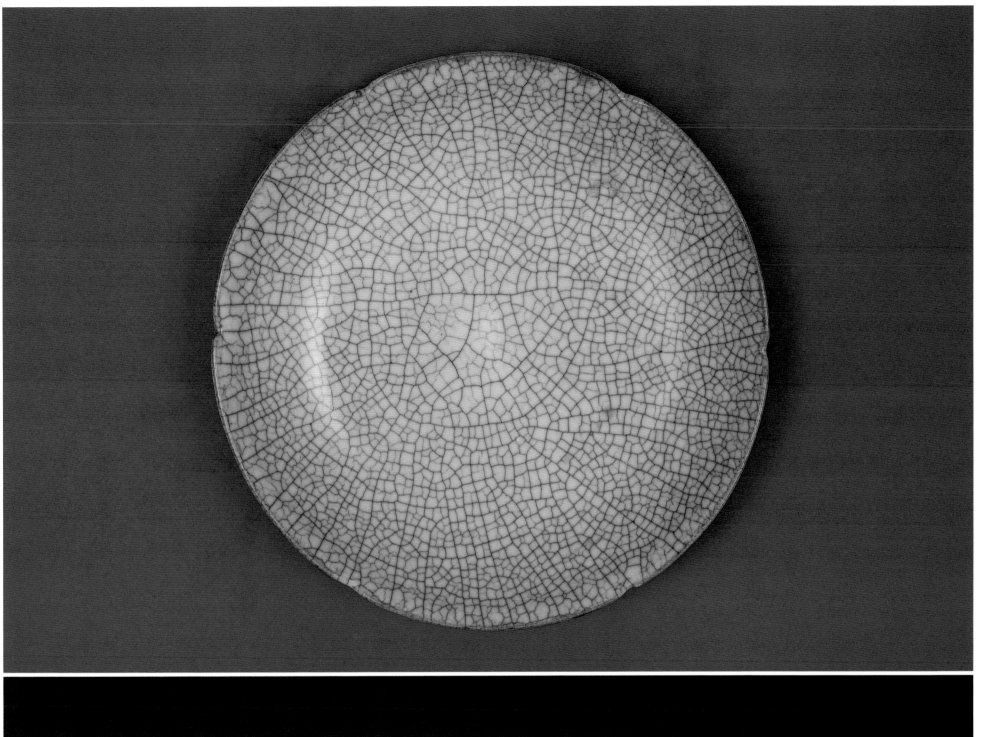

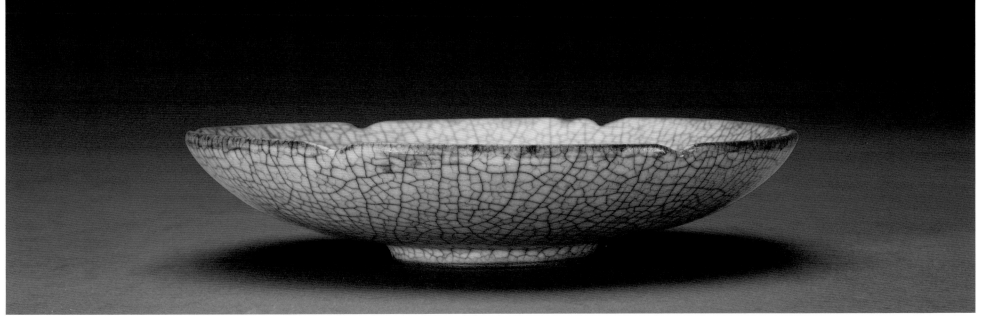

46 哥窑米黄釉葵口盘

南宋

高 3.2 厘米　口径 15.2 厘米　足径 5 厘米

故宫博物院藏

盘六瓣葵花口、浅弧壁、圈足微内敛。通体内外和圈足内均施釉，釉色泛黄，釉面满布细碎开片纹。口沿处因釉层较薄而映出淡紫黑色胎，足端无釉，呈铁黑色，即所谓"紫口铁足"。

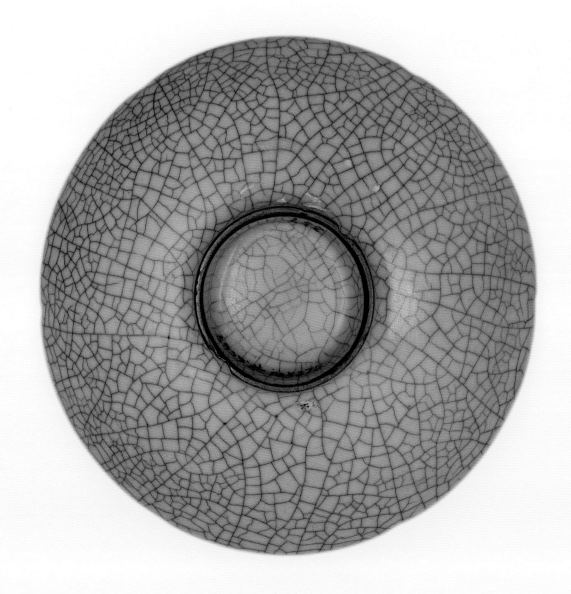

Ge ware yellowish celadon dish with six lobed rim
Southern Song dynasty (1127-1279), height 3.2 cm mouth diameter 15.2 cm foot diameter 5 cm, the Palace Museum

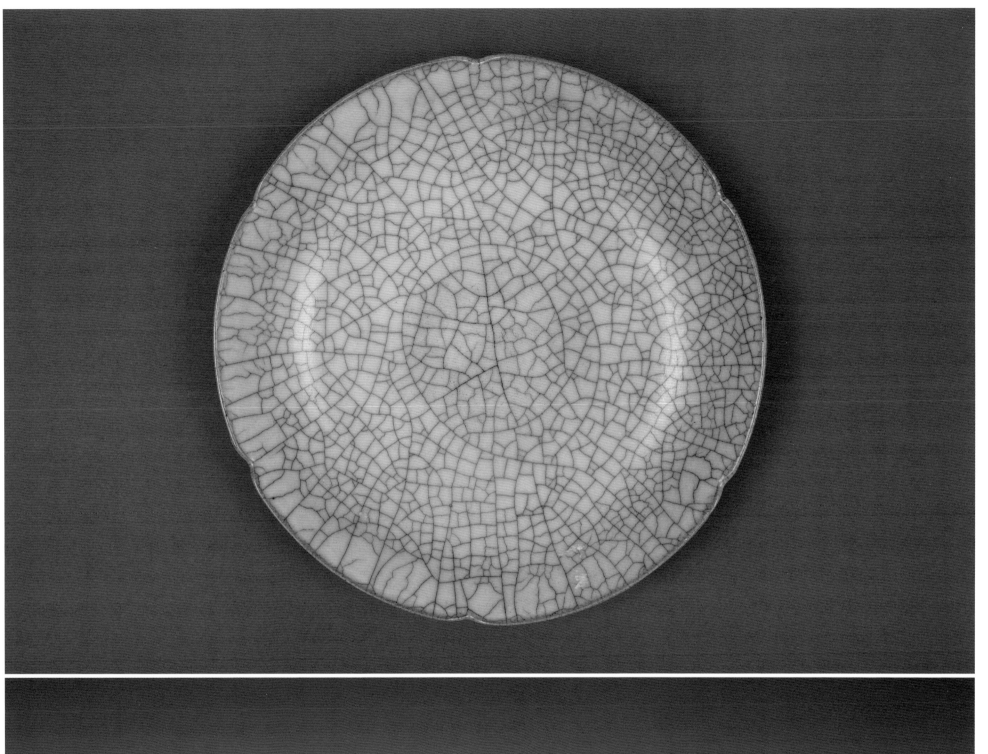

47 | 哥窑米黄釉葵口折腰盘

南宋

高 3.1 厘米　口径 14.5 厘米　足径 5.8 厘米

故宫博物院藏

盘葵口、折腹、圈足。通体内外和圈足内均施米黄色釉，釉面满布"金丝铁线"开片纹，具有"紫口铁足"特征。

传世哥窑瓷器胎有厚薄之分，胎质有瓷胎和砂胎两种，胎色有黑灰、深灰、浅灰、土黄多种。釉色有粉青、月白、油灰、灰青、青黄各色。片纹亦多种多样，如"金丝铁线"纹、冰裂纹、梅花片、细碎纹、鱼子纹等。

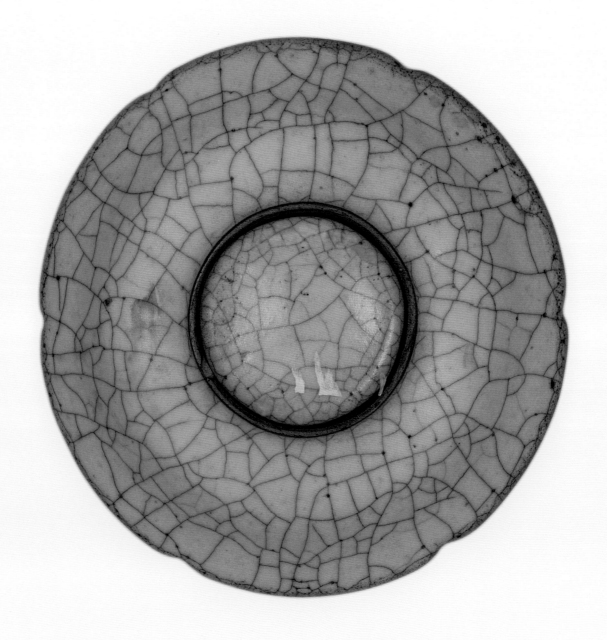

Ge ware yellowish celadon dish with six lobed rim and angular waist
Southern Song dynasty (1127-1279), height 3.1 cm mouth diameter 14.5 cm foot diameter 5.8 cm, the Palace Museum

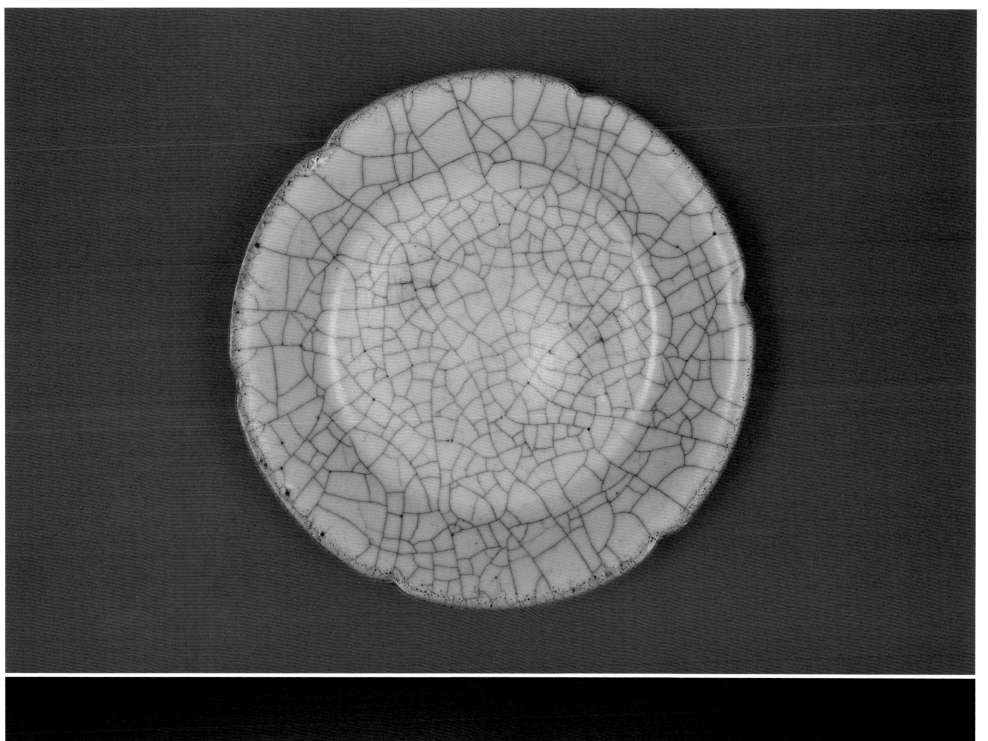

48

哥窑灰青釉葵口折腰盘

南宋

高 4 厘米　口径 17.7 厘米　足径 6.4 厘米

故宫博物院藏

盘葵口、折腹、圈足。通体内外和圈足内均施灰青色釉，釉面开细碎片纹，有"紫口铁足"特征。

葵口为陶瓷碗、盘花口的一种，把圆形器口做成等分的连弧花瓣形，似葵花形状。葵口有五瓣、六瓣之分，唐代陶瓷始见，宋代陶瓷广为流行，明、清陶瓷上仍大量出现，造型亦更加精美规整。

利用实体显微镜拍摄的釉面显微结构照片（40 倍、100 倍）

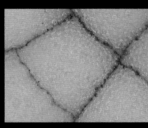

拍摄部位：外底。

釉面有"金丝"和"铁线"，裂纹浸色较宽。可观察到釉内含有大量尺寸不均匀的气泡。釉层较为通透。

釉化学成分含量表（%）

化学成分	Na$_2$O	MgO	Al$_2$O$_3$	SiO$_2$	K$_2$O	CaO	TiO$_2$	MnO	Fe$_2$O$_3$	Rb	Sr	Y	Zr
釉	0.52	1.43	12.60	68.07	6.83	8.23	0.04	0.45	0.84	0.0230	0.0280	0.0015	0.0107

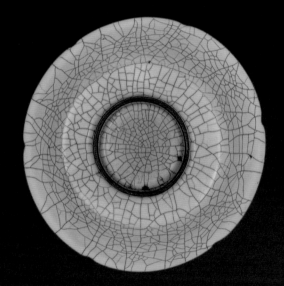

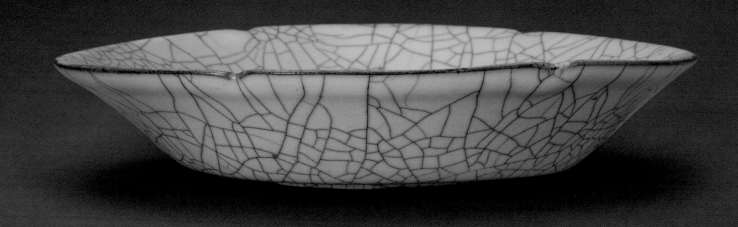

Ge ware grayish celadon dish with six lobed rim and angular waist
Southern Song dynasty (1127-1279), height 4 cm mouth diameter 17.7 cm foot diameter 6.4 cm, the Palace Museum

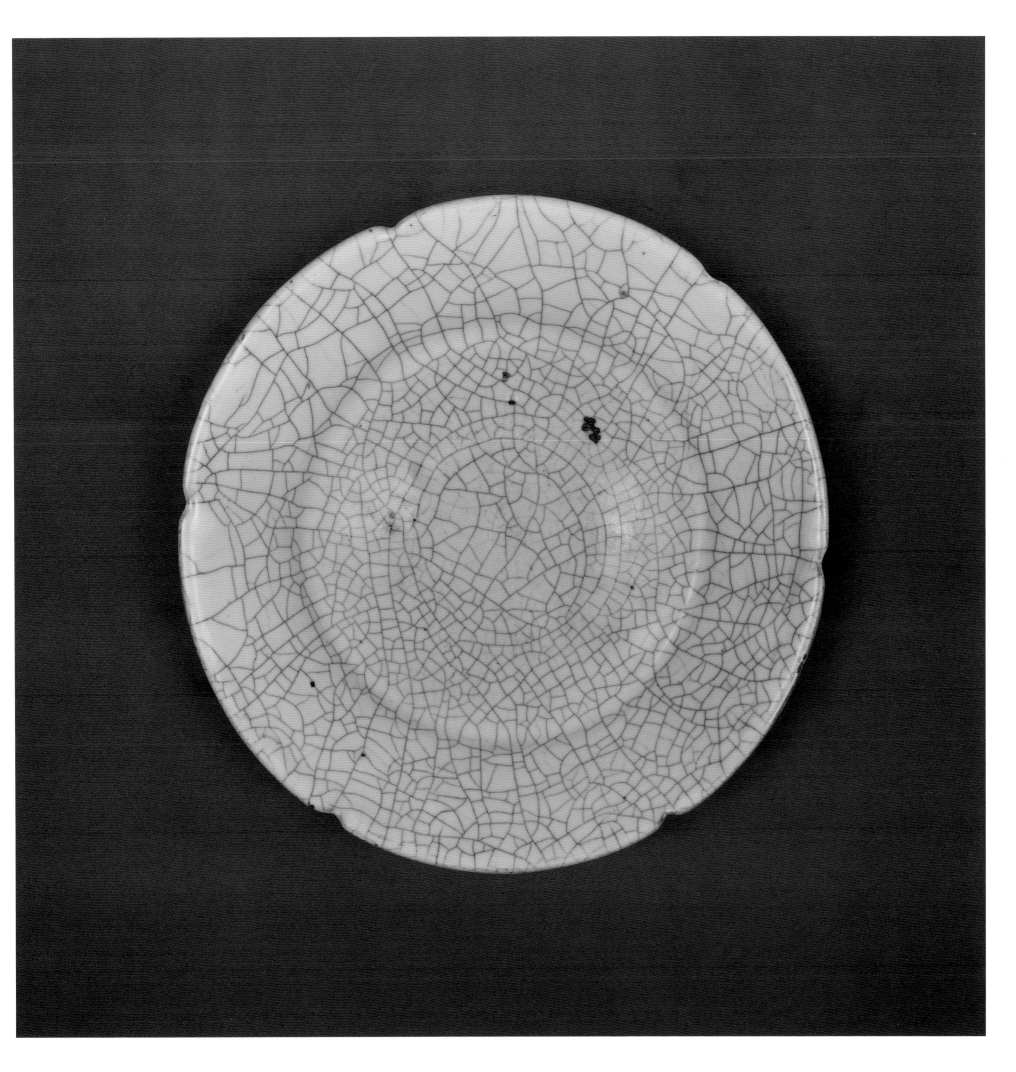

49

哥窑灰青釉葵口折腰盘

南宋

高 3.3 厘米　口径 15.7 厘米　足径 6.3 厘米

故宫博物院藏

盘葵口、折腹、圈足。通体内外和圈足内均施灰青色釉，内壁近口沿处釉面开梅花片纹，内底釉面开鱼子纹。具有"紫口铁足"特征。

"紫口铁足"是哥窑瓷器的特征之一。系因烧成至高温时口沿处釉熔融垂流变薄，映出淡紫黑色胎，圈足底端则无釉，露出铁黑色胎，故称"紫口铁足"。

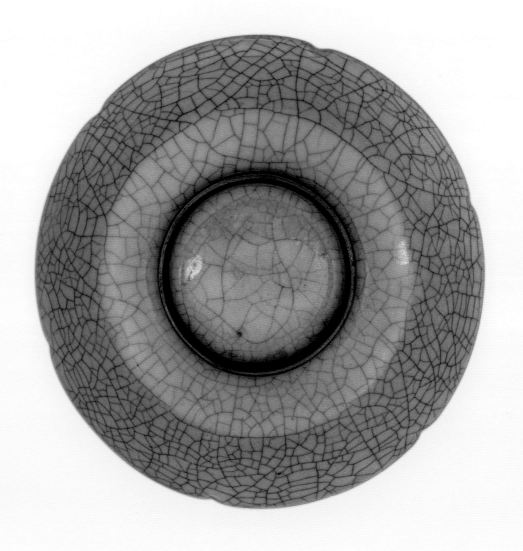

Ge ware grayish celadon dish with six lobed rim and angular waist
Southern Song dynasty (1127-1279), height 3.3 cm mouth diameter 15.7 cm foot diameter 6.3 cm, the Palace Museum

50

哥窑灰青釉葵口折腰盘

南宋

高 3.2 厘米　口径 14.5 厘米　足径 7.4 厘米

故宫博物院藏

盘葵口、折腹、圈足。口沿镶嵌铜釦。通体内外和圈足内均施灰青色釉，内壁近口沿处釉面开梅花片纹，内底釉面开鱼子纹。

该盘旧藏于懋勤殿（懋勤殿在今故宫博物院西南端，清代乾隆皇帝曾在此读书、批阅奏本、鉴赏书画），被用作皇帝书房内的陈设器，体现出乾隆皇帝对汉文化的喜爱和追求。

乾隆皇帝汉文化素养很高，博雅好古，兴趣广泛，是有多方面才艺的君主。他对艺术有着超乎寻常的痴迷和热情，对宋代名窑瓷器的喜爱，是清代继承儒家道统的表现，也是对汉文化全面吸收的结果。

利用实体显微镜拍摄的釉面显微结构照片（40 倍、100 倍）

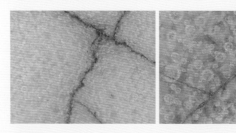

拍摄部位：内底（40 倍）、外底（100 倍）。

釉面有"金丝"和"铁线"，其中金丝数量较少。可观察到釉内含有大量尺寸不均匀的气泡。釉层通透。

釉化学成分含量表（%）

化学成分	Na₂O	MgO	Al₂O₃	SiO₂	K₂O	CaO	TiO₂	MnO	Fe₂O₃	Rb	Sr	Y	Zr
釉	0.61	0.99	11.84	70.23	5.67	9.03	0.04	0.29	0.29	0.0193	0.0360	0.0017	0.0116

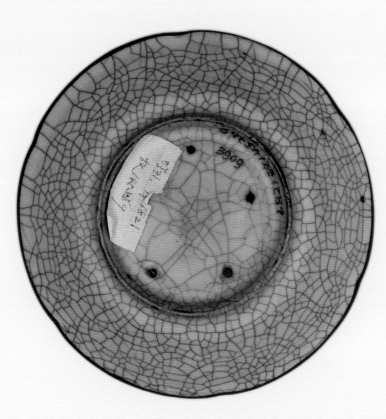

Ge ware grayish celadon dish with six lobed rim and angular waist
Southern Song dynasty (1127-1279), height 3.2 cm mouth diameter 14.5 cm foot diameter 7.4 cm, the Palace Museum

51

哥窑灰青釉葵口折腰盘

南宋

高 2.9 厘米　口径 14.5 厘米　足径 5.7 厘米

故宫博物院藏

盘葵口、折腹、圈足。通体内外和圈足内均施灰青色釉，釉面开"金丝铁线"纹，具有"紫口铁足"特征。

清代乾隆皇帝对宋代哥窑瓷器十分推崇，不仅下令景德镇御窑厂对其进行仿制，而且还大加吟咏，留下八首对宋代哥窑盘的赞美诗句，其内容涵盖了乾隆皇帝对哥窑瓷器仰慕心态、考古钩沉、吟咏情性、抒发感慨等诸多方面，从某些侧面体现出一代帝王的意趣爱好和思想性格。如所作《咏哥窑盘子》曰："六出微分花瓣，一圆仍具月形。器固逊于难弟，果亦贮其宁馨。碎纹纷缬鳝血，全体却隐螺青。嗟彼古时次品，今为珍玩辰星。"

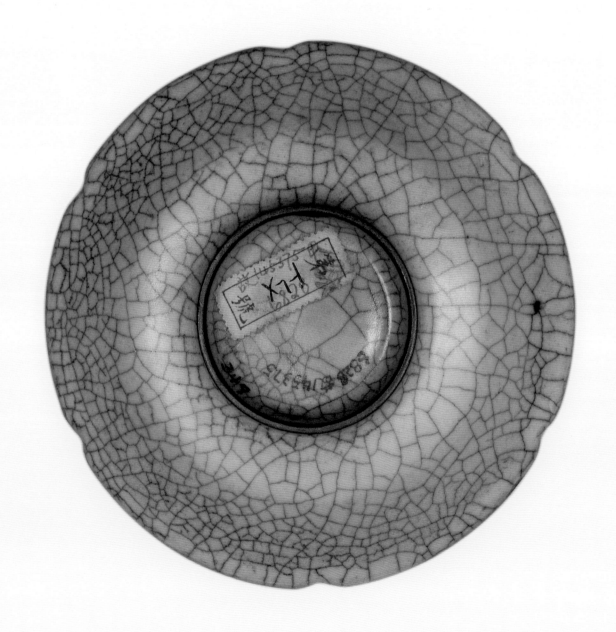

Ge ware grayish celadon dish with six lobed rim and angular waist
Southern Song dynasty (1127-1279), height 2.9 cm mouth diameter 14.5 cm foot diameter 5.7 cm, the Palace Museum

52 哥窑灰青釉葵口折腰盘

南宋
高 2.5 厘米　口径 14.2 厘米　足径 7.7 厘米
故宫博物院藏

盘敞口、口部呈六瓣花口状、折腰、圈足。通体内外和圈足内均施灰青色釉，釉面密布黄、黑两色细碎开片纹。足端无釉，外底有五个圆形支烧钉痕。

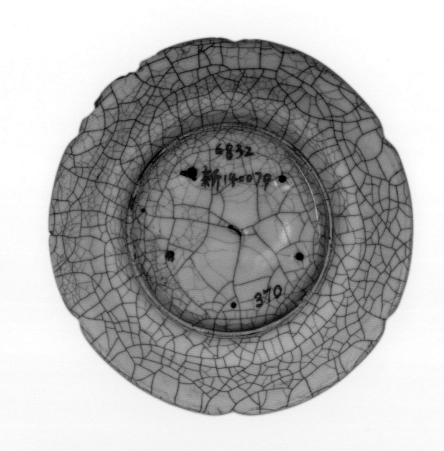

Ge ware grayish celadon dish with six lobed rim and angular waist
Southern Song dynasty (1127-1279), height 2.5 cm mouth diameter 14.2 cm foot diameter 7.7 cm, the Palace Museum

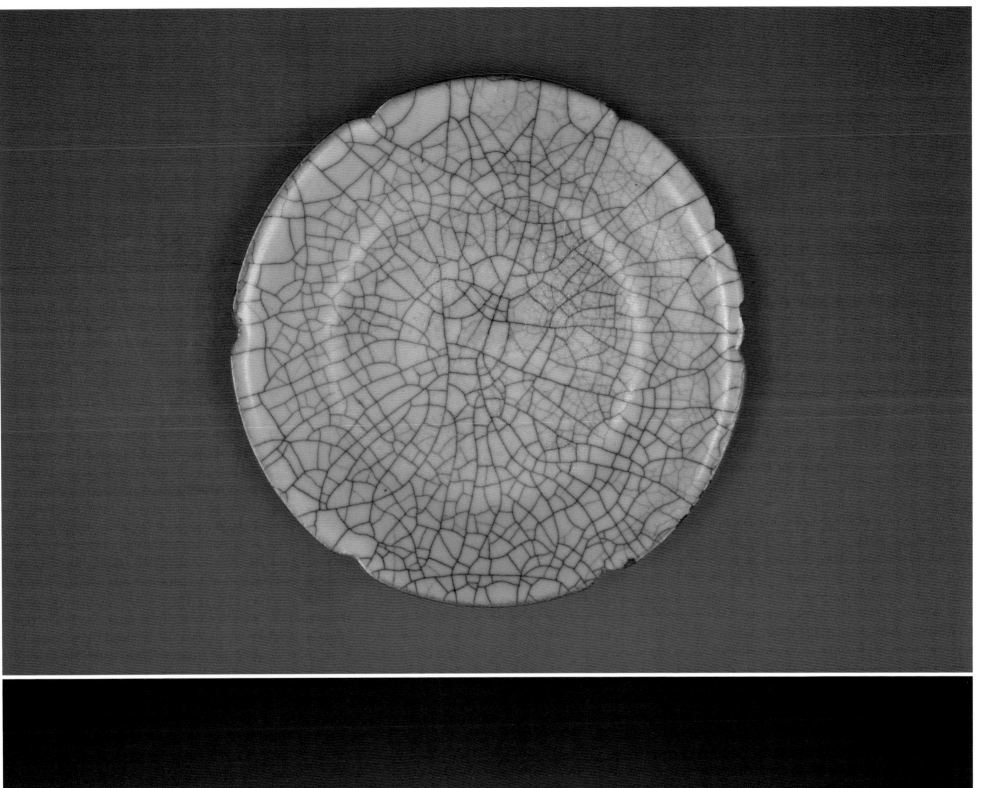

哥窑灰青釉葵口折腰盘

南宋

高 3 厘米　口径 12.9 厘米　足径 5.3 厘米

故宫博物院藏

盘敞口、口部呈六瓣葵花状、折腰、圈足。通体内外和圈足内均施灰青色釉，足端无釉，釉面密布细碎开片纹。

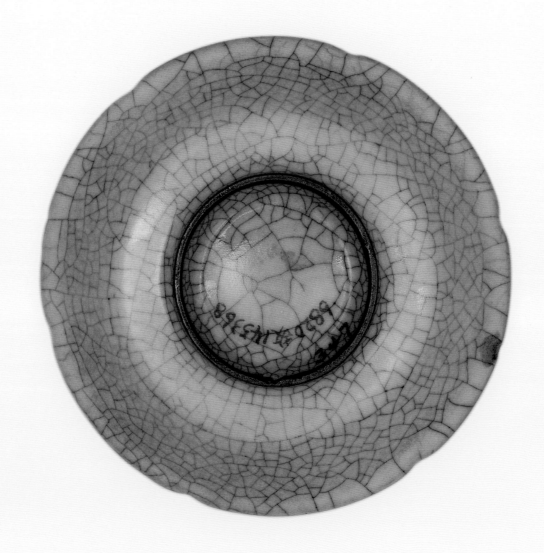

Ge ware grayish celadon dish with six lobed rim and angular waist
Southern Song dynasty (1127-1279), height 3 cm mouth diameter 12.9 cm foot diameter 5.3 cm, the Palace Museum

54 哥窑灰青釉葵口折腰盘

南宋

高 2.5 厘米　口径 12.6 厘米　足径 7.7 厘米

故宫博物院藏

盘敞口、口部呈六瓣葵花状、折腰、圈足。通体施灰青色釉，釉面密布细碎开片纹。外底有五个圆形支烧钉痕。

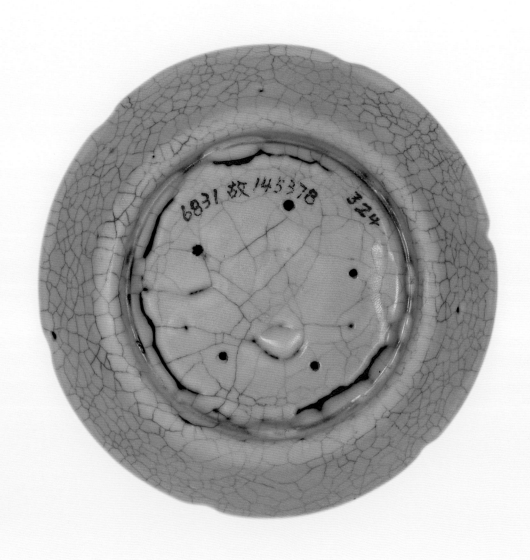

Ge ware grayish celadon dish with six lobed rim and angular waist
Southern Song dynasty (1127-1279), height 2.5 cm mouth diameter 12.6 cm foot diameter 7.7 cm, the Palace Museum

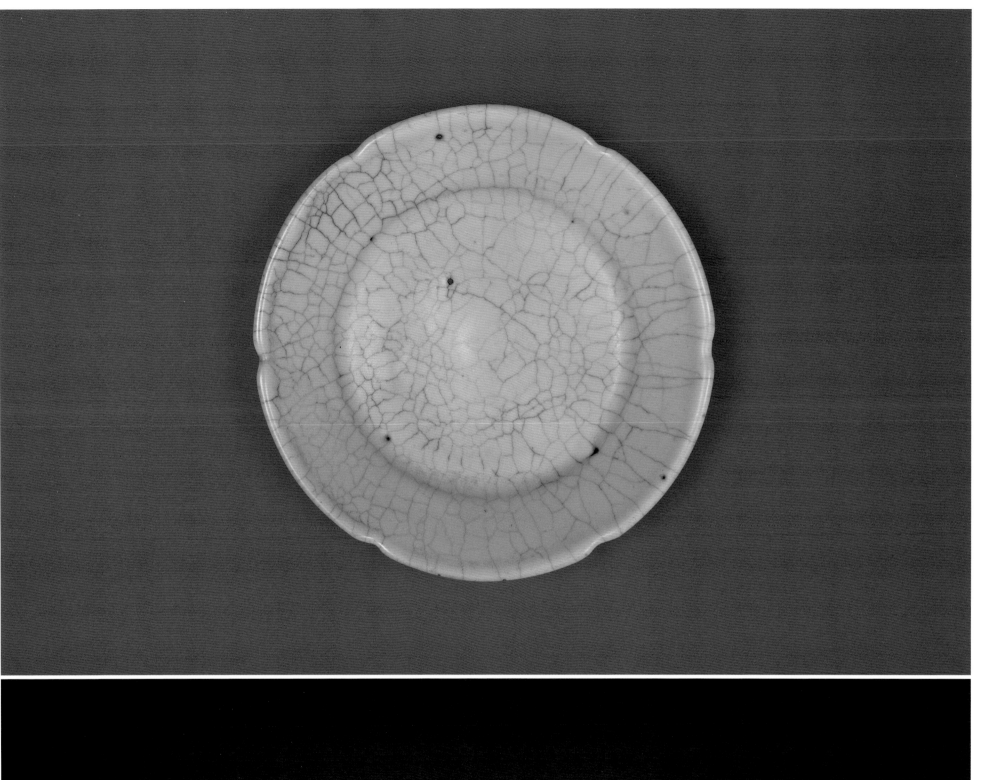

55 哥窑灰青釉葵口折腰盘

南宋

高 2.5 厘米　口径 12.4 厘米　足径 7.2 厘米

故宫博物院藏

盘敞口、口部呈六瓣葵花状、折腰、圈足。通体施灰青色釉，釉面密布细碎开片纹。外底有五个圆形支烧钉痕。

Ge ware grayish celadon dish with six lobed rim and angular waist
Southern Song dynasty (1127-1279), height 2.5 cm mouth diameter 12.4 cm foot diameter 7.2 cm, the Palace Museum

哥窑灰青釉葵口折沿盘

南宋

高 2.5 厘米　口径 15.5 厘米　足径 5.8 厘米

故宫博物院藏

盘折沿、浅弧壁、圈足。通体内外和圈足内均施青灰色釉，釉面开细碎片纹。足端无釉，呈黑褐色。

利用实体显微镜拍摄的釉面显微结构照片（40 倍、100 倍）

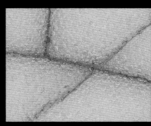 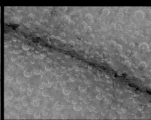

拍摄部位：外壁近足处。

釉面有"金丝"和"铁线"，裂纹较直、浸色较宽。可观察到釉内含有大量尺寸均匀的气泡。釉层通透。

釉化学成分含量表（%）

化学成分	Na$_2$O	MgO	Al$_2$O$_3$	SiO$_2$	K$_2$O	CaO	TiO$_2$	MnO	Fe$_2$O$_3$	Rb	Sr	Y	Zr
釉	0.62	0.95	12.58	71.88	5.49	6.79	0.03	0.30	0.34	0.0199	0.0250	0.0019	0.0098

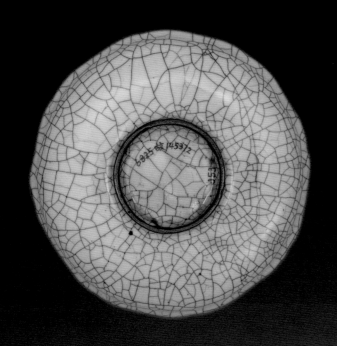

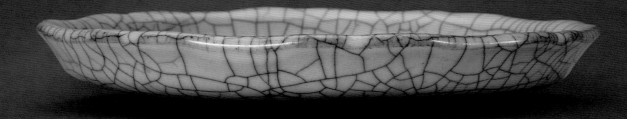

Ge ware grayish celadon dish with lobed rim
Southern Song dynasty (1127-1279), height 2.5 cm mouth diameter 15.5 cm foot diameter 5.8 cm, the Palace Museum

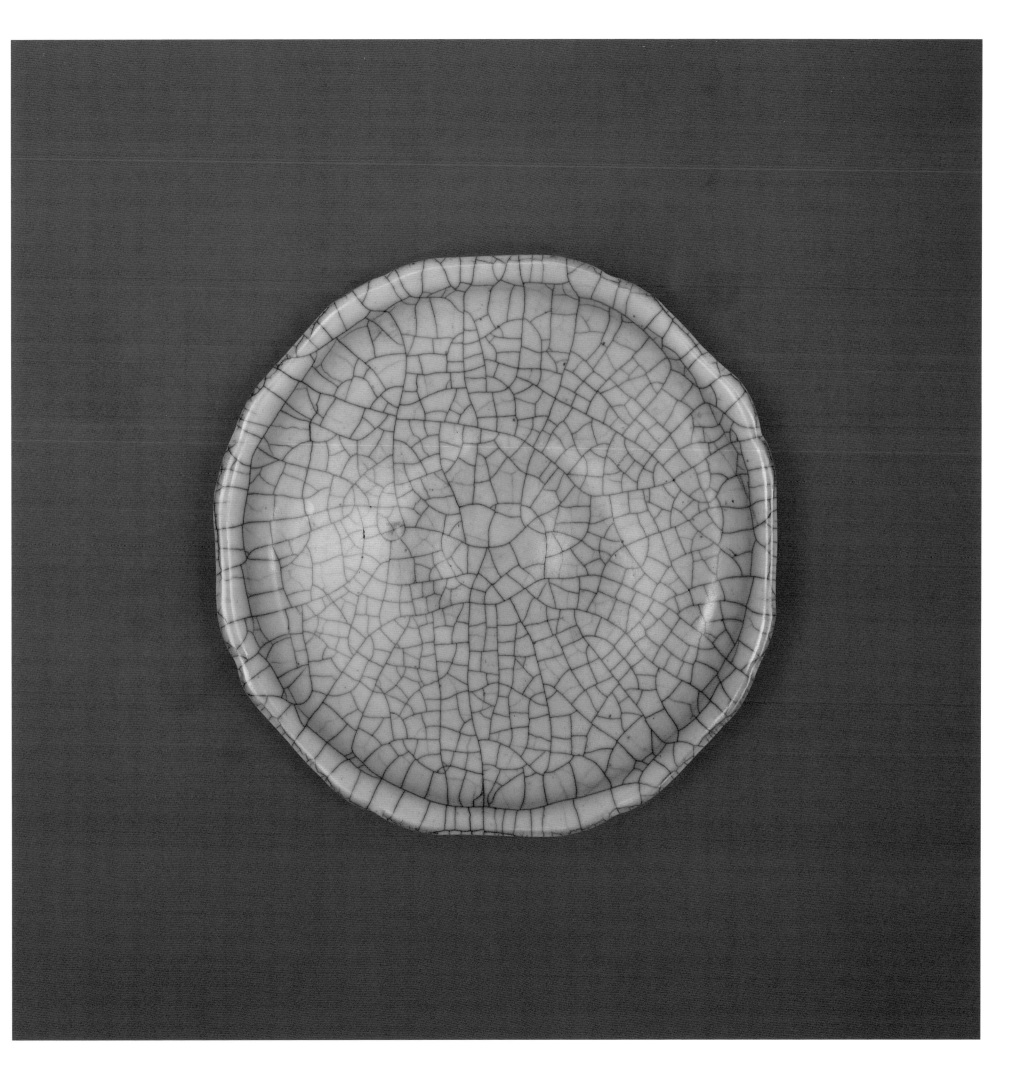

57 哥窑灰青釉葵花式盘

南宋

高 4.1 厘米　口径 20.2 厘米　足径 7.5 厘米

故宫博物院藏

盘呈六瓣葵花式、敞口、浅弧壁、圈足。腹壁向内凸出六道棱线，圈足亦随腹壁起伏变化。通体内外和圈足内均施灰青色釉，釉面开细碎片纹。足端无釉，呈黑褐色。

宋代官窑、哥窑和龙泉窑瓷器，足部无釉处常呈铁褐色，即所谓“铁足”。其成因是此这类器物胎体中氧化铁含量较高，在高温还原气氛下烧成时，足部露胎处就呈现铁褐色或铁黑色。

利用实体显微镜釉面显微结构照片（40 倍、100 倍）

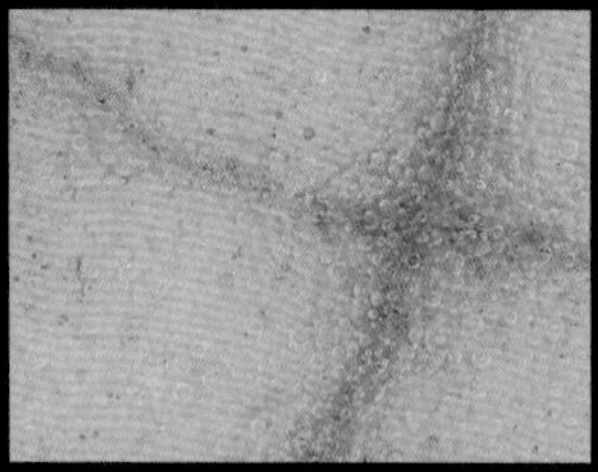

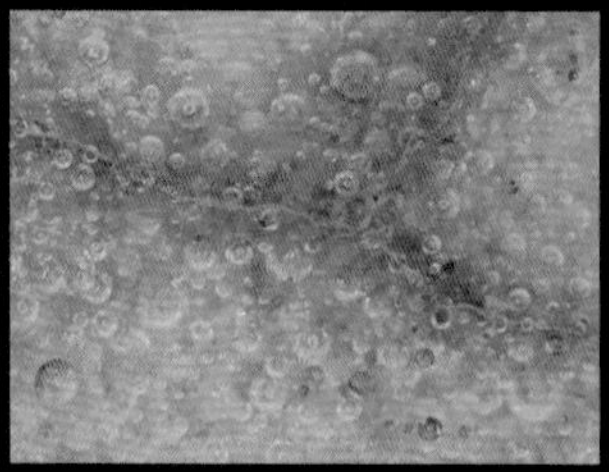

拍摄部位：外底。

釉面有“金丝”和“铁线”，裂纹浸色较宽。可观察到釉内含有大量尺寸不均匀的气泡。釉层通透。

釉化学成分含量表（%）

化学成分	Na_2O	MgO	Al_2O_3	SiO_2	K_2O	CaO	TiO_2	MnO	Fe_2O_3	Rb	Sr	Y	Zr
釉	0.47	1.73	12.08	69.54	5.31	8.78	0.06	0.34	0.69	0.0199	0.0277	0.0014	0.0107

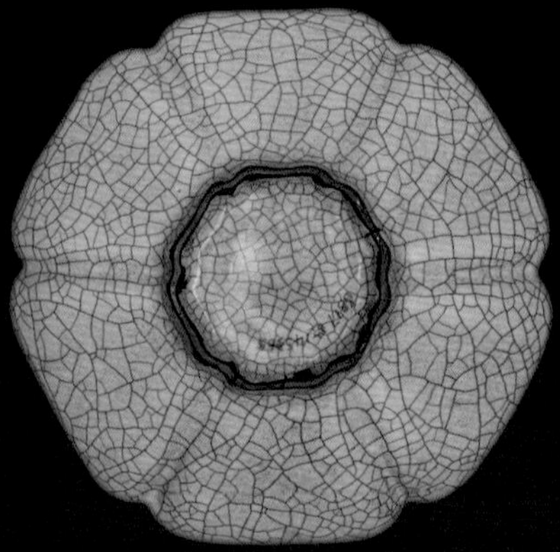

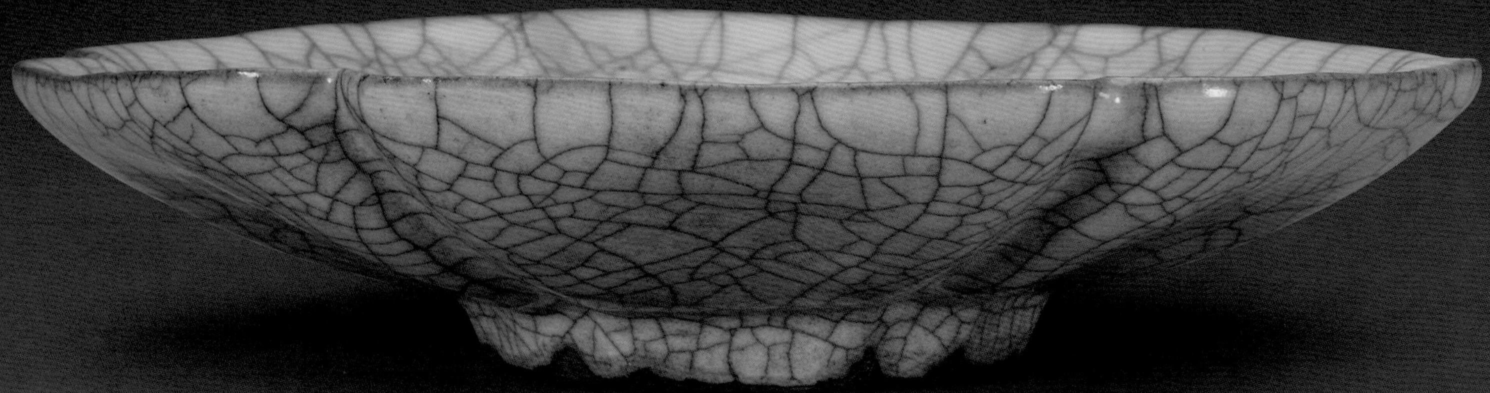

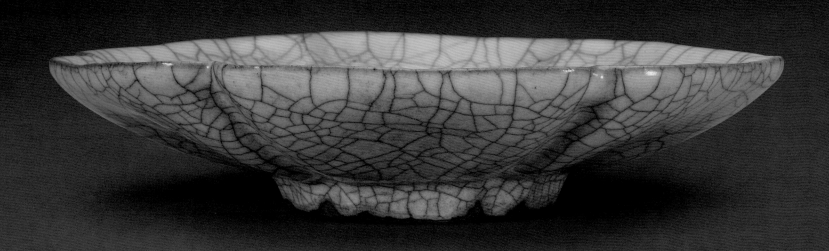

Ge ware grayish celadon dish of six lobed foliate form

Southern Song dynasty (1127-1279), height 4.1 cm mouth diameter 20.2 cm foot diameter 7.5 cm, the Palace Museum

58

哥窑灰青釉菊花式盘

南宋

高 4.1 厘米　口径 16 厘米　足径 5.6 厘米

故宫博物院藏

盘作十四瓣菊花式。敞口、浅弧壁、圈足。通体内外和圈足内均施灰青色釉，釉面被"金丝铁线"般开片纹所分割。足端无釉，露出黑褐色胎骨。

中国古代艺术家和陶瓷工匠在设计陶瓷造型时，善于从大自然动、植物中获得灵感，蛙形、虎形、葵花形、菊花形等造型屡见不鲜。这件菊瓣式盘造型规整，灰青色釉素裹，交织如网的开片纹妙趣天成，堪称古陶瓷模仿花朵造型的典范。清宫旧藏传世哥窑灰青釉菊花式盘有两件，除此件以外，另一件现暂存于台北故宫博物院。

利用实体显微镜拍摄的釉面显微结构照片（40 倍、100 倍）

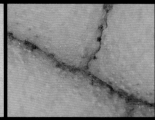

拍摄部位：外底。

釉面有"金丝"和"铁线"，裂纹浸色较宽。可观察到釉内含有较多尺寸均匀的气泡。釉层呈乳浊状。

釉化学成分含量表（%）

化学成分	Na₂O	MgO	Al₂O₃	SiO₂	K₂O	CaO	TiO₂	MnO	Fe₂O₃	Rb	Sr	Y	Zr
釉	0.52	1.72	12.08	69.99	5.11	8.60	0.03	0.30	0.65	0.0180	0.0289	0.0021	0.0097

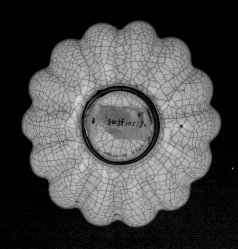

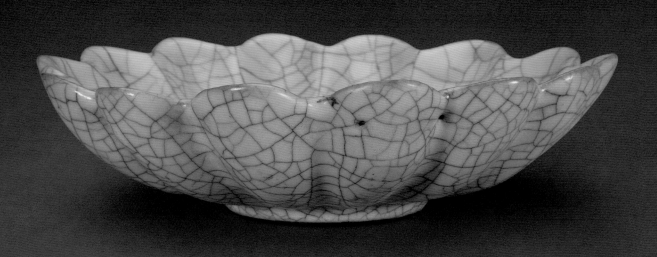

Ge ware grayish celadon dish of fourteen lobed chrysanthemum form
Southern Song dynasty (1127-1279), height 4.1 cm mouth diameter 16 cm foot diameter 5.6 cm, the Palace Museum

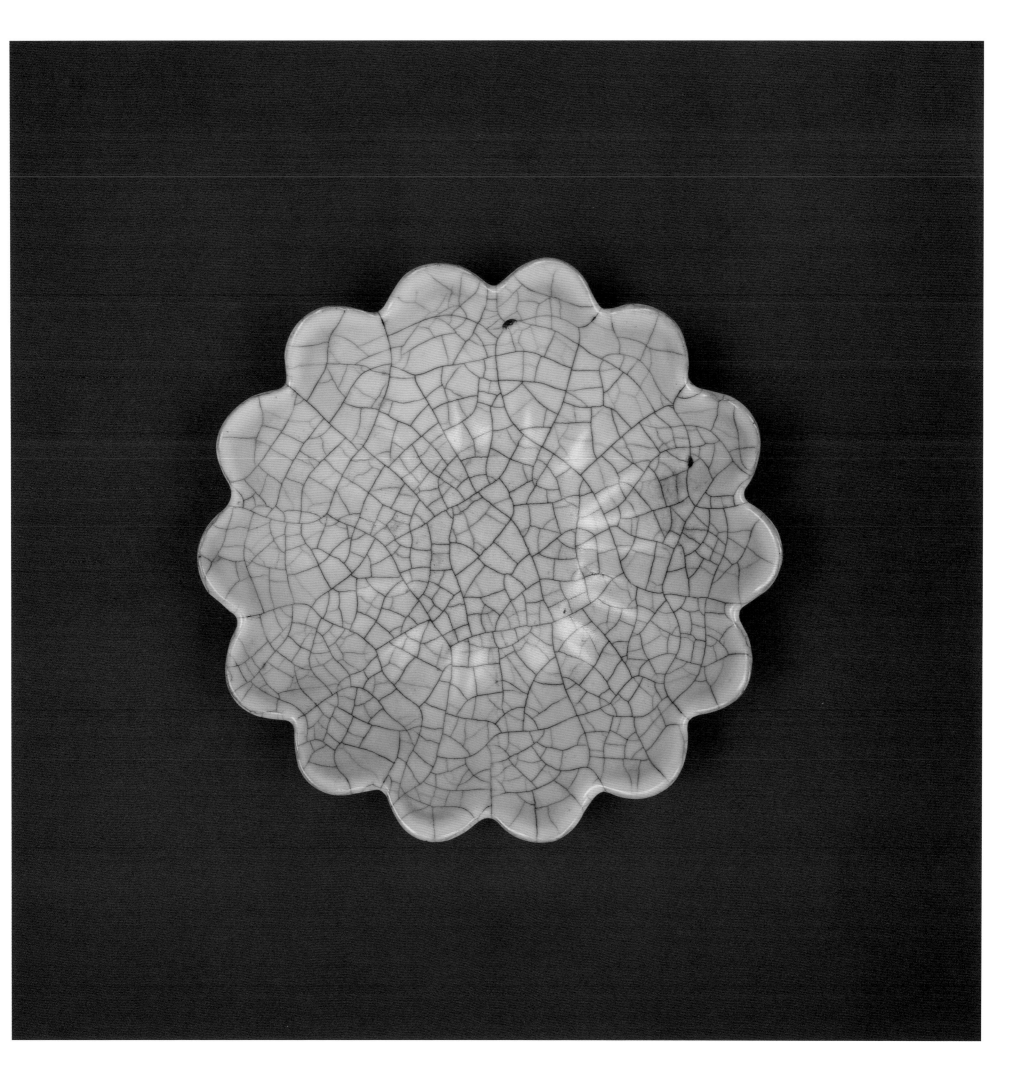

59

哥窑灰青釉葵口杯

南宋

高 3 厘米　口径 7.8 厘米　足径 2.8 厘米

故宫博物院藏

杯口呈葵花状、深弧壁、圈足。通体内外和圈足内均施灰青色釉，釉面密布细碎开片纹。足端无釉，露出黑褐色胎体。此杯造型小巧，釉质温润，属于传世哥窑瓷器中的典型器。

利用实体显微镜拍摄的釉面显微结构照片（40 倍、100 倍）

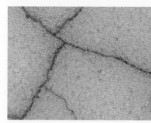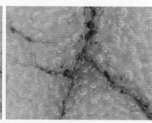

拍摄部位：外底（40 倍）、外壁近足处（100 倍）。

釉面有"金丝"和"铁线"，其中金丝数量较少，裂纹浸色较宽。可观察到釉内含有大量尺寸不均匀的气泡。釉层通透。

釉化学成分含量表（%）

化学成分	Na₂O	MgO	Al₂O₃	SiO₂	K₂O	CaO	TiO₂	MnO	Fe₂O₃	Rb	Sr	Y	Zr
釉	0.56	1.28	11.51	68.08	5.60	10.97	0.04	0.34	0.62	0.0191	0.0334	0.0017	0.0125

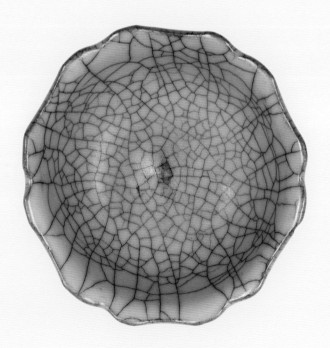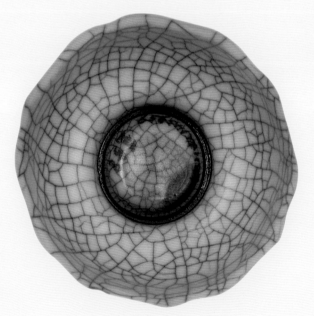

Ge ware grayish celadon cup with foliate rim
Southern Song dynasty (1127-1279), height 3 cm mouth diameter 7.8 cm foot diameter 2.8 cm, the Palace Museum

60 哥窑灰青釉八方杯

南宋

高 4.4 厘米　口径 8.7 厘米　足径 3.2 厘米

故宫博物院藏

杯呈八方形。敞口、深弧壁、圈足。通体内外和圈足内均施灰青色釉，釉面满布黑色、黄色开片纹。口沿釉薄处映出淡紫黑色胎，足端无釉，呈铁黑色，即所谓的"紫口铁足"。

此杯造型秀巧，釉质温润，堪称典型的传世哥窑产品。

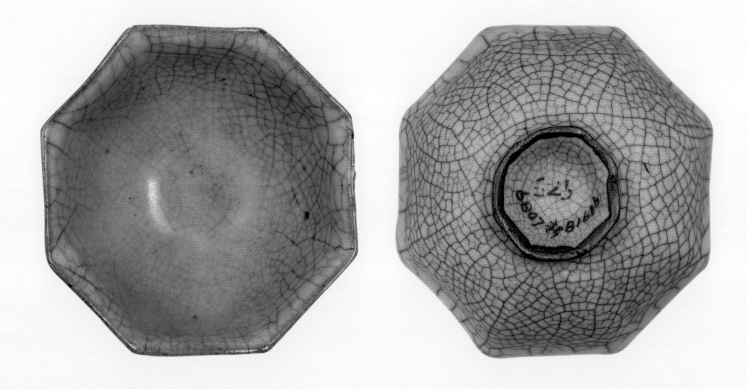

Ge ware grayish celadon octagonal cup
Southern Song dynasty (1127-1279), height 4.4 cm mouth diameter 8.7 cm foot diameter 3.2 cm, the Palace Museum

哥窑青釉八方杯

南宋

高 4.2 厘米　口径 7.8 厘米　足径 2.8 厘米

故宫博物院藏

杯呈八方形。撇口、深弧壁、圈足微外撇。通体内外和圈足内均施灰青色釉，仅足底露黑色胎。通体满布开片纹，内壁开片纹细碎，外壁开片纹较大。

此杯造型精巧，棱线分明，属于传世哥窑瓷器中的精品。

利用实体显微镜拍摄的釉面显微结构照片（40 倍、100 倍）

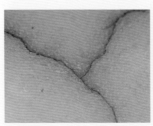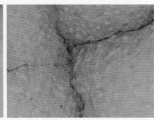

拍摄部位：外壁近足处。

釉面有"金丝"和"铁线"，其中金丝数量较少。可观察到釉内含有的气泡数量较少、尺寸均匀。釉层呈乳浊状。

釉化学成分含量表（%）

化学成分	Na₂O	MgO	Al₂O₃	SiO₂	K₂O	CaO	TiO₂	MnO	Fe₂O₃	Rb	Sr	Y	Zr
釉	0.54	1.40	11.77	69.67	5.85	8.42	0.06	0.39	0.90	0.0224	0.0266	0.0007	0.0104

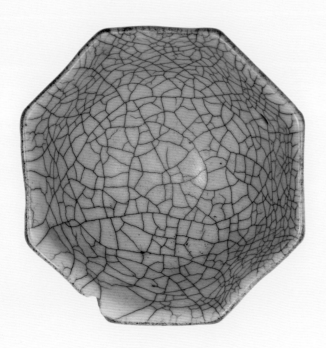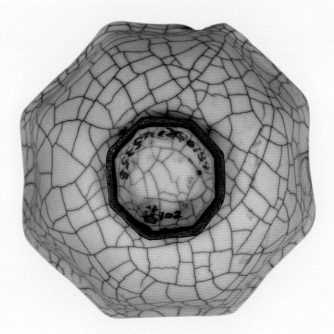

Ge ware celadon octagonal cup
Southern Song dynasty (1127-1279), height 4.2 cm mouth diameter 7.8 cm foot diameter 2.8 cm, the Palace Museum

62 | 哥（官）窑型米黄釉双耳三足鼎式炉

元

高 17.5 厘米　口径 13.2 厘米　足距 8 厘米

故宫博物院藏

炉造型仿古代青铜器鼎式样。唇口、深弧腹、丰底，底下承以三个细长管状足，口上两侧对称置环形耳。炉内底有七个支烧钉痕。里外施釉，釉呈米黄色，釉层肥厚，釉质莹润，釉面开细碎片纹。

此炉造型规整，釉面开片自然，给人以古朴典雅之美感。其造型和釉质与 1976 年韩国新安海底沉船出土的一件双耳三足鼎式炉相近，应为元代杭州老虎洞窑产品。关于其定名，有"哥窑型""官窑型"两种说法。

利用实体显微镜拍摄的釉面显微结构照片（20 倍、40 倍、100 倍）

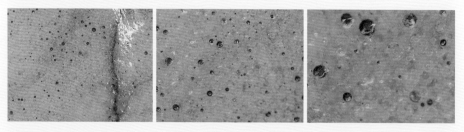

拍摄部位：外壁腹部。

釉面有"金丝"和"铁线"，裂纹浸色较窄。可观察到釉内含有的气泡较少，尺寸较大。釉层呈失透状。

釉化学成分含量表（%）

化学成分	Na$_2$O	MgO	Al$_2$O$_3$	SiO$_2$	K$_2$O	CaO	TiO$_2$	MnO	Fe$_2$O$_3$	Rb	Sr	Y	Zr
釉	0.44	1.35	11.51	71.45	3.23	7.08	0.14	0.06	0.73	0.0157	0.0094	0.0031	0.0076

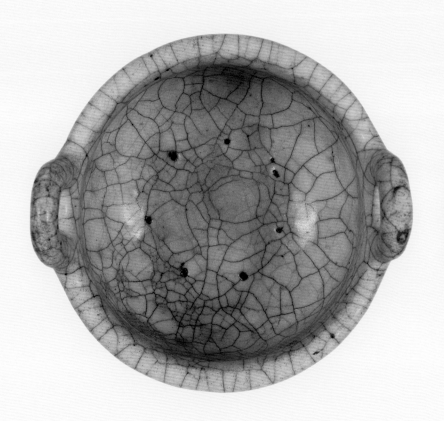

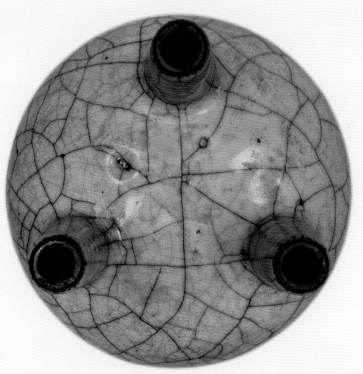

Ge (or Guan) ware type yellowish celadon tripod incense burner in form of ancient bronze vessel *ding* with upright handles
Yuan dynasty (1279-1368), height 17.5 cm mouth diameter 13.2 cm distance between feet 8 cm, the Palace Museum

哥（官）窑型灰青釉葵口盘

元

高 2.9 厘米　口径 16.2 厘米　足径 5.9 厘米

1970 年 10 月南京中央门外张家洼明洪武四年汪兴祖墓出土，故宫博物院藏

盘葵口、浅弧壁、圈足。通体内外和圈足内均施灰青色釉，釉面满布大小相间、纵横交织的开纹片。足端无釉，呈铁褐色。

此盘胎体厚重，造型优美，古朴大方，做工精致。从胎釉特征看，应属于杭州老虎洞窑元代产品。亦有人称之为"官窑型"。

利用实体显微镜拍摄的釉面显微结构照片（40 倍、100 倍）

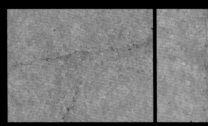

拍摄部位：内底。

裂纹颜色较浅。可观察到釉内含有较多尺寸均匀的气泡。釉面有腐蚀。

釉化学成分含量表（%）

化学成分	Na$_2$O	MgO	Al$_2$O$_3$	SiO$_2$	K$_2$O	CaO	TiO$_2$	MnO	Fe$_2$O$_3$	Rb	Sr	Y	Zr
釉	0.61	1.37	12.04	65.79	5.32	12.64	0.06	0.35	0.82	0.0202	0.0308	0.0014	0.0102

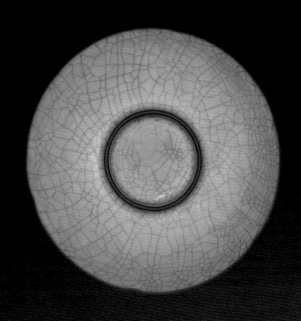

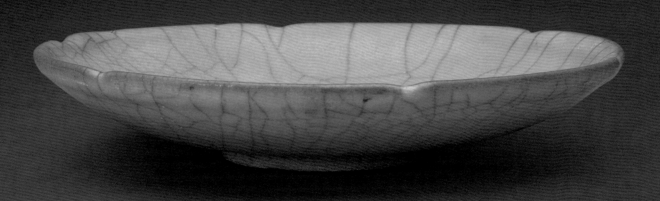

Ge (or Guan) ware grayish celadon dish with six lobed rim
Yuan dynasty (1279-1368), height 2.9 cm mouth diameter 16.2 cm foot diameter 5.9 cm, excavated in 1970 from the tomb of Wang Xingzu (4th year of the Hongwu period) at Zhangjiawa, Nanjing, the Palace Museum

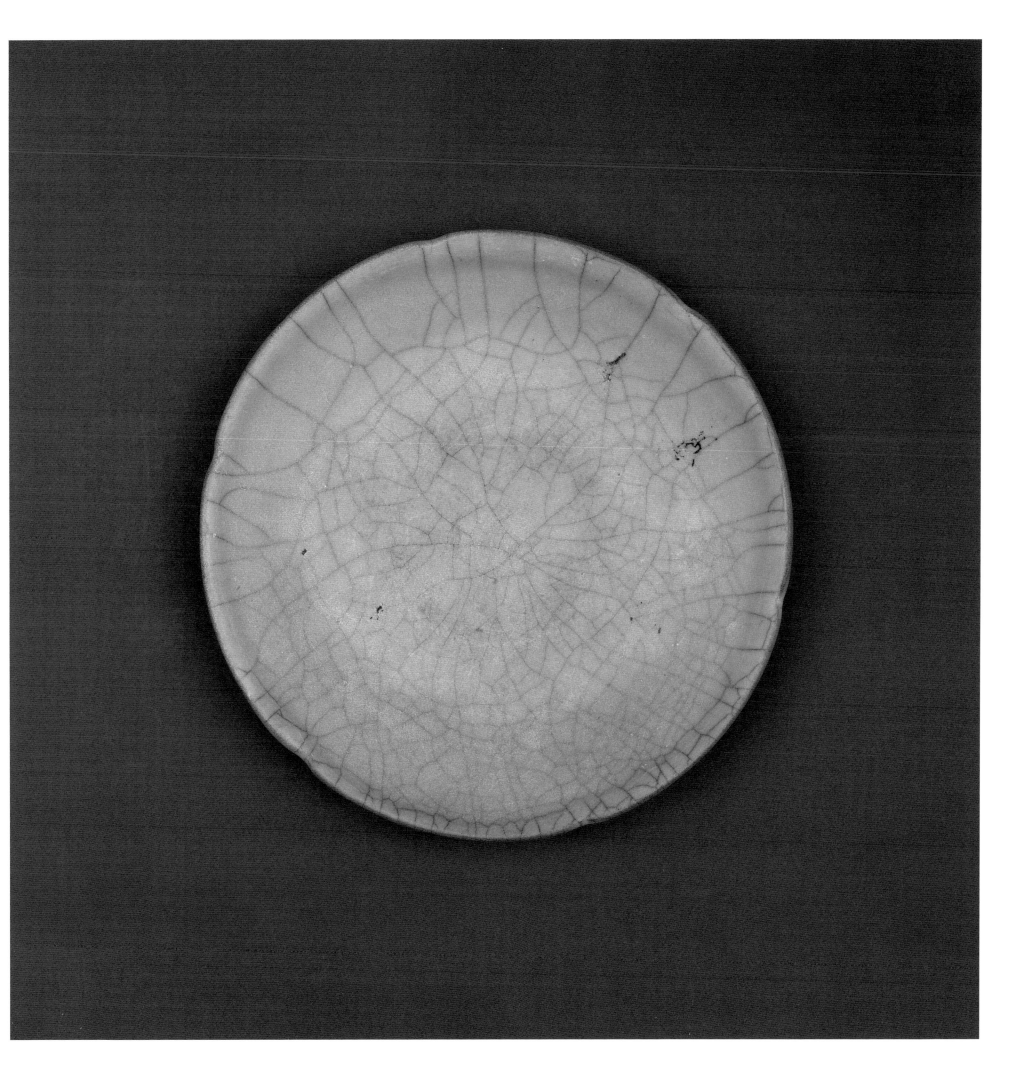

64 哥（官）窑型青釉器残片

元

元大都遗址出土，首都博物馆藏

瓷片灰胎、釉色青灰、釉面布满细碎的开片纹，属哥（官）窑型瓷器残片。外观与浙江杭州老虎洞窑址出土同类型瓷片相似。

瓷片出土于元大都遗址。中国科学院上海硅酸盐研究所曾对元大都出土的这类哥（官）窑型瓷器残片进行测试，并与老虎洞窑元代堆积层出土瓷片测试结果进行比对，结果表明二者"胎釉的化学组成和显微结构比较接近"。

Ge (or Guan) ware celadon fragments
Excavated from the site of Yuan dynasty capital Dadu in Beijing, Capital Museum

哥窑与老虎洞窑、龙泉窑的关系

由于传世哥窑遗址尚未被确认，致使自明代以来人们对哥窑瓷器产地的认识始终未统一。认为哥窑瓷器是浙江龙泉章生一所烧造的观点自明代嘉靖年间开始出现。至万历年间，又出现哥窑产于杭州凤凰山下、所用原料与南宋官窑瓷器相同的观点。

对此问题，目前陶瓷学界仍存在争议。部分专家认为传世哥窑瓷器系杭州凤凰山老虎洞窑所烧造。杭州市文物考古研究所于 1998 ~ 2001 年对老虎洞窑遗址进行了考古发掘，初步认定其南宋地层为修内司官窑遗址。该窑址元代地层出土了大量类似南宋地层的瓷片和家具，但总体而言质量不如南宋时期精细。老虎洞窑元代地层出土的部分洗、盘等器物，釉色呈灰黄或米黄，釉面有细碎开片，与传世哥窑瓷器较相似。同时，此层还出土有模印八思巴文（意为"章记"或"张记"）姓氏的支烧具。

有专家提出"传世哥窑"与文献中记载的"哥窑"并非同一概念。20 世纪五、六十年代的考古调查和试掘，在龙泉大窑、溪口等地发现了烧造黑胎青瓷的窑址。2010 年以来，浙江省文物考古研究所在对溪口、小梅等地窑址的考古发掘中，又集中发现了几批黑胎青瓷。它们以陈设瓷为主，基本特点是薄胎厚釉、釉面开片、"紫口铁足"，其造型、釉色、制作工艺等与南宋郊坛下官窑青瓷相似。考古工作者认为，龙泉黑胎青瓷的特征与文献记载的哥窑瓷器相符，当地也一直流传着章生一所主之窑为"哥窑"的说法。因此，文献所记载的"哥窑"产地应在龙泉，这个概念有别于"传世哥窑"。

此外，对于哥窑的生产年代，也有"宋代说""元代说"等不同观点。这些问题的厘清，有待于进一步的考古发现和科学研究。

The Association Between Ge wares, the Laohudong Kilns, and the Longquan Kilns

Because the kiln sites of heirloom Ge wares have not yet been determined, there is no agreement on the place of manufacture for Ge wares from the Ming dynasty onwards. The Ming Jiajing period saw the emergence of the view that Ge wares had been fired by Zhang Shengyi in Longquan, Zhejiang province. Later, in the Wanli period, a new opinion appeared, namely that Ge wares had been made at Fenghuangshan (Phoenix Hill) in Hangzhou, with the same raw materials as Guan wares of the Southern Song dynasty.

Ceramic scholars still debate these questions. Some experts think that heirloom Ge wares had been fired at the Laohudong kilns at Fenghuangshan, Hangzhou. From 1998 to 2001 the Hangzhou Municipal Research Institute of Cultural Relics and Archaeology performed archaeological excavations at the Laohudong kiln site and reached the preliminary conclusion that the Southern Song stratum of this site represents the remains of the Guan ware kilns of Xiuneisi (Palace Maintenance Office). Some fragments from the Yuan stratum are similar to those from the Southern Song stratum, but of much inferior quality than those from the Southern Song stratum. Some of the brush washers and dishes from the Yuan stratum look similar to heirloom Ge wares. In the meantime, this stratum also yielded a setter for supporting ceramics during firing that is moulded with a Phags-pa inscription, the official script of the Yuan dynasty. The script may be translated as 'Zhang Ji' or 'Mark of Zhang', Zhang being one of two popular Chinese surnames thus pronounced, like the surname of Zhang Shengyi.

Some experts maintain that heirloom Ge wares (i.e. heirloom pieces designated as Ge ware today) are different from the 'Ge wares' recorded in history. Archaeological surveys in the 1960s had found black-bodied celadon wares at the kiln sites of Dayao and Xikou, Longquan. Since 2010, the Zhejiang Province Research Institute of Cultural Relics and Archaeology unearthed a few batches of black-bodied celadons during archaeological excavations at the Longquan kiln sites of Xikou, Xiaomei etc. These are mostly display items and feature a thin body, thick crackled glaze, and 'Purple Mouth and Iron Foot'. These new finds are similar to Guan wares of the Southern Song dynasty in terms of form, glaze colour and manufacturing techniques. According to some archaeologists, these black-bodied celadon wares found at Longquan sites conform with the Ge wares recorded in the literature; legends of Zhang Shengyi, the elder of two potter brothers owning the Ge ('elder brother') kiln, were propagated for a few centuries in the Longquan region; thus, they propose that Longquan is the place of manufacture for Ge wares recorded in history, and that this differs from the so-called heirloom Ge wares.

Further there are debates about the date of manufacture of Ge wares. The traditional view is that Ge ware dates from the Song dynasty, but in recent years a Yuan date has been proposed. All these questions and debates are yet to be clarified by further archaeological discoveries and academic research, including scientific analysis.

65 青釉贯耳瓶（残）

元

残高 4.4 厘米　口径 2.7 厘米　贯耳口径 2 厘米

浙江省杭州市老虎洞窑址出土，杭州市文物考古研究所藏

瓶小口、圆唇、直颈，口部两侧对称置管形贯耳。通体施青釉，釉面满布开片，胎色深灰。口沿部位黏附一块瓷片。

老虎洞窑址是杭州市上城区凤凰山与九华山之间的一条狭长溪沟，长约 700 米，现场为一山坳平地，面积 2000 余平方米，海拔高度 90 米，距南宋皇城北城墙不足百米，距郊坛下官窑遗址约 2.5 千米，属南宋皇城的保护区范围。

1996 年 9 月，因山洪冲刷，老虎洞窑址被偶然发现。1998 年 5 月至 12 月、1999 年 10 月至 2001 年 3 月，杭州市文物考古研究所对老虎洞窑址进行了两次较大规模的考古发掘，基本揭露了该窑址的全部文化层，实际发掘面积约 2300 平方米。窑址规模不大，但遗存非常丰富，可以清楚地看出窑场的生产组织形式和生产流程。

老虎洞窑址元代地层出土了大量类似于南宋地层的瓷片和窑具，但与南宋层出土的瓷片相比，胎较粗，胎体厚重，以灰胎为主，黑胎次之，釉以米黄、灰青、月白等色为主。器物以小型器为主，主要有碗、瓶、盘、洗、杯、器盖、鸟食罐等。烧造方法以支烧为主，支钉有三至六个不等。总体来看，产品质量不如南宋时期产品精细。老虎洞窑址元代地层出土的洗、盘等器物胎体较厚，呈灰黄色，施米黄色釉，釉面有细碎开片，满釉支烧，与所谓的"传世哥窑"较为相似。

Celadon bottle vase in form of ancient bronze vessel *touhu* "arrow pot" with tubular handle, mouth part
Yuan dynasty (1279-1368), remaining height 4.4 cm mouth diameter 2.7 cm mouth diameter of tubular handle 2 cm, excavated from the kilnsite of Laohudong in Hangzhou, Zhejiang Province, Hangzhou Institute of Cultural Relics and Archaeology

66 米黄釉三足炉（残）

元

残高 6.3 厘米

浙江省杭州市老虎洞窑址出土，杭州市文物考古研究所藏

炉通体施米黄釉，外层釉较内层釉厚，胎体较薄。内外均有支烧钉痕，内部残留两个，外部残留三个。胎色深灰。有一足残断，足中空，中空直径约为 0.8 厘米。

Base of a yellowish celadon tripod incense burner
Yuan dynasty (1279-1368), remaining height 6.3 cm, excavated from the kilnsite of Laohudong in Hangzhou, Zhejiang Province, Hangzhou Institute of Cultural Relics and Archaeology

161

67

青釉三足炉（修复）

元

残高 7.5 厘米　口径 12 厘米~ 13.5 厘米

浙江省杭州市老虎洞窑址出土，杭州市文物考古研究所藏

炉撇口、圆唇、平沿、扁圆腹、平底，底部残留一柱状足。略有变形。通体施青釉，釉层外厚内薄，外底开片较大，内底开片细密。足端无釉，露灰黑色胎，胎色深灰。内外均有支烧钉痕，内部残留一个，外部残留两个。

Restoration of a celadon tripod incense burner
Yuan dynasty (1279-1368), remaining height 7.5 cm mouth diameter 12 cm to 13.5 cm, excavated from the kilnsite of Laohudong in Hangzhou, Zhejiang Province,
Hangzhou Institute of Cultural Relics and Archaeology

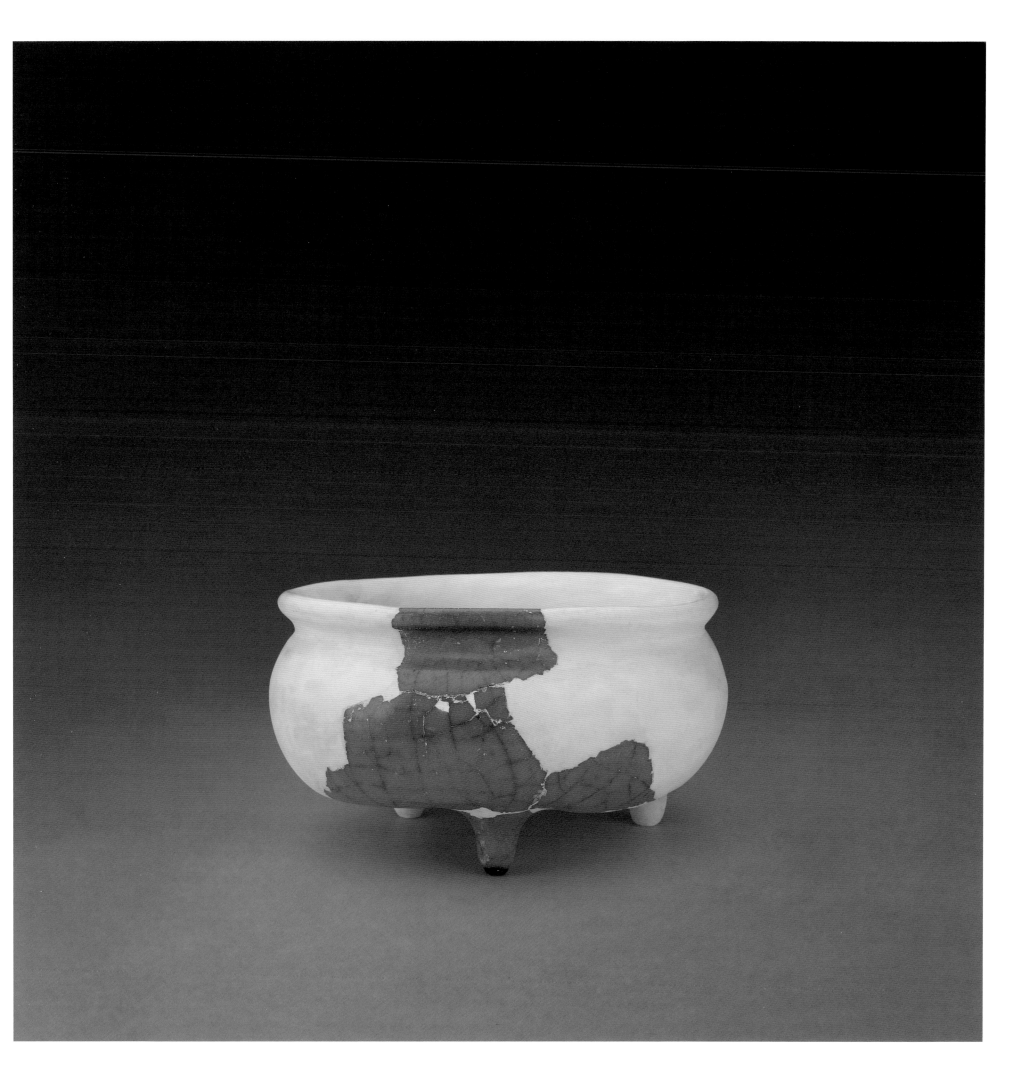

68

青釉双耳三足炉（修复）

元

高 7.4 厘米　口径 12.5 厘米

浙江省杭州市老虎洞窑址出土，杭州市文物考古研究所藏

炉撇口、圆唇、口沿上对称置两个冲天耳。肩部饰一周凹弦纹，底下承以三个袋状矮足，足端露胎处呈紫褐色。内外均施釉，釉色青黄，周身满布开片纹。外底有六个支烧钉痕，钉痕呈深灰色。

Restoration of a celadon tripod incense burner with double handles
Yuan dynasty (1279-1368), height 7.4 cm mouth diameter 12.5 cm, excavated from the kilnsite of Laohudong in Hangzhou, Zhejiang Province, Hangzhou Institute of Cultural Relics and Archaeology

69

青釉三足樽式炉（修复）

元

高 6.3 厘米　口径 8.5 厘米　足径 4 厘米

浙江省杭州市老虎洞窑址出土，杭州市文物考古研究所藏

炉直口、圆唇、筒腹，外底中心有一圈足，离地而垂。底部有三个兽蹄形足，足底露紫黑色胎。内外均施釉，釉色青黄，釉面满布开片纹。

 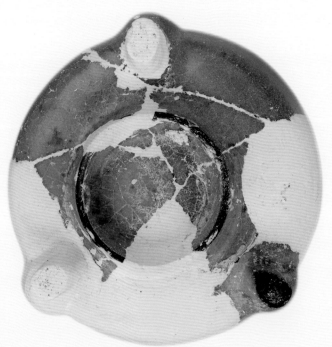

Restoration of a celadon incense burner in form of ancient bronze vessel *sanzu zun* (tripod *zun* of barrel form)
Yuan dynasty (1279-1368), height 6.3 cm mouth diameter 8.5 cm foot diameter 4 cm, excavated from the kilnsite of Laohudong in Hangzhou, Zhejiang Province, Hangzhou Institute of Cultural Relics and Archaeology

青釉三足樽式炉（残）

元

残高 4.1 厘米

浙江省杭州市老虎洞窑址出土，杭州市文物考古研究所藏

炉通体施青釉，内外均有细密开片纹，胎色深灰。底部残留一蹄形足，外底中心有一圈足，离地而垂，圈足圆削，圈足与蹄足底露胎处均呈紫褐色。内底中部有垫烧圈痕，露紫褐色胎。

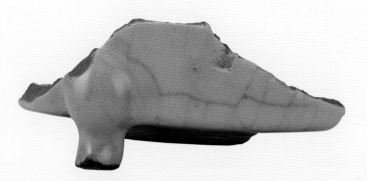

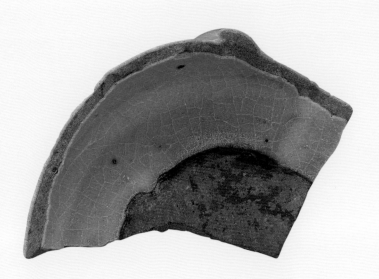

Base of a celadon incense burner in form of ancient bronze vessel *sanzu zun* (tripod *zun* of barrel form)
Yuan dynasty (1279-1368), remaining height 4.1 cm, excavated from the kilnsite of Laohudong in Hangzhou, Zhejiang Province,
Hangzhou Institute of Cultural Relics and Archaeology

米黄釉双耳簋式炉（残）

元

残高 7.9 厘米　足径 8.5 厘米

浙江省杭州市老虎洞窑址出土，杭州市文物考古研究所藏

炉通体施米黄釉，釉层较薄，釉面乳浊失透。外部有细密开片而内部无。上部有一圆形残耳、平底、扁圆腹、圈足。内外底均有三个支烧钉痕。胎体浅灰疏松。

Fragment of a yellowish celadon incense burner in form of ancient bronze vessel *gui*
Yuan dynasty (1279-1368), remaining height 7.9 cm foot diameter 8.5 cm, excavated from the kilnsite of Laohudong in Hangzhou, Zhejiang Province,
Hangzhou Institute of Cultural Relics and Archaeology

青釉洗（修复）

元

高 4.2 厘米　口径 12.8 厘米　底径 8.1 厘米

浙江省杭州市老虎洞窑址出土，杭州市文物考古研究所藏

洗敞口、尖唇、斜直腹、底微向上凸。釉色青黄，内外釉面均有开片纹。外底残留四个支烧钉痕，钉痕呈深灰色。

Restoration of a celadon brush washer
Yuan dynasty (1279-1368), height 4.2 cm mouth diameter 12.8 cm bottom diameter 8.1 cm, excavated from the kilnsite of Laohudong in Hangzhou, Zhejiang Province, Hangzhou Institute of Cultural Relics and Archaeology

73 | 青釉葵花式洗（修复）

元

高 3.5 厘米　口径 12 厘米　底径 9 厘米

浙江省杭州市老虎洞窑址出土，杭州市文物考古研究所藏

洗呈葵花式。浅腹斜收、底微上凸。内外均施青褐色釉。内底釉玻璃质感较强，釉内分布有许多气泡、棕眼，老虎洞窑址元代地层大部分瓷片均有此特点。外底残留三个支烧钉痕，钉痕呈深灰色。

Restoration of a celadon brush washer of mallow form (*kui shi xi*)
Yuan dynasty (1279-1368), height 3.5 cm mouth diameter 12 cm bottom diameter 9 cm, excavated from the kilnsite of Laohudong in Hangzhou, Zhejiang Province, Hangzhou Institute of Cultural Relics and Archaeology

青釉葵花式三足洗（修复）

元

高 5.5 厘米　口径 17 厘米

浙江省杭州市老虎洞窑址出土，杭州市文物考古研究所藏

洗呈葵花式、直腹、底微上凸。通体施青釉，内外满布开片纹。外底边缘残留一蹄形足，足端露胎处呈紫褐色。

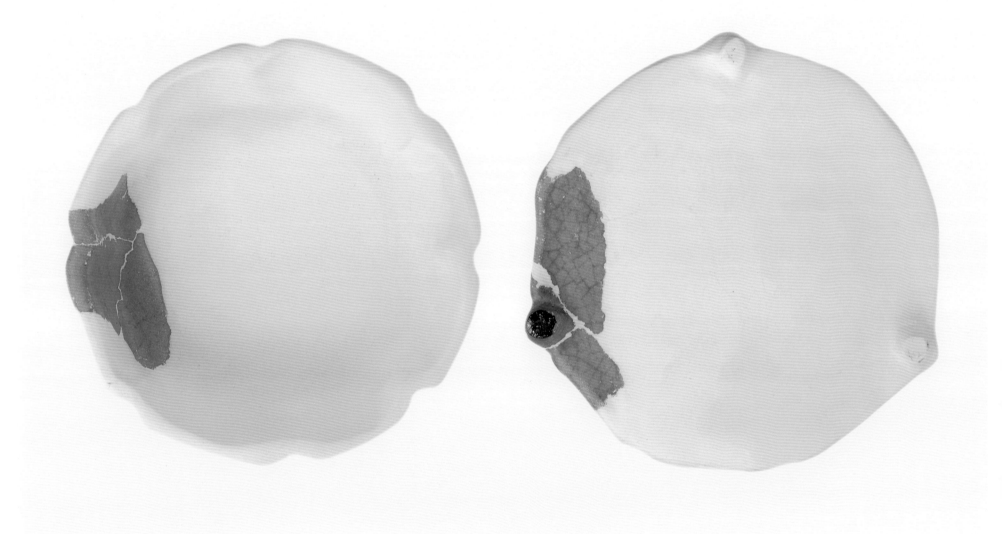

Restoration of a celadon tripod brush washer of mallow form (*kui shi xi*)
Yuan dynasty (1279-1368), height 5.5 cm mouth diameter 17 cm, excavated from the kilnsite of Laohudong in Hangzhou, Zhejiang Province, Hangzhou Institute of Cultural Relics and Archaeology

75 | 青釉鼓钉洗（残）

元

残高 5.9 厘米

浙江省杭州市老虎洞窑址出土，杭州市文物考古研究所藏

洗通体施青釉，釉层乳浊失透，外壁釉层较厚，内壁釉层较薄，内外釉面均有开片。胎色深灰。外壁上下各分布一周鼓钉，下部残留三个，上部残留两个，每个鼓钉间距约 2 厘米。

Fragment of a celadon brush washer with drum nails
Yuan dynasty (1279-1368), remaining height 5.9 cm, excavated from the kilnsite of Laohudong in Hangzhou, Zhejiang Province, Hangzhou Institute of Cultural Relics and Archaeology

76

青釉碗（修复）

元

高 6.4 厘米　口径 15.7 厘米　足径 6.2 厘米

浙江省杭州市老虎洞窑址出土，杭州市文物考古研究所藏

碗敞口、深弧壁、圈足。胎色深灰。通体施青釉，釉厚乳浊失透，内外釉面均有细密开片纹。内外底釉面均有气孔、棕眼。圈足圆削，足端无釉，呈紫黑色。

Restoration of a celadon bowl
Yuan dynasty (1279-1368), height 6.4 cm mouth diameter 15.7 cm foot diameter 6.2 cm, excavated from the kilnsite of Laohudong in Hangzhou, Zhejiang Province, Hangzhou Institute of Cultural Relics and Archaeology

青釉碗（残）

元
残长 8 厘米　残宽 5.3 厘米
浙江省杭州市老虎洞窑址出土，杭州市文物考古研究所藏

碗内外均施青釉，釉层乳浊失透，通体有细密开片纹。圈足圆削，足端无釉，呈紫黑色。断面胎色深灰。

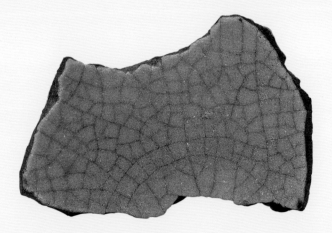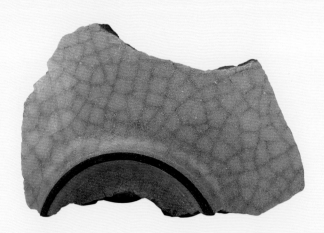

Fragment of a celadon bowl
Yuan dynasty (1279-1368), remaining length 8 cm remaining width 5.3 cm, excavated from the kilnsite of Laohudong in Hangzhou, Zhejiang Province, Hangzhou Institute of Cultural Relics and Archaeology

78 青黄釉碗（残）

元

残高 5.3 厘米　足内径 4.7 厘米

浙江省杭州市老虎洞窑址出土，杭州市文物考古研究所藏

碗施青黄色薄釉，釉面开片。灰胎较粗厚。数碗叠烧，内层碗外部未施釉，外层碗外底釉下以褐彩书写"官窑"两字铭文。

Fragment of a yellowish celadon bowl
Yuan dynasty (1279-1368), remaining height 5.3 cm inner foot diameter 4.7 cm, excavated from the kilnsite of Laohudong in Hangzhou, Zhejiang Province, Hangzhou Institute of Cultural Relics and Archaeology

181

青釉浅盘（修复）

元

高 1.6 厘米　口径 17 厘米　足径 6.5 厘米

浙江省杭州市老虎洞窑址出土，杭州市文物考古研究所藏

盘敞口、浅腹、圈足，底略上凸。通体内外和圈足内均施青釉，釉面满布开片纹。口沿处颜色发黑。圈足露胎处呈紫褐色。器体微有变形。

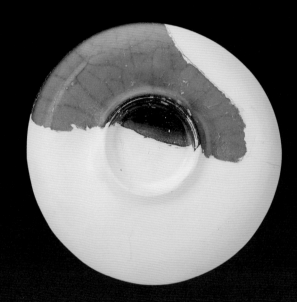

Restoration of a celadon shallow dish
Yuan dynasty (1279-1368), height 1.6 cm mouth diameter 17 cm foot diameter 6.5 cm, excavated from the kilnsite of Laohudong in Hangzhou, Zhejiang Province, Hangzhou Institute of Cultural Relics and Archaeology

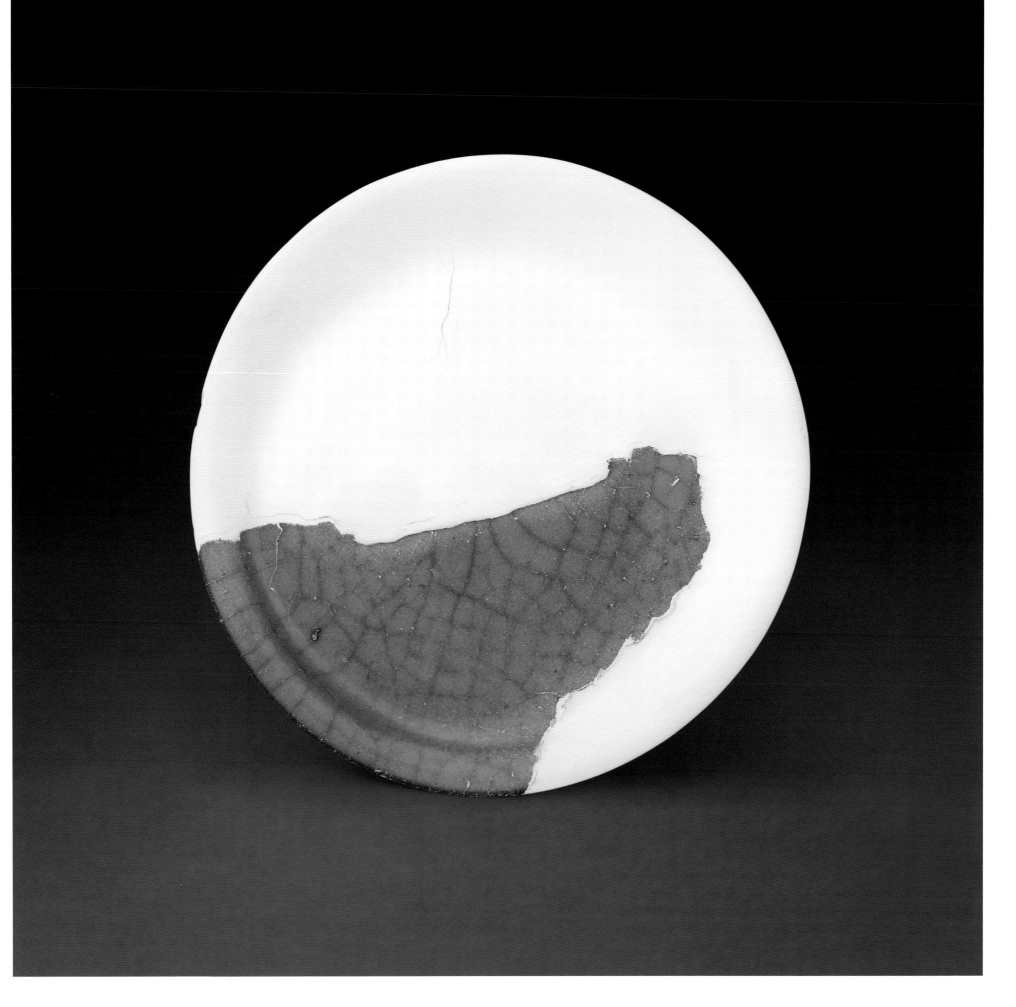

80 青釉浅盘（修复）

元

高 0.9 厘米　口径 16.6 厘米　足径 5.7 厘米

浙江省杭州市老虎洞窑址出土，杭州市文物考古研究所藏

盘敞口、浅腹、圈足，口沿处微斜收。底略上凸，整体略有变形。盘内外和圈足内均施青釉，釉面满布细密开片纹。圈足圆削，足端无釉处呈紫黑色。

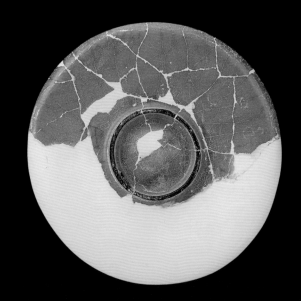

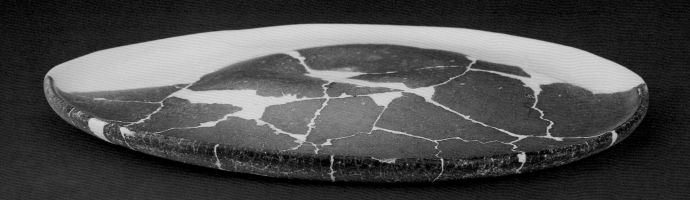

Restoration of a celadon shallow dish
Yuan dynasty (1279-1368), height 0.9 cm mouth diameter 16.6 cm foot diameter 5.7 cm, excavated from the kilnsite of Laohudong in Hangzhou, Zhejiang Province, Hangzhou Institute of Cultural Relics and Archaeology

81

青釉盘（残）

元

足径 5.7 厘米

浙江省杭州市老虎洞窑址出土，杭州市文物考古研究所藏

盘内外均施青釉，釉面满布黑色开片纹，内部开片细密，外部开片相对较大。圈足，足面圆削，露深灰色胎，圈足内部流釉不匀。

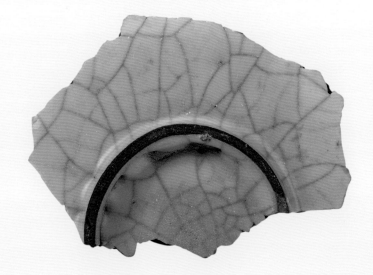

Fragment of a celadon dish
Yuan dynasty (1279-1368), foot diameter 5.7 cm, excavated from the kilnsite of Laohudong in Hangzhou, Zhejiang Province, Hangzhou Institute of Cultural Relics and Archaeology

82

青釉葵口盘（修复）

元

高 2.9 厘米　口径 15.7 厘米　足径 5.6 厘米

浙江省杭州市老虎洞窑址出土，杭州市文物考古研究所藏

盘敞口、六瓣葵口、浅弧壁、圈足。通体内外和圈足内均施青釉，釉面满布开片纹。圈足圆削，足端无釉处呈紫黑色。

Restoration of a celadon dish with six lobed rim

Yuan dynasty (1279-1368), height 2.9 cm mouth diameter 15.7 cm foot diameter 5.6 cm, excavated from the kilnsite of Laohudong in Hangzhou, Zhejiang Province, Hangzhou Institute of Cultural Relics and Archaeology

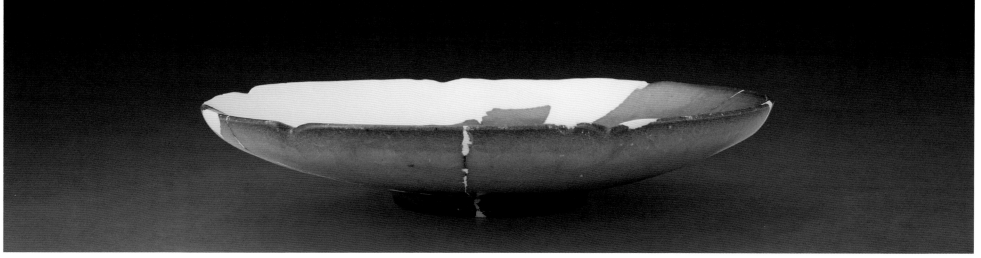

| **青釉葵口盘**（修复）

元

高 4.1 厘米　口径 20.2 厘米　足径 7.2 厘米

浙江省杭州市老虎洞窑址出土，杭州市文物考古研究所藏

盘六瓣葵口、浅弧壁、圈足。内外均施青釉，釉面满布开片纹。圈足圆削，露深灰色胎。

Restoration of a celadon dish with six lobed rim
Yuan dynasty (1279-1368), height 4.1 cm mouth diameter 20.2 cm foot diameter 7.2 cm, excavated from the kilnsite of Laohudong in Hangzhou, Zhejiang Province, Hangzhou Institute of Cultural Relics and Archaeology

84

米黄釉葵口折腰盘（修复）

元

高 3.6 厘米　口径 13.4 厘米　足径 5.9 厘米

浙江省杭州市老虎洞窑址出土，杭州市文物考古研究所藏

盘六瓣葵口、折腰、圈足。通体内外和圈足内均施米黄色釉，釉面有"金丝铁线"开片纹。圈足圆削，露黄褐色胎。

Restoration of a yellowish celadon dish with six lobed rim and angular waist
Yuan dynasty (1279-1368), height 3.6 cm mouth diameter 13.4 cm foot diameter 5.9 cm, excavated from the kilnsite of Laohudong in Hangzhou, Zhejiang Province, Hangzhou Institute of Cultural Relics and Archaeology

85

青釉葵花式杯（修复）

元

高 4.3 厘米　口径 6.7 厘米　足径 3 厘米

浙江省杭州市老虎洞窑址出土，杭州市文物考古研究所藏

杯呈葵花式。撇口、深弧壁、圈足。内外和圈足内均施釉，釉色灰青泛黄，釉层乳浊失透。外底釉有棕眼。足端露深灰色胎。

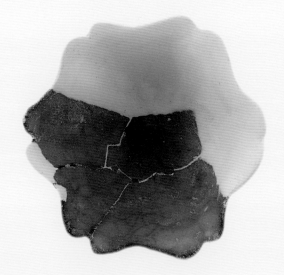

Restoration of a celadon cup of foliate form
Yuan dynasty (1279-1368), height 4.3 cm mouth diameter 6.7 cm foot diameter 3 cm, excavated from the kilnsite of Laohudong in Hangzhou, Zhejiang Province, Hangzhou Institute of Cultural Relics and Archaeology

86

米黄釉葵口高足杯（修复）

元

高 8.2 厘米　口径 10.9 厘米　足径 4.1 厘米

浙江省杭州市老虎洞窑址出土，杭州市文物考古研究所藏

杯敞口、口呈葵花状、深弧壁、瘦底。底下承以外撇高足，足底平削，无釉处呈紫褐色。通体施淡米黄色釉，釉层均匀，釉面密布开片纹。

Restoration of a yellowish celadon stemcup with lobed rim
Yuan dynasty (1279-1368), height 8.2 cm mouth diameter 10.9 cm foot diameter 4.1 cm, excavated from the kilnsite of Laohudong in Hangzhou, Zhejiang Province, Hangzhou Institute of Cultural Relics and Archaeology

青釉折肩瓶（残）

南宋

高 13.6 厘米　口径 4.2 厘米　底径 5 厘米

浙江省龙泉市小梅镇大窑村岙底窑址出土，浙江省文物考古研究所藏

瓶宽沿、长直颈、折肩、长腹略鼓、凹底。黑胎。通体施灰青色釉，釉面满布开片纹。

Fragment of a celadon vase with angular shoulder
Southern Song dynasty (1127-1279), height 13.6 cm mouth diameter 4.2 cm bottom diameter 5 cm, excavated from the Aodi kilnsite of Dayao village at Xiaomei town in Longquan, Zhejiang Province, Zhejiang Institute of Cultural Relics and Archaeology

青釉折沿盘（残）

南宋

高 3.8 厘米　口径 18.5 厘米　足径 5.9 厘米

浙江省龙泉市小梅镇大窑村岙底窑址出土，浙江省文物考古研究所藏

盘宽沿倾斜、沿面内弧、唇部凸起、弧腹较直、大平底、矮圈足。黑胎。灰青色厚釉，釉面无开片纹。

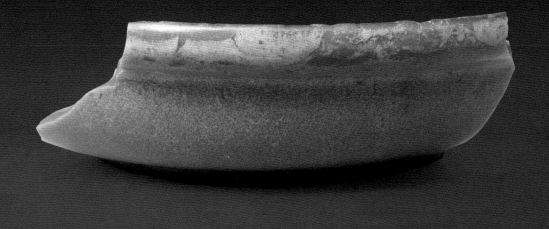

Fragment of a celadon dish
Southern Song dynasty (1127-1279), height 3.8 cm mouth diameter 18.5 cm foot diameter 5.9 cm, excavated from the Aodi kilnsite of Dayao village at Xiaomei town in Longquan, Zhejiang Province, Zhejiang Institute of Cultural Relics and Archaeology

青釉瓶（残）

南宋

残高 11.4 厘米　口径 6.4 厘米

浙江省龙泉市小梅镇瓦窑路窑址出土，浙江省文物考古研究所藏

瓶圆唇、盘口、长颈、溜肩、垂腹，底残。深灰色胎，胎质较细腻。内外满施青绿色釉，釉层均匀，釉面玻璃质感较强。内外釉面均开细碎片纹，片纹呈灰白色。轮制成型，内壁轮旋痕清晰。

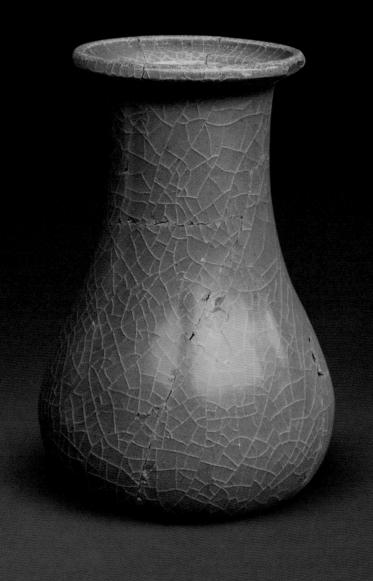

Fragment of a celadon vase
Southern Song dynasty (1127-1279), remaining height 11.4 cm mouth diameter 6.4 cm, excavated from the kilnsite of Wayaolu at Xiaomei town in Longquan, Zhejiang Province, Zhejiang Institute of Cultural Relics and Archaeology

青釉瓶（残）

南宋

高 14.3 厘米　口径 3.8 厘米　足径 6.1 厘米

浙江省龙泉市小梅镇瓦窑路窑址出土，浙江省文物考古研究所藏

瓶撇口、圆唇、直长颈、斜肩、扁鼓腹、圈足，底心微外凸。灰色胎，胎壁较厚。内外满釉，仅足端刮釉。釉色青黄，釉面玻璃质感较强，且开有细碎片纹，片纹呈白色。

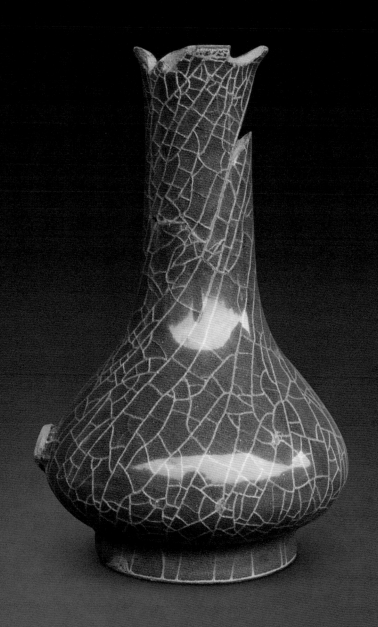

Fragment of a celadon vase
Southern Song dynasty (1127-1279), height 14.3 cm mouth diameter 3.8 cm foot diameter 6.1 cm, excavated from the kilnsite of Wayaolu at Xiaomei town in Longquan, Zhejiang Province, Zhejiang Institute of Cultural Relics and Archaeology

青釉觚（残）

南宋

残高 10.5 厘米　口径 9.5 厘米

浙江省龙泉市小梅镇瓦窑路窑址出土，浙江省文物考古研究所藏

觚口呈喇叭状外撇、直腹、腹中部微凸，凸起部分均布四个出戟，下部分残缺。灰黑胎，胎体较薄。内外满釉，釉色青灰，釉面玻璃质感不强。通体开细碎片纹，片纹呈灰白或灰黄色。

Fragment of a celadon beaker vase in form of ancient bronze vessel *gu*
Southern Song dynasty (1127-1279), remaining height 10.5 cm mouth diameter 9.5 cm, excavated from the kilnsite of Wayaolu at Xiaomei town in Longquan, Zhejiang Province, Zhejiang Institute of Cultural Relics and Archaeology

青釉渣斗（残）

南宋

高 8.5 厘米　口径约 9.8 厘米　足径约 7.2 厘米

浙江省龙泉市小梅镇瓦窑路窑址出土，浙江省文物考古研究所藏

渣斗撇口、阔颈、扁鼓腹、圈足。黑胎，胎体较薄。内外满釉，仅足端刮釉呈铁黑色。釉呈淡青绿色，釉面玻璃质感较强，且开有细碎片纹。

Fragment of a celadon *zhadou* jar for slops
Southern Song dynasty (1127-1279), height 8.5 cm mouth diameter 9.8 cm foot diameter 7.2 cm, excavated from the kilnsite of Wayaolu at Xiaomei town in Longquan, Zhejiang Province, Zhejiang Institute of Cultural Relics and Archaeology

青釉鸟食罐（残）

南宋

高 2.5 厘米　口径平均 4.2 厘米

浙江省龙泉市小梅镇瓦窑路窑址出土，浙江省文物考古研究所藏

罐直口、口唇微凸、扁圆腹、圜底，腹部有耳已残。灰色胎，胎体较薄。内外满釉，口唇部无釉，釉色青黄，釉面玻璃质感较强，且开有细碎片纹。

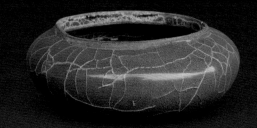

Fragment of a celadon bird feeder
Southern Song dynasty (1127-1279), height 2.5 cm mouth diameter 4.2 cm, excavated from the kilnsite of Wayaolu at Xiaomei town in Longquan, Zhejiang Province, Zhejiang Institute of Cultural Relics and Archaeology

94 青釉器盖（残）

南宋

高 1.7 厘米　直径 8.2 厘米

浙江省龙泉市小梅镇瓦窑路窑址出土，浙江省文物考古研究所藏

盖顶置小圆钮、顶面弧凸、边缘平、内口微凸。黑胎，胎较薄。釉色灰青，釉面玻璃质感较强，且开有细碎片纹，片纹呈灰黄色。口部釉薄有脱釉，盖内边缘无釉，有支烧垫痕。

Fragment of a celadon cover
Southern Song dynasty (1127-1279), height 1.7 cm diameter 8.2 cm, excavated from the kilnsite of Wayaolu at Xiaomei town in Longquan, Zhejiang Province, Zhejiang Institute of Cultural Relics and Archaeology

95 青釉盒（残）

南宋

高 3 厘米　口径 8.4 厘米　足径 3.8 厘米

浙江省龙泉市小梅镇瓦窑路窑址出土，浙江省文物考古研究所藏

盒口微敛、浅弧腹、底略下弧、矮圈足。灰胎。内外满釉，釉色青绿，釉面开细碎片纹，内壁釉色较外壁釉色略深，开片亦更细碎，片纹呈灰白色。口沿、底足刮釉露铁黑色胎。

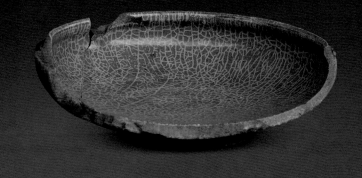

Fragment of a celadon box
Southern Song dynasty (1127-1279), height 3 cm mouth diameter 8.4 cm foot diameter 3.8 cm, excavated from the kilnsite of Wayaolu at Xiaomei town in Longquan, Zhejiang Province, Zhejiang Institute of Cultural Relics and Archaeology

青釉洗（残）

南宋

高 4 厘米　口径 12.8 厘米　足径 8.6 厘米

浙江省龙泉市小梅镇瓦窑路窑址出土，浙江省文物考古研究所藏

洗撇口、尖唇、斜直腹、下腹内折、圈足。灰黑胎，胎壁较薄。釉色青黄，釉面玻璃质感较强，且开有细碎片纹。足端无釉呈铁黑色，折底处内外和圈足外侧积釉较厚。

Fragment of a celadon brush washer
Southern Song dynasty (1127-1279), height 4 cm mouth diameter 12.8 cm foot diameter 8.6 cm, excavated from the kilnsite of Wayaolu at Xiaomei town in Longquan, Zhejiang Province, Zhejiang Institute of Cultural Relics and Archaeology

青釉折沿盘（残）

南宋

高 2.1 厘米　口径 17.2 厘米　足径 6 厘米

浙江省龙泉市小梅镇瓦窑路窑址出土，浙江省文物考古研究所藏

盘折沿、浅折腹、平底、圈足。黑胎，胎壁较薄。釉色青绿，釉面玻璃质感较强，且开有细碎片纹，片纹呈灰黄色。口部和足端刮釉露胎呈铁黑色，内底和圈足外侧积釉较厚。

Fragment of a celadon dish with wide flat rim
Southern Song dynasty (1127-1279), height 2.1 cm mouth diameter 17.2 cm foot diameter 6 cm, excavated from the kilnsite of Wayaolu at Xiaomei town in Longquan, Zhejiang Province, Zhejiang Institute of Cultural Relics and Archaeology

青釉八方折沿盘（残）

南宋

高 1.8 厘米　口径 17.2 厘米　足径 7.5 厘米

浙江省龙泉市小梅镇瓦窑路窑址出土，浙江省文物考古研究所藏

盘口呈八边形、宽平沿略内斜、折腹浅坦、平底、矮圈足粘连一瓷质垫饼。黑胎，胎壁薄。深青绿色釉，釉面玻璃质感较强，且开有细碎片纹，片纹呈灰白色。口部釉薄并有脱釉现象，内底外圈和圈足处积釉较厚。口、腹有残缺。垫饼呈深灰色。

Fragment of a celadon octagonal dish
Southern Song dynasty (1127-1279), height 1.8 cm mouth diameter 17.2 cm foot diameter 7.5 cm, excavated from the kilnsite of Wayaolu at Xiaomei town in Longquan, Zhejiang Province, Zhejiang Institute of Cultural Relics and Archaeology

青釉菱花口折沿盘（残）

南宋

高 2.6 厘米　口径 17.8 厘米　足径 7.2 厘米

浙江省龙泉市小梅镇瓦窑路窑址出土，浙江省文物考古研究所藏

盘菱花形口、宽折沿、浅折腹、平底、矮圈足。圈足外墙内斜、内墙较直。灰黑色胎，胎壁较厚。青灰色釉，釉面玻璃质感较强，釉面开细碎片纹，片纹呈灰白色。内底外圈和圈足外侧积釉较厚，足端刮釉露胎呈铁黑色。

Fragment of a celadon dish with bracket lobed everted rim (*linghua kou*, water chestnut foliate rim)
Southern Song dynasty (1127-1279), height 2.6 cm mouth diameter 17.8 cm foot diameter 7.2 cm, excavated from the kilnsite of Wayaolu at Xiaomei town in Longquan, Zhejiang Province, Zhejiang Institute of Cultural Relics and Archaeology

青釉菱花口折沿盘（残）

南宋

高 2.3 厘米　口径 17 厘米　足径 7 厘米

浙江省龙泉市小梅镇瓦窑路窑址出土，浙江省文物考古研究所藏

盘菱花形口、宽折沿、浅折腹、平底、圈足。圈足外墙内斜。黑胎，胎壁较薄。釉色青黄，釉面玻璃质感较强，且开有细碎片纹，片纹呈黄色。内底和圈足外侧积釉较厚，足端刮釉。

Fragment of a celadon dish with bracket lobed everted rim (*linghua kou*, water chestnut foliate rim)
Southern Song dynasty (1127-1279), height 2.3 cm mouth diameter 17 cm foot diameter 7 cm, excavated from the kilnsite of Wayaolu at Xiaomei town in Longquan, Zhejiang Province,
Zhejiang Institute of Cultural Relics and Archaeology

青釉杯（残）

南宋

高 5.7 厘米　口径 8.5 厘米　足径 3.8 厘米

浙江省龙泉市小梅镇瓦窑路窑窑址出土，浙江省文物考古研究所藏

杯口微撇、深弧壁、圈足。黑胎，胎壁较薄。釉色青黄，釉面玻璃质感较强，且开有细碎片纹，足端无釉露铁黑色胎。

Fragment of a celadon cup
Southern Song dynasty (1127-1279), height 5.7 cm mouth diameter 8.5 cm foot diameter 3.8 cm, excavated from the kilnsite of Wayaolu at Xiaomei town in Longquan, Zhejiang Province, Zhejiang Institute of Cultural Relics and Archaeology

青釉把杯（残）

南宋

高 5.7 厘米　口径 8.2 厘米　足径 3.9 厘米

浙江省龙泉市小梅镇瓦窑路窑址出土，浙江省文物考古研究所藏

杯口微撇、深弧壁、圈足。腹部一侧有把手残根。黑胎，胎壁较薄。釉色青黄，釉面玻璃质感较强，且开有细碎片纹，足端无釉露铁黑色胎。

Fragment of a celadon cup
Southern Song dynasty (1127-1279), height 5.7 cm mouth diameter 8.2 cm foot diameter 3.9 cm, excavated from the kilnsite of Wayaolu at Xiaomei town in Longquan, Zhejiang Province, Zhejiang Institute of Cultural Relics and Archaeology

青釉花式杯（残）

南宋

高 5.5 厘米　口径约 10.4 厘米

浙江省龙泉市小梅镇瓦窑路窑窑址出土，浙江省文物考古研究所藏

杯呈花式。敞口、弧壁、圈足。足底粘连一粗陶质垫饼。深灰色胎，胎质较细腻，胎壁较薄。釉色青灰，釉面玻璃质感较强，且开有细碎片纹，片纹呈灰黄或灰白色。口部釉薄有脱釉现象，足端刮釉，内底和圈足外侧积厚釉。

Fragment of a celadon foliate cup
Southern Song dynasty (1127-1279), height 5.5 cm mouth diameter 10.4 cm, excavated from the kilnsite of Wayaolu at Xiaomei town in Longquan, Zhejiang Province, Zhejiang Institute of Cultural Relics and Archaeology

104 青釉八方杯（残）

南宋

高 5 厘米　口径 10.4 厘米　足径 3.2 厘米

浙江省龙泉市小梅镇瓦窑路窑址出土，浙江省文物考古研究所藏

杯呈八方形。敞口、弧壁、圈足。土黄色胎，胎较薄。内外满釉，釉色青黄，釉面玻璃质感较强，且开有细碎片纹，片纹呈灰黄色。口部釉薄有脱釉现象，足端刮釉呈铁黑色，内底和圈足外侧积釉严重。

Fragment of a celadon octogonal cup
Southern Song dynasty (1127-1279), height 5 cm mouth diameter 10.4 cm foot diameter 3.2 cm, excavated from the kilnsite of Wayaolu at Xiaomei town in Longquan, Zhejiang Province, Zhejiang Institute of Cultural Relics and Archaeology

青釉八方杯（残）

南宋

高 5.6 厘米　对角径 10.6 厘米　足径 3.8 厘米

浙江省龙泉市小梅镇瓦窑路窑窑址出土，浙江省文物考古研究所藏

杯呈八方形。敞口、弧壁、圈足，底心微外凸。黑胎，胎壁较薄。釉色青灰，釉面玻璃质感较强，且开有细碎片纹，片纹呈灰黄色。口部釉薄有脱釉现象，足端刮釉呈铁黑色，内底和圈足外侧积釉较厚。

Fragment of a celadon octogonal cup
Southern Song dynasty (1127-1279), height 5.6 cm diameter 10.6 cm foot diameter 3.8 cm, excavated from the kilnsite of Wayaolu at Xiaomei town in Longquan, Zhejiang Province, Zhejiang Institute of Cultural Relics and Archaeology

黑胎青釉器残片

南宋

浙江省龙泉市溪口镇瓦窑垟窑址出土，浙江省文物考古研究所藏

可见器物造型有白菜瓶、觚、鬲式炉、樽式炉、洗、碗、盘、杯等。胎呈灰、深灰、灰黑等色。这类器物一般胎体较薄、釉较厚，多为薄胎厚釉器。器物一般较小而精致，以陈设或礼仪用瓷占多数。

Fragments of black bodied celadons
Southern Song dynasty (1127-1279), excavated from the kilnsite of Wayaoyang, at Xikou town in Longquan, Zhejiang Province, Zhejiang Institute of Cultural Relics and Archaeology

青釉觚（修复）

南宋

高 14.6 厘米　口径 11.3 厘米　足径 7.8 厘米

龙泉青瓷博物馆藏

觚大喇叭口、细腰、撇足，腰与足连接部位有三道凹弦纹。此为宋代龙泉哥窑铁胎青釉类产品，大开片，裂纹没有明显沁色。坯体先分两段拉制，口与腰部为一段，撇足为一段，待半干后修接而成，内底则位于腰部下方。胎表层暗红褐色，断面为深灰色。由于烧成温度过高，致使胎体稍微变形。釉质清透，口部釉薄处呈酱紫色。圈足粘有匣钵残渣。

Restoration of celadon *gu*

Southern Song dynasty (1127-1279), height 14.6 cm mouth diameter 11.3 cm foot diameter 7.8 cm, the Longquan Celadon Museum

108 青釉菱花口三足鬲式炉（修复）

南宋

高 14.6 厘米　口径 11.3 厘米

龙泉青瓷研究所藏

炉平折沿、短颈、圆肩、圜腹底下接三足。口、颈、肩、腹等部位呈连贯的六瓣菱花式，肩部饰一道凸弦纹。足空心，与内底连足处可见三个明显的出气孔。此炉为宋代龙泉哥窑铁黑胎青釉类产品，釉层有不同程度的开片，长期接受水土侵蚀，裂纹风化呈浅白色。烧成温度恰当，造型端庄。三足底部表面呈朱砂色，断面为深灰色。釉层浑厚，釉质凝重，釉色粉青，露筋较少。

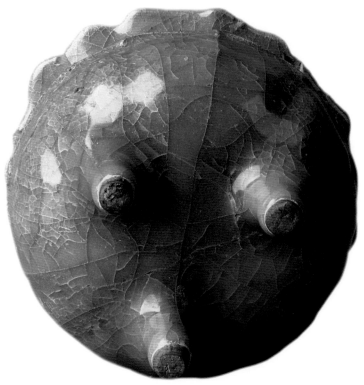

Restoration of celadon tripod incense burner inspired by ancient bronze vessel *li* with bracket lobed everted rim (*linghua kou*, water chestnut foliate rim)
Southern Song dynasty (1127-1279), height 14.6 cm mouth diameter 11.3 cm, the Institute of Longquan Celadon

109

灰青釉鱼耳簋式炉

南宋至元
高 6 厘米　口横 9.7 厘米　口纵 9.1 厘米　足径 6.3 厘米
故宫博物院藏

炉撇口、垂腹、圈足。腹部两侧对称置鱼形耳。里外和圈足内均施米黄色釉，釉面开细碎片纹。

此炉系仿商、周青铜簋式样烧造而成，造型端庄古朴，釉面莹润。其工艺特征与龙泉地区青釉产品相似。

利用实体显微镜拍摄的釉面显微结构照片（40 倍、100 倍）

 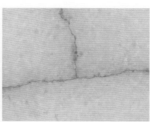

拍摄部位：外底。

釉面有"铁线"，"金丝"几乎不可见，裂纹浸色较窄。可观察到釉内含有气泡较少，尺寸亦较小。釉层呈失透状。

釉化学成分含量表（%）

化学成分	Na₂O	MgO	Al₂O₃	SiO₂	K₂O	CaO	TiO₂	MnO	Fe₂O₃	Rb	Sr	Y	Zr
釉	0.41	0.94	13.30	76.89	4.65	2.37	0.05	0.06	0.34	0.0463	0.0030	0.0012	0.0081

Grayish celadon incense burner in form of ancient bronze vessel *gui* with fish handles
From Southern Song dynasty (1127-1279) to Yuan dynasty (1279-1368), height 6 cm　mouth length 9.7 cm　mouth width 9.1 cm　foot diameter 6.3 cm, the Palace Museum

哥窑瓷器对后世的影响

  哥窑瓷器以其独特的艺术魅力对后世瓷器烧造产生深远影响。从传世和考古发掘获得的实物看，景德镇御器（窑）厂在明代宣德年间已成功仿烧哥窑瓷器，清代雍正、乾隆时期达到兴盛。一些地方窑受哥窑的影响，也曾结合当地实际烧造出颇具地方特色的开片釉产品，如江苏宜兴窑、广东石湾窑、福建漳州窑等。

  明代御器厂（清代更名为"御窑厂"）仿哥窑（釉）瓷器，以宣德、成化时期产品最具代表性。宣德朝仿哥窑瓷器修胎规整，胎质略显疏松，胎色发黄，釉色灰青，釉面开有大小不等的片纹。釉面虽泛宣德瓷器典型的橘皮纹，但与传世哥窑瓷器釉面特有的润泽如酥质感不同。成化朝仿哥釉瓷器比较独特，其体量一般较小，胎色灰白，釉面莹亮。器物口边和足端有涂抹酱黄色釉与不施酱黄色釉之分。

  清代御窑厂自康熙朝开始仿哥窑（釉）瓷器，而以雍正、乾隆两朝仿品最为多见、质量亦最好。雍正朝仿烧哥窑（釉）瓷器，有的因以宫廷收藏的哥窑瓷器作为样本，致使仿品在造型、釉色等方面可与原物基本一致。乾隆皇帝对仿烧哥窑（釉）瓷器屡有谕旨，仿烧力求逼真，其外观与工艺等与雍正时期基本相同。乾隆朝以后，几乎历朝均仿烧哥窑（釉）瓷器，但造型比较单一，且部分产品与仿官窑（釉）瓷器难以区分。

  明、清两代仿哥窑（釉）瓷器，一般着重仿釉色和开片装饰，造型既有簋式炉、贯耳瓶、八方杯、葵花式洗等仿哥窑者，也有当时流行的各种式样，如笔山、水丞、象棋等文房用具，以及花觚、葫芦瓶、杏圆瓶、琮式瓶等陈设器。器物既有在胎体中掺有氧化铁含量较高的紫金土，致使胎体呈深灰色，烧成后具有"紫口铁足"特征；也有在底部刷黑褐色釉，用以模仿传世哥窑。除个别形神兼备不署款的仿品外，一般署青花本朝年款。

The Influence of Ge Wares on Ceramics of Later Periods

Ge wares had a profound influence on later ceramics due to their distinct, attractive features, and have been imitated as a prestigious ware from the Ming and Qing dynasties till today. Heirloom pieces and archaeological finds demonstrate that the imperial kilns in Jingdezhen successfully copied Ge wares during the Xuande period of the Ming, and thrived in imitating Ge wares in the Yongzheng and Qianlong periods of the Qing. Some kilns in other regions also made ceramics with Ge-style crackled glazes, but with respective local characteristics, such as the Yixing kilns in Jiangsu, Shiwan kilns in Guangdong, and Zhangzhou kilns in Fujian.

Ming imperial porcelains imitating Ge wares or Ge ware glazes are represented by those of the Xuande and Chenghua periods. The Xuande copies have neatly trimmed shapes, and their body material appears slightly coarse with a yellowish tinge. Their glaze appears grayish celadon-coloured with crackles of variable sizes. It has tiny pinholes like orange peel, typical of the glaze of Xuande porcelains, but different from the characteristic luscious, creamy glaze of heirloom Ge wares. Porcelains with Ge-style glazes made in the Chenghua period tend to be small pieces with a fine, hard white body and lustrous shiny glaze. Some Chenghua copies are applied with yellowish-brown washes at the mouth rim and footring, which may be rather shiny, or matt.

Qing dynasty imperial porcelain inspired by Ge wares started to be produced in the Kangxi period, but pieces from the Yongzheng and Qianlong periods are more common and better in quality. The Yongzheng copies were made following pieces of Ge ware in the imperial collection, and thus are quite similar to original Ge wares in terms of size, shape and glaze, etc. The Qianlong Emperor issued numerous edicts on reproducing Ge ware or Ge glazes in order to make his copies look authentic, but his reproductions are basically similar to the Yongzheng copies in terms of technique, shape, body and glaze.

Ming and Qing porcelains inspired by Ge wares usually focus on imitating glaze colour and crackles. Their shapes include both forms seen in Ge ware and others popular during the Ming and Qing periods. The former group includes incense burners in form of bronze *gui*, vases with tubular handles, octagonal cups, and brush washers of mallow form (*kui shi*, also translated as mallow form). The latter group includes desk items such as brush rests, water pots, Chinese chess pieces, as well as display items such as incense holders, *gu*-shaped flower vases, gourd bottles, vases with apricot-shaped reliefs on both sides, and vases in form of a cloth-wrapped bundle. Except for a small number of pieces that are similar to Ge wares in both form and style, Ming and Qing imperial porcelains inspired by Ge wares are usually inscribed with the underglaze-blue reign mark of their manufacturing period.

110

仿哥釉碗

明宣德

高 10.6 厘米　口径 20.7 厘米　足径 7.6 厘米

故宫博物院藏

碗敞口、深弧壁、圈足。圈足内外墙均较直，且略高。通体内外和圈足内均施仿哥釉，足底不施釉，呈酱褐色。釉面遍布细碎开片纹，片纹呈黑色。外底署青花楷体"大明宣德年制"六字双行外围双圈款。

此碗从外底所署年款来看，应为明代宣德时期景德镇御器厂所烧造。从景德镇御窑遗址出土的宣德朝仿哥釉瓷器看，除了模仿哥窑瓷器的釉色和开片特征外，亦模仿哥窑瓷器胎体特征，即故意在胎料中加入氧化铁含量较高的紫金土，致使胎体呈深灰色。

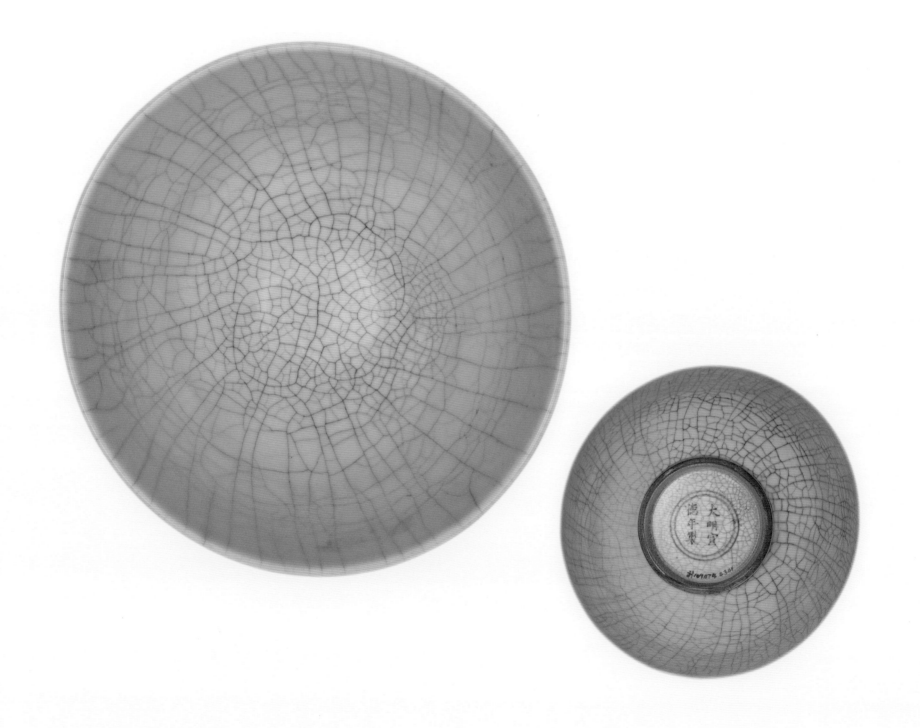

Bowl with Ge-style crackled glaze
Mark and period of Xuande (1426-1435), Ming dynasty, height 10.6 cm mouth diameter 20.7 cm foot diameter 7.6 cm, the Palace Museum

111

仿哥釉碗

明宣德

高 10.5 厘米　口径 20.7 厘米　足径 7.8 厘米

故宫博物院藏

碗敞口、深弧壁、圈足，底心向外凸起。通体内外和圈足内均施灰白色釉，釉面满布开片纹。外底署青花楷体"大明宣德年制"六字双行外围双圈款。

利用实体显微镜拍摄的釉面显微结构照片（20 倍、40 倍、100 倍）

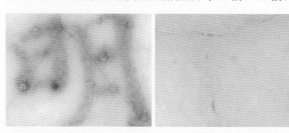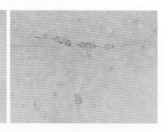

拍摄部位：外底。

釉面有"金丝"，未见"铁线"。可观察到釉内气泡数量较少、尺寸较小。釉层呈失透状。

釉化学成分含量表（%）

化学成分	Na₂O	MgO	Al₂O₃	SiO₂	K₂O	CaO	TiO₂	MnO	Fe₂O₃	Rb	Sr	Y	Zr
釉	0.59	0.59	14.25	74.15	5.36	3.36	0.03	0.09	0.58	0.0379	0.0074	0.0008	0.0063

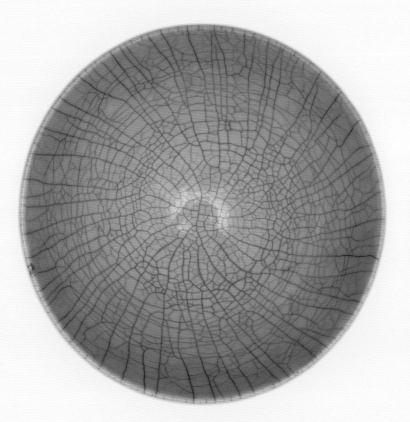

Bowl with Ge-style crackled glaze
Mark and period of Xuande (1426-1435), Ming dynasty, height 10.5 cm mouth diameter 20.7 cm foot diameter 7.8 cm, the Palace Museum

112

仿哥釉菊花式碗

明宣德
高 7.3 厘米　口径 18.7 厘米　足径 6.9 厘米
故宫博物院藏

碗呈菊花形。敞口、深弧壁、圈足。通体内外和圈足内均施灰白色釉，釉面满布开片纹。外底署青花楷体"大明宣德年制"六字双行外围双圈款。

Chrysanthemum form bowl with Ge-style crackled glaze
Mark and period of Xuande (1426-1435), Ming dynasty, height 7.3 cm mouth diameter 18.7 cm foot diameter 6.9 cm, the Palace Museum

仿哥釉贯耳瓜棱瓶

明成化

高 9.5 厘米　口径 2.1 厘米　足径 3.1 厘米

故宫博物院藏

瓶直口、细长颈、溜肩、鼓腹、圈足。颈部两侧对称置管形贯耳，腹部呈瓜棱形。通体施灰青色釉，釉层肥腴，釉面布满开片纹。釉色白中闪蓝，色调柔和。外底署青花楷体"大明成化年制"六字双行外围双圈款。

利用实体显微镜拍摄的釉面显微结构照片（40倍、100倍）

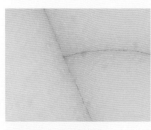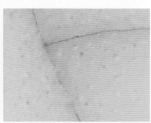

拍摄部位：腹部外壁。

釉面只见"铁线"，未见"金丝"，裂纹浸色较窄。可观察到釉内气泡数量较少、尺寸均匀。釉层呈失透状。

釉化学成分含量表（%）

化学成分	Na₂O	MgO	Al₂O₃	SiO₂	K₂O	CaO	TiO₂	MnO	Fe₂O₃	Rb	Sr	Y	Zr
釉	0.45	0.85	15.76	73.50	5.34	2.85	0.03	0.14	0.08	0.0393	0.0062	0.0016	0.0096

Lobed bottle vase with tubular handles and Ge-style crackled glaze
Mark and period of Chenghua (1465-1487), Ming dynasty, height 9.5 cm mouth diameter 2.1 cm foot diameter 3.1 cm, the Palace Museum

114

仿哥釉菊花式杯

明成化

高 5 厘米　口径 7.7 厘米　足径 3.2 厘米

故宫博物院藏

杯敞口、深弧壁、圈足。通体内外施釉，釉色白中泛粉青，釉面莹润光洁，且开有大小不一的片纹，大片纹呈黑色，小片纹呈黄色。口沿涂酱色釉，足底一周无釉，呈黑褐色。杯呈菊花形。外底署青花楷体"大明成化年制"六字双行外围双圈款。

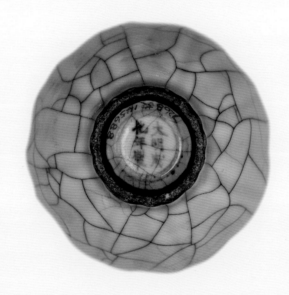

Chrysanthemum form cup with Ge-style crackled glaze
Mark and period of Chenghua (1465-1487), Ming dynasty, height 5 cm mouth diameter 7.7 cm foot diameter 3.2 cm, the Palace Museum

115

仿哥釉八方高足杯

明成化

高 9.7 厘米　口径 8 厘米　足径 3.9 厘米

故宫博物院藏

杯呈八方形。撇口、深壁、折底，底下承以外撇中空高足，足上部有一道竹节状凸起。通体内外和足内均施仿哥釉，釉面满布开片纹。口沿涂酱黄色釉，足端呈黑褐色。足内壁顺时针方向署青花楷体"大明成化年制"六字款。

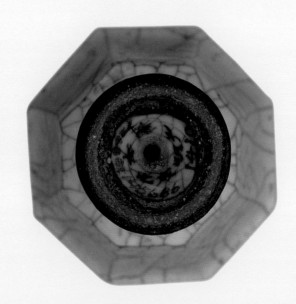

Octagonal stem cup with Ge-style crackled glaze
Mark and period of Chenghua (1465-1487), Ming dynasty, height 9.7 cm mouth diameter 8 cm foot diameter 3.9 cm, the Palace Museum

116

仿哥釉八方高足杯

明成化

高 9.3 厘米　口径 7.8 厘米　足径 3.7 厘米

故宫博物院藏

杯呈八方形。撇口、深壁、折底，底下承以外撇高足，足上部有一道竹节状凸起。通体内外和足内均施仿哥釉，釉面满布开片纹。口沿施酱黄色釉，圈足端呈酱褐色。足内壁顺时针方向署青花楷体"大明成化年制"六字款。

Octogonal stem cup with Ge-style crackled glaze
Mark and period of Chenghua (1465-1487), Ming dynasty, height 9.3 cm mouth diameter 7.8 cm foot diameter 3.7 cm, the Palace Museum

仿哥釉葵花式尊

明

高 15.5 厘米　口径 12 厘米　足径 8.5 厘米

故宫博物院藏

尊呈六瓣葵花式。撇口、阔颈、中腰凸起、胫部外撇、浅圈足。口部镶铜釦。通体内外和圈足内均施灰青色釉，釉面清亮，遍布开片纹，有黑色长开片和浅褐色短开片两种。足端表面呈黑褐色。外底有六个铁褐色支烧钉痕。

这件器物系清宫旧藏品。查《故宫物品点查报告》，这件器物被存放于坤宁宫。点查时，该器物内放置"破笔五支、破扇一把"，因此当时定名为笔筒。

Foliate vase inspired by ancient bronze vessel *zun* with Ge-style crackled glaze
Ming dynasty (1368-1644), height 15.5 cm mouth diameter 12 cm foot diameter 8.5 cm, the Palace Museum

118

仿哥釉鱼耳簋式炉

明

高 9.2 厘米　口径 10.5 厘米　足径 7.8 厘米

故宫博物院藏

炉呈簋式。尖圆唇、口微撇、颈微向内收、垂腹、圈足。腹部两侧对称置鱼形耳。通体施灰青色釉，釉色浅淡，釉面遍布黑色大开片和黄色小开片纹。圈足修理规矩，足端无釉露胎，呈黑褐色。外底近圈足处，有一周六个黑色圆形支烧钉痕。内底心分布三个支烧钉痕，较外底钉痕小而精致。

炉外底镌刻乾隆皇帝御制诗。诗云："伊谁换夕薰，香讶至今闻。制自崇鱼耳，色犹缬鳝纹。本来无火气，却似有云氲。辨见八还毕，鼻根何处分。"句末镌刻"乾隆丙申孟春御题"和篆体"乾""隆"两方闲章。"乾隆丙申"即乾隆四十一年（1776 年）。此诗名为《咏哥窑炉》，收录于《御制诗四集》卷三十八。通过刻诗内容可发现，当年乾隆皇帝曾将此明代仿品误认作宋代哥窑瓷器，并为之题诗。故宫博物院收藏的一件传世哥窑鱼耳簋式炉亦镌刻有这首诗。

这件炉与传世哥窑鱼耳簋式炉在釉质、造型方面均存在差异，从各方面特征看，应为明代仿品。此炉一耳磕，露胎部分呈黑色。说明此炉不仅模仿哥窑瓷器的造型和釉质，而且还仿其胎质。

此炉系清宫旧藏。查《故宫物品点查报告》曾被收存于钟粹宫。

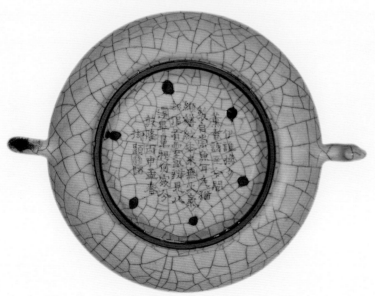

利用实体显微镜拍摄的釉面显微结构照片（20 倍、40 倍、100 倍）

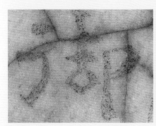 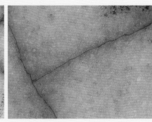 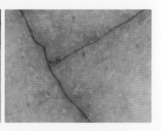

拍摄部位：外底。

釉面有"铁线"，"金丝"几乎不可见，裂纹浸色较窄。可观察到釉内较多尺寸较小的气泡。釉层呈失透状。

釉化学成分含量表（%）

化学成分	Na$_2$O	MgO	Al$_2$O$_3$	SiO$_2$	K$_2$O	CaO	TiO$_2$	MnO	Fe$_2$O$_3$	Rb	Sr	Y	Zr
釉	0.56	0.67	14.70	73.51	3.65	4.10	0.12	0.06	1.62	0.0309	0.0055	0.0019	0.0082

Incense burner in form of ancient bronze vessel gui with fish handles and Ge-style crackled glaze
Ming dynasty (1368-1644), height 9.2 cm mouth diameter 10.5 cm foot diameter 7.8 cm, the Palace Museum

119

仿哥釉兽耳簋式炉

明

高 14.5 厘米　口径 15 厘米　足径 12.5 厘米

故宫博物院藏

炉呈簋式。浅盘口、微束颈、垂腹、浅圈足，圈足外墙向外撇。颈、腹部对称置兽耳。内、外施灰青色釉，釉面清亮，且遍布开片纹。片纹有两种，一种为长且深的黑色片纹；另一种为短且浅的浅褐色片纹，即所谓"金丝铁线"。外底不施釉，呈深棕色。从各方面特征看，这是一件明代烧造的仿哥釉兽耳簋式炉。

Incense burner in form of ancient bronze vessel *gui* with animal handles and Ge-style crackled glaze
Ming dynasty (1368-1644), height 14.5 cm mouth diameter 15 cm foot diameter 12.5 cm, the Palace Museum

仿哥釉菱花式碗

明

高 7.8 厘米　口径 17.7 厘米　足径 6.3 厘米

故宫博物院藏

碗呈八瓣菱花式。撇口、深弧壁、圈足。腹壁向内起八道凸棱。内、外和圈足内施青灰色釉，釉面遍布细碎开片纹，片纹多为黑色。圈足端不施釉，呈酱褐色。

Bowl with eight lobed rim and Ge-style crackled glaze
Ming dynasty (1368-1644), height 7.8 cm mouth diameter 17.7 cm foot diameter 6.3 cm, the Palace Museum

121

仿哥釉洗

明

高 2 厘米　口径 9.2 厘米　底径 8.7 厘米

故宫博物院藏

洗直口、浅腹、平底。通体施青釉，釉面莹亮，开大小不一的黑色片纹。外底有五个支烧钉痕。此器经便携 X 射线谱仪无损检测，其化学成分含量更接近景德镇仿哥釉产品。

利用实体显微镜拍摄仿哥釉洗釉面显微结构照片（40 倍、100 倍）

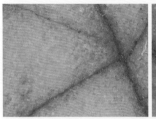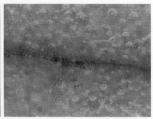

拍摄部位：外底。

釉面有"金丝"和"铁线"，裂纹较直、浸色较宽。可观察到釉内有大量尺寸均匀的气泡。釉层较为通透。

釉化学成分含量表（%）

化学成分	Na$_2$O	MgO	Al$_2$O$_3$	SiO$_2$	K$_2$O	CaO	TiO$_2$	MnO	Fe$_2$O$_3$	Rb	Sr	Y	Zr
釉	0.58	0.72	11.03	74.71	3.77	6.38	0.08	0.07	1.66	0.0282	0.0081	0.0019	0.0066

Brush washer with Ge-style crackled glaze

Ming dynasty (1368-1644), height 2 cm mouth diameter 9.2 cm bottom diameter 8.7 cm, the Palace Museum

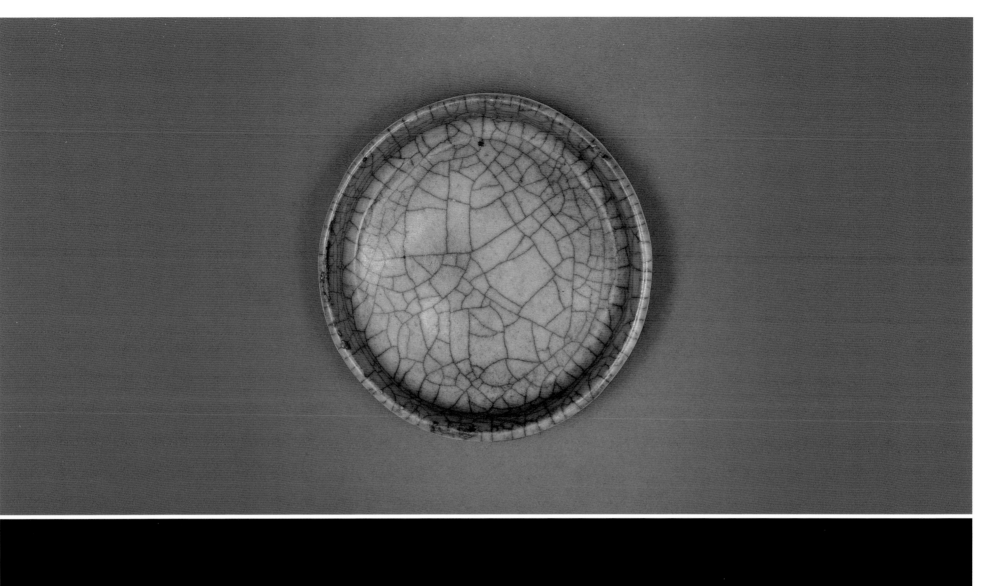

122

宜兴窑灰白釉八卦纹琮式瓶

明

高 29.8 厘米　口径 11.5 厘米　足径 12 厘米

故宫博物院藏

瓶仿玉琮造型。唇口、短颈、平肩、方形直腹、折底、圈足。腹部四面均凸雕八卦纹。通体施灰白色釉，釉面开细碎片纹。无款。

Yixing ware vase inspired by Neolithic jade *cong* with the Eight Trigrams and grayish white glaze
Ming dynasty (1368-1644), height 29.8 cm mouth diameter 11.5 cm foot diameter 12 cm, the Palace Museum

123 宜兴窑灰白釉饕餮纹双耳四足鼎

明

高 18.3 厘米　口横 15.3 厘米　口纵 11.7 厘米

底横 14.5 厘米　底纵 10 厘米

故宫博物院藏

鼎长方体形，口沿外折、口上立有双耳、直壁、深腹、平底，底下承以四柱足。通体施灰白色釉，釉面开细碎片纹，器身凸雕饕餮纹。

鼎是商周时期青铜器的一种，原为食器，用以烹煮或盛放肉食，后逐渐成为祭祀、征伐、丧葬等活动中陈设的一种礼器。

Yixing ware square *ding* with incised *taotie* monster mask design, in form of ancient bronze vessel and with grayish white glaze
Ming dynasty (1368-1644), height 18.3 cm mouth length 15.3 cm mouth width 11.7 cm bottom length 14.5 cm bottom width 10 cm, the Palace Museum

124

石湾窑灰白釉塑贴螭虎纹方尊

明

高 14.6 厘米　口径 6.8 厘米　足径 5 厘米

故宫博物院藏

尊呈四方体形。唇口、直颈、腹部略鼓、腹下渐收、圈足。通体施灰白色釉，釉面开细碎片纹，足底呈黑褐色。瓶身两侧各塑贴一螭虎纹。

石湾窑亦称"广窑"，位于广东省佛山市石湾镇。其陶瓷生产至迟可上溯至唐宋时期，明清时趋于鼎盛。

Shiwan ware square vase with applied *chi* dragon design and grayish white glaze
Ming dynasty (1368-1644), height 14.6 cm mouth diameter 6.8 cm foot diameter 5 cm, the Palace Museum

石湾窑月白釉塑贴蟠螭纹蒜头瓶

清

高 33.5 厘米　口径 4.3 厘米　足径 10.3 厘米

故宫博物院藏

瓶口部呈蒜头形、细长颈、溜肩、鼓腹、高圈足外撇。颈至肩部塑贴两条蟠螭，曲体上仰，四肢平伏于颈、肩部。通体施月白色仿哥釉，釉面开黑灰色细碎片纹。足端无釉，呈酱褐色。

Shiwan ware garlic head bottle with applied *chi* dragon design and moon white glaze
Qing dynasty (1644-1911), height 33.5 cm mouth diameter 4.3 cm foot diameter 10.3 cm, the Palace Museum

126

漳州窑米黄釉双耳簋式炉

清

高 8.2 厘米　口径 14.8 厘米　足径 9.8 厘米

故宫博物院藏

炉呈簋式。撇口、束颈、扁圆腹、圈足。腹部对称置环形耳，耳上刻划绳纹。通体施米黄色釉，釉面开褐色细碎片纹。足端留有八个较大的支烧钉痕。

Zhangzhou ware incense burner in form of ancient bronze vessel *gui* with double handles and yellowish glaze
Qing dynasty (1644-1911), height 8.2 cm mouth diameter 14.8 cm foot diameter 9.8 cm, the Palace Museum

仿哥釉纸槌瓶

清康熙
高 45.5 厘米　口径 12.2 厘米　足径 13.8 厘米
故宫博物院藏

瓶撇口、圆唇、直颈、圆肩、斜直腹微曲、隐圈足。瓶内、外和足内均施灰青色仿哥釉，釉层较厚，足内釉呈青灰色，口沿和肩部微泛黄，釉面具有较强玻璃质感。釉面满布黑色和浅棕色开片纹，层次鲜明，纵向开片纹较长，横向和斜向开片纹交织其间。无款。

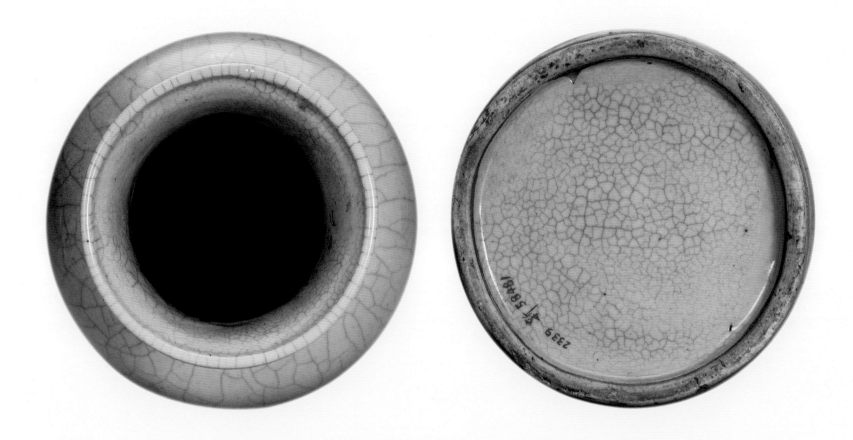

Mallet vase with Ge-style crackled glaze
Kangxi period (1662-1722), Qing dynasty, height 45.5 cm mouth diameter 12.2 cm foot diameter 13.8 cm, the Palace Museum

128

仿哥釉长颈瓶

清康熙

高 19.6 厘米　口径 6.3 厘米　足径 7.2 厘米

故宫博物院藏

瓶撇口、圆唇、直斜颈微曲、圆腹、矮圈足。瓶内、外和圈足内均施灰白色仿哥釉，釉层较厚，釉面满布细密的浅棕色开片纹，口沿处开片较大，外底心开片最密。圈足矮而窄，足端无釉，露灰白色胎体。无款。

利用实体显微镜拍摄的釉面显微结构照片（40 倍、100 倍）

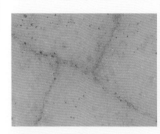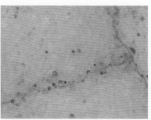

拍摄部位：外壁腹部。

釉面只见"金丝"，未见"铁线"。可观察到釉内有较多尺寸均匀的气泡。釉层呈失透状。

釉化学成分含量表（%）

化学成分	Na$_2$O	MgO	Al$_2$O$_3$	SiO$_2$	K$_2$O	CaO	TiO$_2$	MnO	Fe$_2$O$_3$	Rb	Sr	Y	Zr
釉	0.56	0.50	16.69	75.56	3.69	1.32	0.02	0.07	0.60	0.0419	0.0065	0.0011	0.0059

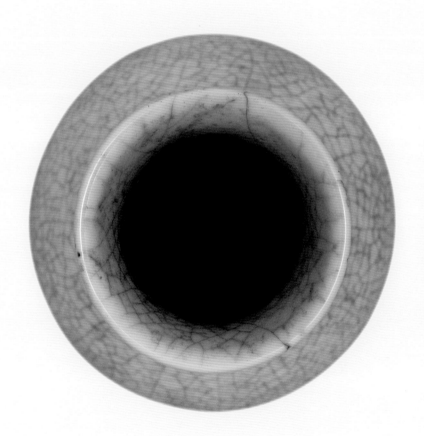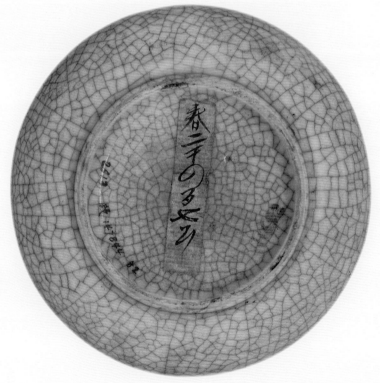

Long neck vase with Ge-style crackled glaze
Kangxi period (1662-1722), Qing dynasty, height 19.6 cm mouth diameter 6.3 cm foot diameter 7.2 cm, the Palace Museum

129 仿哥釉香筒

清康熙

高 13.8 厘米　口径 4.5 厘米　底径 4 厘米

故宫博物院藏

香筒直口、圆唇、近直壁、平底。内外均施青灰色仿哥釉，釉层较厚，釉面满布细密的棕色开片纹。口沿呈酱褐色，底部无釉，露出黄褐色胎。

Incense holder with Ge-style crackled glaze
Kangxi period (1662-1722), Qing dynasty, height 13.8 cm mouth diameter 4.5 cm bottom diameter 4 cm, the Palace Museum

仿哥釉葵花式碗

清康熙

高 7.6 厘米　口径 18.4 厘米　足径 8.5 厘米

故宫博物院藏

碗呈八瓣葵花形。敞口、深弧腹、圈足。内外和圈足内均施灰青色仿哥釉，釉层较厚，釉面具有玻璃质感，且满布浅棕色细密开片纹。口沿及足端呈酱褐色。无款。

Octogonal bowl with Ge-style crackled glaze
Kangxi period (1662-1722), Qing dynasty, height 7.6 cm mouth diameter 18.4 cm foot diameter 8.5 cm, the Palace Museum

131 仿哥釉胆式瓶

清雍正
高 20.5 厘米 口径 2.4 厘米 足径 6 厘米
故宫博物院藏

瓶呈胆式。直口、尖圆唇、直颈、斜肩、垂腹、圈足。内外和圈足内均施灰青色仿哥釉，釉层较厚，釉面满布细密黑色开片纹。圈足较矮，足端平整，施一周黑褐色釉。外底署青花篆体"大清雍正年制"六字三行款。

Vase of gallbladder form with Ge-style crackled glaze
Mark and period of Yongzheng (1723-1735), Qing dynasty, height 20.5 cm mouth diameter 2.4 cm foot diameter 6 cm, the Palace Museum

132 仿哥釉瓜棱胆式瓶

清雍正
高 28 厘米　口径 3.5 厘米　足径 8 厘米
故宫博物院藏

瓶呈胆式。直口、长直颈、瓜棱形腹、圈足。腹部作五道委角。通体施灰青色仿哥釉，釉面满布不规则开片纹。足端刷褐色护胎釉。外底署青花篆体"大清雍正年制"六字三行款。

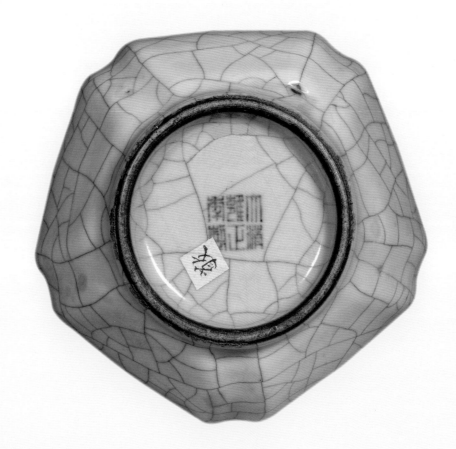

Lobed vase of gallbladder form with Ge-style crackled glaze
Mark and period of Yongzheng (1723-1735), Qing dynasty, height 28 cm mouth diameter 3.5 cm foot diameter 8 cm, the Palace Museum

133

仿哥釉包袱式瓶

清雍正

高 17.8 厘米　口径 10 厘米　足径 13.2 厘米

故宫博物院藏

瓶撇口、束颈、溜肩、弧腹、近底处下收、四瓣海棠形圈足。颈、肩部塑贴包袱形系带，腹部作海棠形委角。通体施灰青色仿哥釉，釉面满布不规则开片纹，片纹呈灰黑色。足端刷黑褐色护胎釉。外底署青花篆体"大清雍正年制"六字三行款。

此瓶虽施仿哥釉，但器形为清代新创。

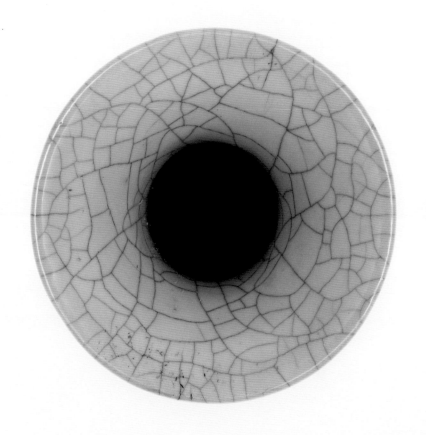

Vase in form of cloth-wrapped bundle with Ge-style crackled glaze
Mark and period of Yongzheng (1723-1735), Qing dynasty, height 17.8 cm mouth diameter 10 cm foot diameter 13.2 cm, the Palace Museum

134

仿哥釉塑贴三羊瓶

清雍正
高 27 厘米　口径 7.3 厘米　足径 9.8 厘米
故宫博物院藏

瓶口呈盘形、直颈、圆肩、斜腹、覆盘状圈足。内外和圈足内均施灰青色仿哥釉，釉层较厚，釉面满布灰黑色开片纹。足部塑贴均匀分布的三只小羊，羊或直立、或回首，造型精巧。足端呈黑褐色。外底署青花篆体"大清雍正年制"六字三行款。

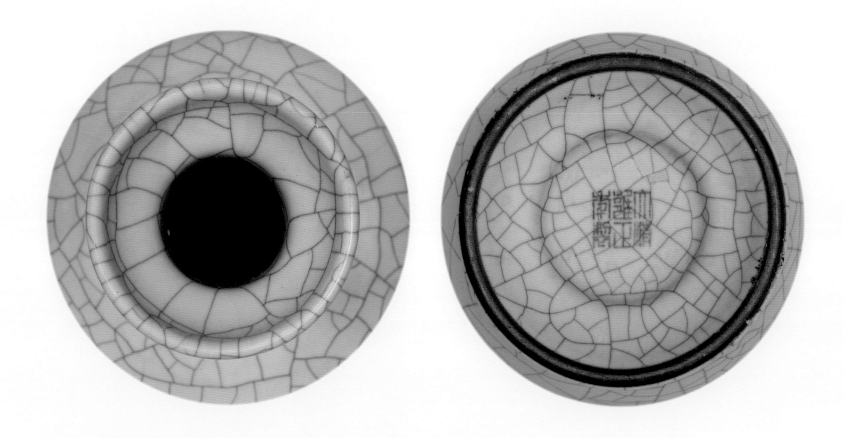

Vase with applied design of three rams and Ge-style crackled glaze
Mark and period of Yongzheng (1723-1735), Qing dynasty, height 27 cm mouth diameter 7.3 cm foot diameter 9.8 cm, the Palace Museum

135

仿哥釉双耳四方瓶

清雍正
高 34 厘米　口边长 8.5 厘米　足边长 11.8 厘米
故宫博物院藏

瓶呈四方形。方口微撇、长颈、鼓腹、圈足外撇。颈部对称置螭龙形耳，高不过口沿。肩部可见一道接坯所留下的凸起接痕。胎质粗且胎体厚重。通体内外和圈足内均施灰青色仿哥釉，釉面有较强的玻璃质感，且满布不规则开片纹，片纹浸染成灰黑色，有"铁线"之效果。足底刷黑褐色釉。外底署青花篆体"大清雍正年制"六字三行款。

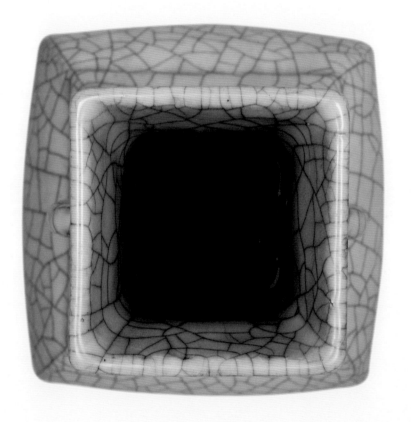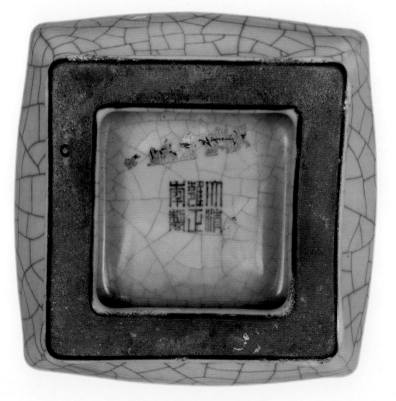

Square vase with double handles and Ge-style crackled glaze
Mark and period of Yongzheng (1723-1735), Qing dynasty, height 34 cm mouth length 8.5 cm foot length 11.8 cm, the Palace Museum

136 仿哥釉贯耳瓶

清雍正

高 16.2 厘米　口径 2.2 厘米　足径 4.9 厘米

故宫博物院藏

瓶直口、长直颈、垂腹、圈足。颈上部对称置管形贯耳，耳上端与瓶口沿平齐。通体施灰青色仿哥釉，釉面满布不规则开片纹。足端刷黑褐色护胎釉。外底署青花篆体"大清雍正年制"六字三行款。

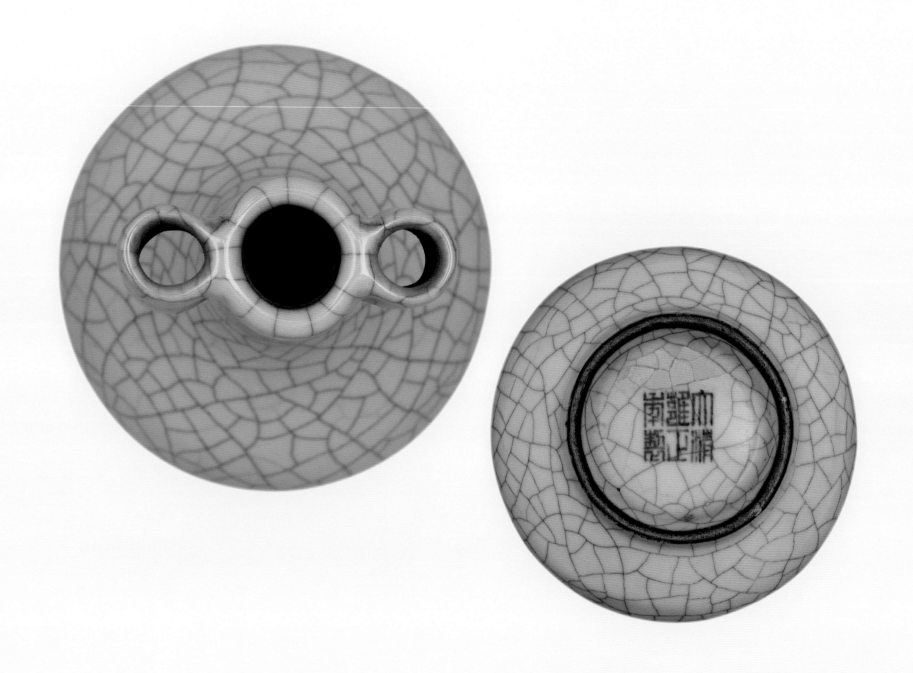

Imitation Ge ware bottle vase in form of ancient bronze vessel *touhu* "arrow pot" with tubular handles
Mark and period of Yongzheng (1723-1735), Qing dynasty, height 16.2 cm mouth diameter 2.2 cm foot diameter 4.9 cm, the Palace Museum

仿哥釉贯耳穿带扁方壶

清雍正

高 47.5 厘米　口横 19.7 厘米　口纵 16 厘米

足横 22.5 厘米　足纵 17.7 厘米

故宫博物院藏

瓶横断面呈长方形。唇口、束颈、垂腹、高圈足。颈两侧对称置长方形贯耳。内外和足内均施灰青色仿哥釉，釉层较厚，釉面满布细密的黑色开片纹。双耳处一周雕刻仿青铜器饕餮纹，并施深棕色釉，其下出一周凸弦纹。圈足外撇，足底规整，施黑褐色釉。外底署青花篆体"大清雍正年制"六字三行款。

该壶整体造型及装饰纹样均仿青铜器，体形较大，可能作为礼仪陈设器使用。

Vase in form of ancient bronze vessel *hu* with tubular handles and Ge-style crackled glaze
Mark and period of Yongzheng (1723-1735), Qing dynasty, height 47.5 cm mouth length 19.7 cm mouth width 16 cm foot length 22.5 cm foot width 17.7 cm, the Palace Museum

138 **仿哥釉凸弦纹五岳花插**

清雍正
高 28 厘米　口径 3.5 厘米　足径 8 厘米
故宫博物院藏

瓶身呈方形，顶部出五孔，居中者口径最大，四角口径较小，均作直口斜颈。圈足外撇。器身四壁上部、中部、下部各饰一组凸弦纹，每组三道。内外和圈足内均施灰青色仿哥釉，釉层较厚，釉面满布细密黑色开片纹。圈足外撇，足底规整，施黑褐色釉。外底署青花篆体"大清雍正年制"六字三行款。

Flower holder with Five Mountain form and Ge-style crackled glaze
Mark and period of Yongzheng (1723-1735), Qing dynasty, height 28 cm mouth diameter 3.5 cm foot diameter 8 cm, the Palace Museum

139

仿哥釉鼠耳簋式炉

清雍正

高 8 厘米　口径 12.3 厘米　足径 8.5 厘米

故宫博物院藏

炉呈簋式。圆唇、撇口、弧腹、圈足。腹部两侧对称置鼠形耳，鼠尖头、尖嘴、长尾。鼠头与炉口沿平齐，鼠尾贴于近足处。通体施米黄色仿哥釉，釉层肥腴，釉面满布不规则开片纹，大片纹呈黑褐色，小片纹呈浅褐色，系模仿传世哥窑瓷器"金丝铁线"开片效果。足端刷黑褐色釉。外底有三个凸起的圆形支烧钉痕，系为模仿传世哥窑瓷器支烧所留下的痕迹。无款识。附一木质伞形圆盖，盖钮已佚失。

明代宣德、成化朝已有仿哥釉产品，清代仿哥釉瓷当属雍正朝所仿最神似。此件仿哥釉炉，釉面有传世哥窑瓷器釉面的油酥感，器底支烧钉痕较传世哥窑瓷器更大。

利用实体显微镜拍摄的釉面显微结构照片（40 倍、100 倍）

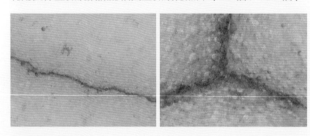

拍摄部位：外底。

釉面有"金丝"和"铁线"，裂纹浸色较宽。可观察到釉内有大量尺寸均匀的气泡。釉层呈乳浊状。

釉化学成分含量表（%）

化学成分	Na₂O	MgO	Al₂O₃	SiO₂	K₂O	CaO	TiO₂	MnO	Fe₂O₃	Rb	Sr	Y	Zr
釉	0.61	0.60	16.13	72.90	4.64	2.16	0.12	0.07	1.77	0.0411	0.0039	0.0017	0.0071

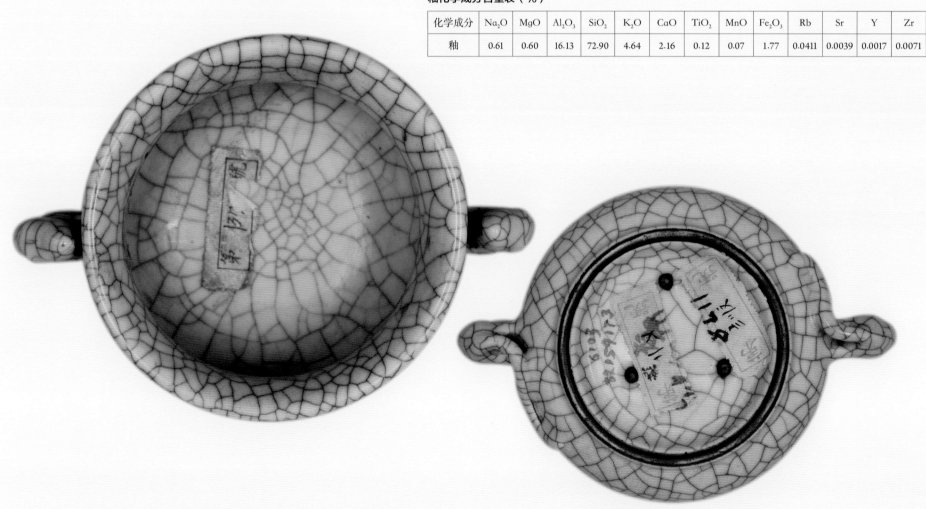

Incense burner in form of ancient bronze vessel *gui* with rat handles and Ge-style crackled glaze
Yongzheng period (1723-1735), Qing dynasty, height 8 cm mouth diameter 12.3 cm foot diameter 8.5 cm, the Palace Museum

140

仿哥釉笔山

清雍正

高 3.8 厘米　长 9.8 厘米　宽 2.8 厘米

故宫博物院藏

笔山呈五峰式，中央主峰最高，侧峰依次降低。通体施青色仿哥釉，釉面满布黄色细碎开片纹。外底可见不规则分布的五个圆形支烧钉痕。无款识。附随笔山底形紫檀木底座。

Brush rest with Ge-style crackled glaze
Yongzheng period (1723-1735), Qing dynasty, height 3.8 cm length 9.8 cm width 2.8 cm, the Palace Museum

仿哥釉塑贴三羊头尊

清乾隆
高 35 厘米　口径 12.8 厘米　足径 14.3 厘米
故宫博物院藏

尊撇口、长束颈、圆鼓腹、圈足，足微外撇。肩部塑贴均匀分布的三只羊头。通体施灰青色仿哥釉，釉面满布不规则开片纹。足端刷酱褐色护胎釉。外底署青花篆体"大清乾隆年制"六字三行款。

此尊加饰三羊头，因"羊"与"阳"同音，故有"三阳开泰"之美好寓意。在清代所烧造的其他色釉和造型瓷器上，亦可见此种三羊装饰。

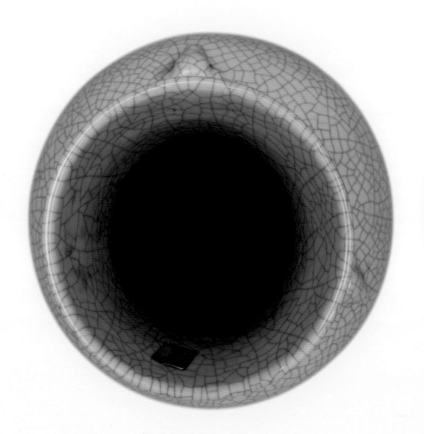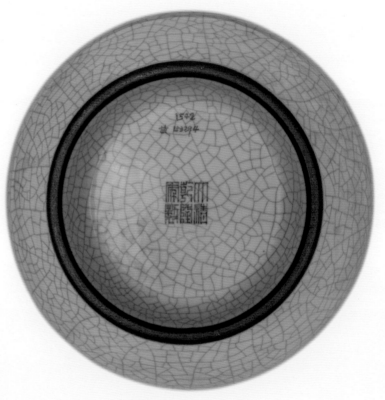

Zun vase with applied design of three ram heads and Ge-style crackled glaze
Mark and period of Qianlong (1736-1795), Qing dynasty, height 35 cm mouth diameter 12.8 cm foot diameter 14.3 cm, the Palace Museum

142

仿哥釉葫芦瓶

清乾隆
高 24.5 厘米　口径 4.4 厘米　足径 7 厘米
故宫博物院藏

瓶呈宝葫芦形，卧足。通体内外和圈足内均施灰青色仿哥釉，釉面开大小不一的片纹。外底署青花篆体"大清乾隆年制"六字三行款。

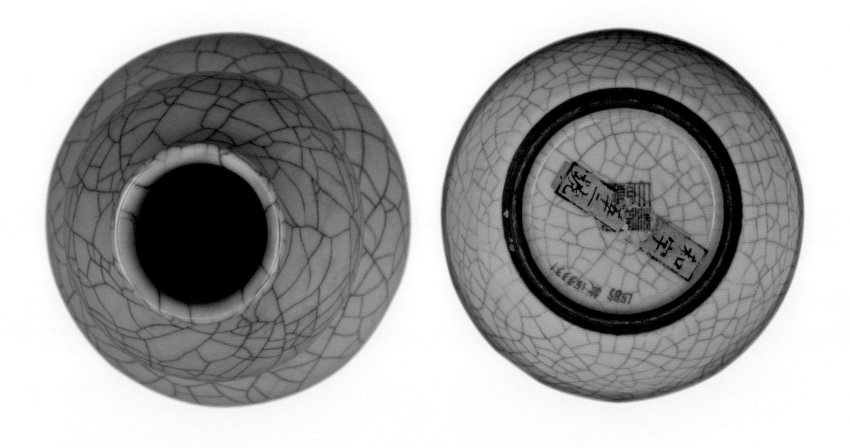

Gourd vase with Ge-style crackled glaze
Mark and period of Qianlong (1736-1795), Qing dynasty, height 24.5 cm mouth diameter 4.4 cm foot diameter 7 cm, the Palace Museum

143 仿哥釉双陆瓶

清乾隆
高 7 厘米　口边长 3.8 厘米　足边长 9.7 厘米
故宫博物院藏

瓶呈四方形。直口、长直颈、折肩、直腹、方形足。通体施青色仿哥釉，釉面满布不规则细碎开片纹。足端呈黑褐色。无款识。

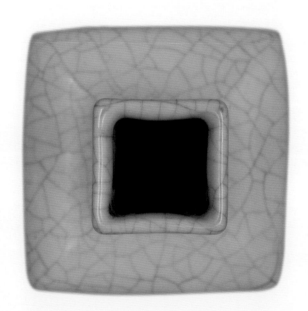

Vase in form of *shuanglu* chess piece with Ge-style crackled glaze
Qianlong period (1736-1795), Qing dynasty, height 7 cm mouth length 3.8 cm foot length 9.7 cm, the Palace Museum

仿哥釉壁瓶

清乾隆

高 27 厘米　口横 10.5 厘米　口纵 5.5 厘米

足横 6.5 厘米　足纵 3.7 厘米

故宫博物院藏

壁瓶呈竖向剖开的半体瓶式。小口、短颈、丰肩、长腹、下承三足仿木底座。背部平整，中心处有凹槽，便于悬挂。通体施灰青色仿哥釉，釉面开细碎片纹。外底自右向左署金彩篆体"大清乾隆年制"六字横排款。

壁瓶，又称挂瓶、轿瓶，多用于插花。瓷质壁瓶始见于宋代龙泉窑青瓷，盛行于明、清时期。清代乾隆时期壁瓶的烧造达到了历史高峰，几乎涵盖了所有瓷器品种，充分反映出乾隆时期制瓷工艺所达到的高超水平。

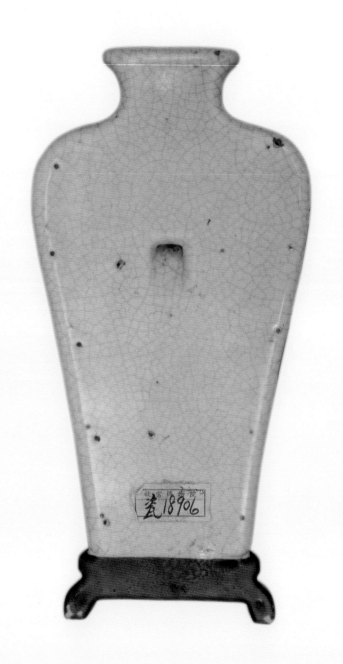

Wall vase with Ge-style crackled glaze

Mark and period of Qianlong (1736-1795), Qing dynasty, height 27 cm mouth length 10.5 cm mouth width 5.5 cm foot length 6.5 cm foot width 3.7 cm, the Palace Museum

仿哥釉鼓式罐

清乾隆
高 18.8 厘米　口径 12 厘米　足径 11.2 厘米
故宫博物院藏

罐呈鼓式。敛口、鼓腹、圈足。内外和圈足内均施灰青色仿哥釉，釉面满布灰黑色开片纹。足端露胎处涂刷黑褐色护胎釉，以仿传世哥釉瓷器"铁足"特征。外底署青花篆体"大清乾隆年制"六字三行款。

清代乾隆时期景德镇御窑厂仿传世哥窑瓷器主要有两类器物：第一类为摹古之作，仿品在造型和釉面开片及口足特征上，力求达到与哥窑瓷器相同的效果；第二类是在釉面和造型上保留鲜明的时代特征。如此件鼓式罐造型即为本朝流行式样，但所施釉为仿哥窑瓷器釉，釉面开有颇似哥窑瓷器的灰黑色纹片，只是釉面过于光亮，带有明显的时代特征。

Jar in drum form with Ge-style crackled glaze
Mark and period of Qianlong (1736-1795), Qing dynasty, height 18.8 cm mouth diameter 12 cm foot diameter 11.2 cm, the Palace Museum

仿哥釉灵芝式花盆

清乾隆

高 7.3 厘米　口横 31 厘米　口纵 22.5 厘米

底横 21 厘米　底纵 13.5 厘米

故宫博物院藏

花盆呈灵芝式。花口、折沿、深腹、平底下承以四个如意头形足。通体施仿哥釉，釉色青灰，釉面开细碎片纹。底部开有两个圆形渗水孔，足端露胎处涂刷黑褐色护胎釉。外底署青花篆体"大清乾隆年制"六字三行款。

清代乾隆时期景德镇御窑厂仿烧哥釉瓷器颇为成功，产量较大，仿品造型袭古又创新，设计出不少新颖的器物，此器便是其中之一。其造型新颖别致，具有长寿吉祥之寓意。

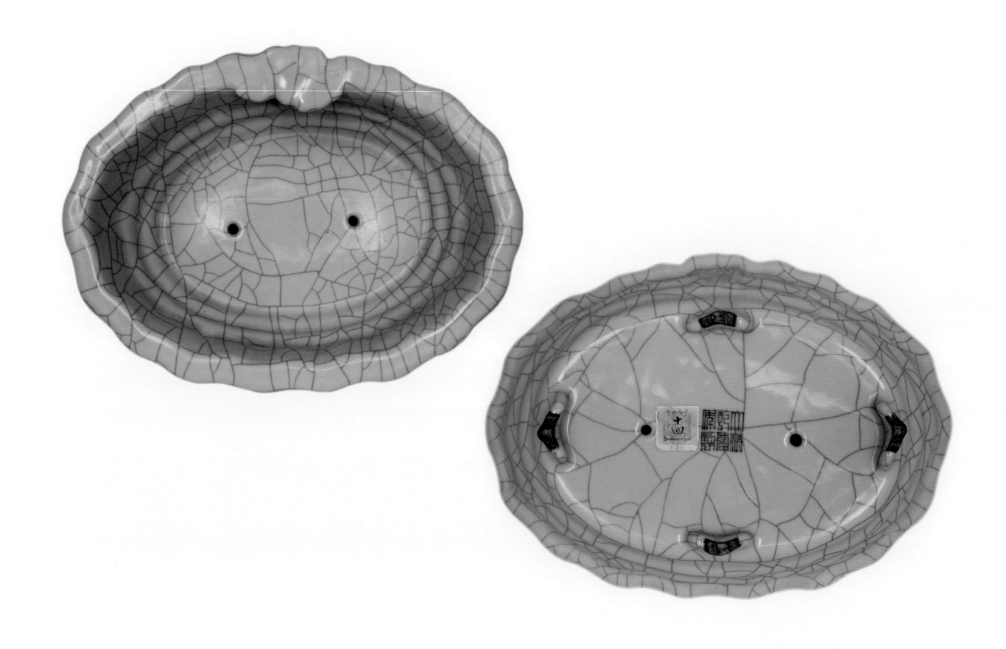

Flower pot in form of *lingzhi* longevity fungus with Ge-style crackled glaze
Mark and period of Qianlong (1736-1795), Qing dynasty, height 7.3 cm mouth length 31 cm mouth width 22.5 cm foot length 21 cm foot width 13.5 cm, the Palace Museum

147 仿哥釉盘

清乾隆
高 3.6 厘米　口径 20 厘米　足径 11.8 厘米
故宫博物院藏

盘撇口、浅弧壁、圈足。通体施仿哥釉，釉色青灰，釉面开有大小不一的灰黑色片纹。外底署青花篆体"大清乾隆年制"六字三行款。

从实物资料看，景德镇御器（窑）厂仿烧哥釉瓷器始见于明代宣德朝，清代康熙以后各朝均有仿烧。其中大部分仿品为白胎，为了模仿传世哥窑瓷器"紫口铁足"效果，往往在口沿和圈足露胎处涂刷一周酱釉或褐釉，但与真品色泽相差甚远。

利用实体显微镜拍摄的釉面显微结构照片（10 倍、40 倍、100 倍）

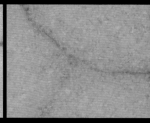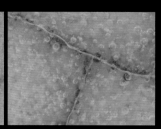

拍摄部位：外底。

釉面有"金丝"和"铁线"，裂纹较直、浸色较宽。可观察到釉内有大量尺寸较小的气泡。釉层通透。

釉化学成分含量表（%）

化学成分	Na₂O	MgO	Al₂O₃	SiO₂	K₂O	CaO	TiO₂	MnO	Fe₂O₃	Rb	Sr	Y	Zr
釉	0.58	0.71	12.77	73.51	3.29	6.99	0.04	0.06	1.04	0.0303	0.0065	0.0014	0.0068

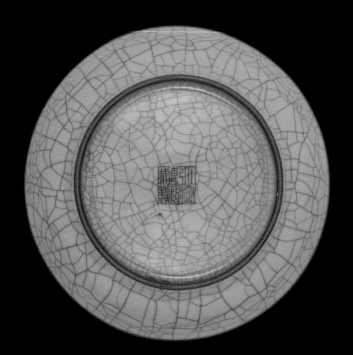

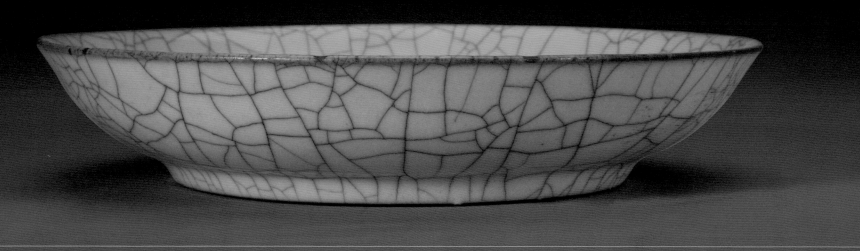

Dish with Ge-style crackled glaze
Mark and period of Qianlong (1736-1795), Qing dynasty, height 3.6 cm mouth diameter 20 cm foot diameter 11.8 cm, the Palace Museum

302

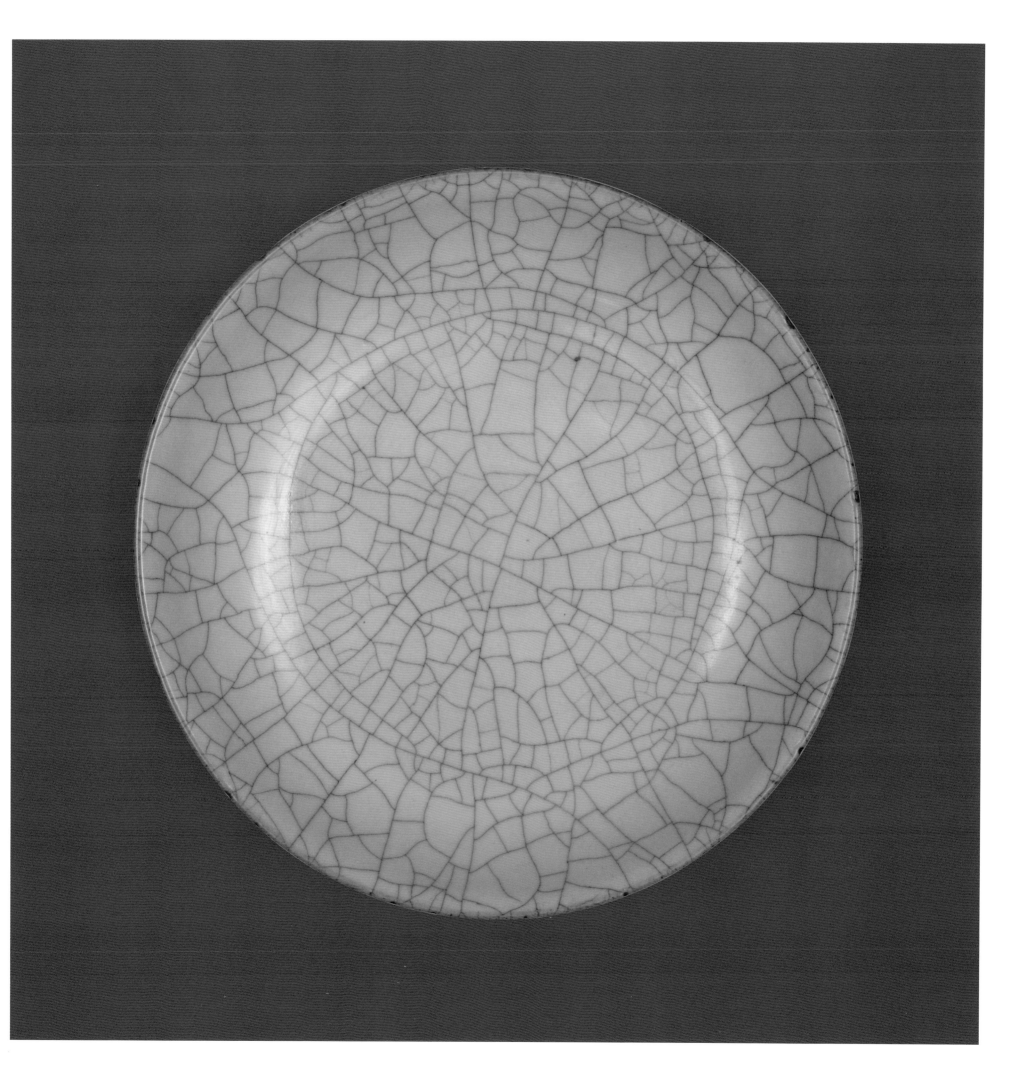

仿哥釉杯

清乾隆
高 3.7 厘米　口径 7.5 厘米　足径 3 厘米
故宫博物院藏

　　杯敞口、深弧壁、圈足。通体施仿哥釉，釉面开有黑、黄色细密片纹，以仿传世哥窑瓷器的"金丝铁线"效果。口沿及足端露胎处涂刷酱褐色护胎釉。无款识。

　　此杯造型、釉色、开片和口足特征等，均与传世哥窑瓷器相近，但釉面过于光亮，玻璃质感较强，缺少哥窑瓷器釉面滋润的效果。

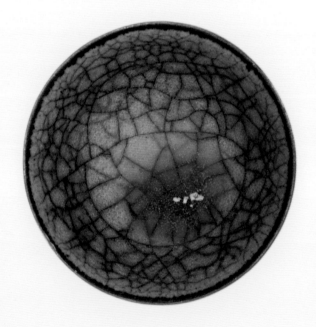 

Cup with Ge-style crackled glaze
Qianlong period (1736-1795), Qing dynasty, height 3.7 cm mouth diameter 7.5 cm foot diameter 3 cm, the Palace Museum

仿哥釉瓜棱式水丞

清乾隆
高 4.5 厘米　口径 4 厘米　足径 4.2 厘米
故宫博物院藏

水丞通体呈瓜棱式。敛口、扁圆腹、圈足。胎体较厚重。无款。

内外施釉，釉面开细小片纹，釉色略泛灰。口部呈酱黄色，足边刷一层酱褐色护胎釉，以模仿传世哥窑瓷器"紫口铁足"特征。

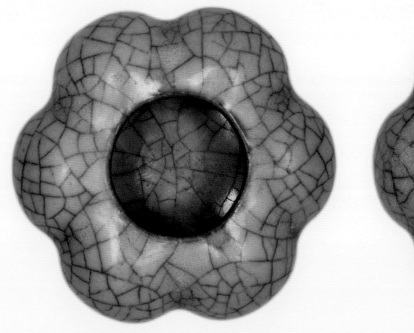
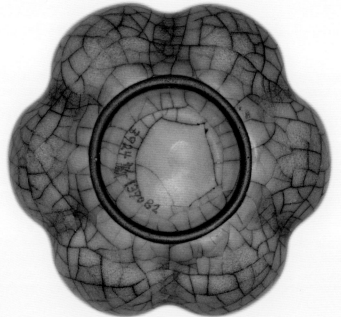

Lobed water pot with Ge-style crackled glaze
Qianlong period (1736-1795), Qing dynasty, height 4.5 cm mouth diameter 4 cm foot diameter 4.2 cm, the Palace Museum

仿哥釉楸叶式洗

清乾隆
高 2 厘米　口横 19 厘米　口纵 13 厘米
底横 17 厘米　底纵 13 厘米

故宫博物院藏

洗呈一片楸叶形，叶边自然上卷形成折沿，叶面成为洗的底部。外底有八个芝麻细小支烧钉痕。外底署青花篆体"大清乾隆年制"六字三行款。

釉面仿传世哥窑瓷器特点，所开黑色"铁线"纹与黄色"金丝"纹相互映衬，尤如楸叶的叶脉纹理相互交错。外底部凸印的叶脉纹隐约可见。

乾隆时期景德镇御窑厂像生瓷制作技术水平达到鼎盛，仿烧动、植物栩栩如生。此件楸叶式洗设计巧妙，以仿哥釉瓷器为质地，以自然界中的楸叶为母本，将楸叶曲折弯转的自然形态刻画得惟妙惟肖，尤如自然天成，耐人寻味。

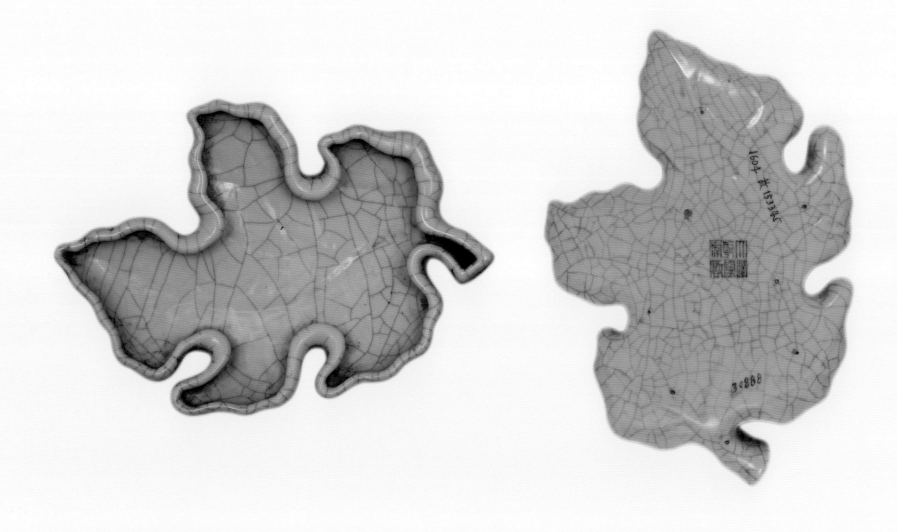

Brush washer in form of Manchurian catalpa leaf with Ge-style crackled glaze
Mark and period of Qianlong (1736-1795), Qing dynasty, height 2 cm mouth length 19 cm mouth width 13 cm foot length 17 cm foot width 13 cm, the Palace Museum

仿哥釉葵花式三足洗

清乾隆

高 5.5 厘米　口径 21.2 厘米　底径 16.5 厘米

故宫博物院藏

洗呈葵花式。口微撇、浅腹、内底微隆起、外底下承以三足。内外施仿哥釉，釉面密布大小开片纹，外底开片纹较大，片纹呈黑色，犹如传世哥窑瓷器上的"铁线"纹。足端呈黑褐色。外底分布九个细小"芝麻挣钉"痕。外底署青花篆体"大清乾隆年制"六字三行款。

Tripod brush washer of mallow form (*kui shi xi*) with Ge-style crackled glaze
Mark and period of Qianlong (1736-1795), Qing dynasty, height 5.5 cm mouth diameter 21.2 cm bottom diameter 16.5 cm, the Palace Museum

152 仿哥釉象棋

清乾隆
棋子高 1 厘米　直径 2.8 厘米
故宫博物院藏

棋子呈圆饼形。红字、蓝字各 16 枚，共 32 枚，均施仿哥釉，外底均有 5 个细小的"芝麻挣钉"痕。做工精细，釉面光滑。

象棋与围棋（奕博）为中国古代文人雅好之一。因奕博之术可以修身养性、参哲悟理，遂成为古代帝、后生活的一部分。宫廷用瓷质象棋并不多见。

Xiangqi Chinese chess pieces with Ge-style crackled glaze
Qianlong period (1736-1795), Qing dynasty, height 1 cm diameter 2.8 cm, the Palace Museum

仿哥釉八卦纹琮式瓶

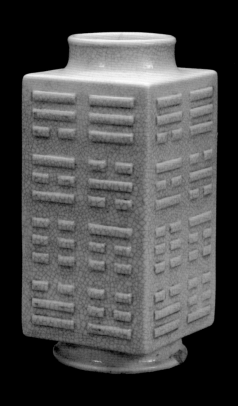

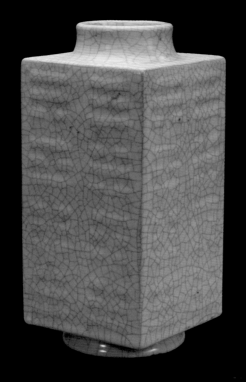

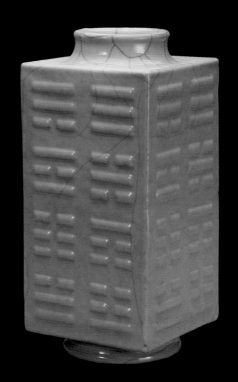

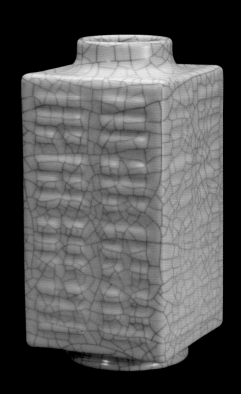

清雍正

清乾隆

清嘉庆

清道光

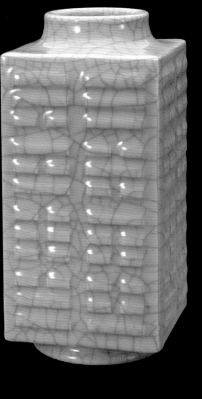

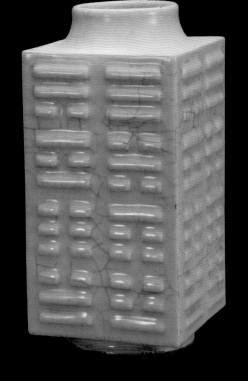

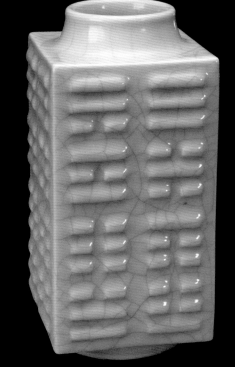

清咸丰　　　　　　　　清同治　　　　　　　　清光绪　　　　　　　　清宣统

153 仿哥釉八卦纹琮式瓶

清雍正

高 24 厘米　口径 8 厘米　足径 11 厘米

故宫博物院藏

瓶圆口、短颈、直壁、方柱形长身、圈足。器身四面均饰凸起的八卦纹。通体施灰青色釉，釉面满布细碎开片。外底署青花篆体"大清雍正年制"六字三行款。

此瓶式样系仿照新石器时代良渚文化玉琮外形加以变化而来。内圆外方，取天圆地方之意。最早的瓷质琮式瓶见于南宋时期。琮式瓶作为清代大运瓷器中的一种，自雍正朝开始每年烧造，一直延续至宣统时期。所谓大运瓷器，从字义上解释就是指大批运输的瓷器，从实际烧造情况看，系指御窑厂不用皇帝另外降旨烧造，而是按年例，每年年底在清宫内务府奏销、按固定的瓷样和定式烧造且统一运至京城交付清宫瓷库的器物。

此瓶晚清时被置于紫禁城皇极殿内。

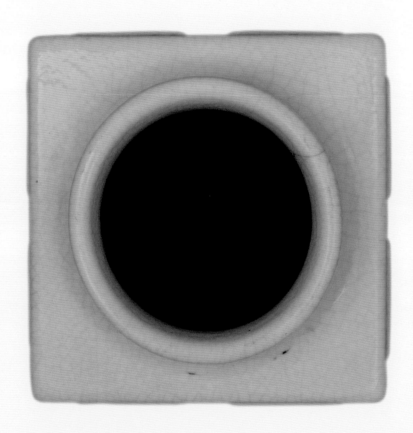

Vase inspired by Neolithic jade *cong* with the Eight Trigrams and Ge-style crackled glaze
Mark and period of Yongzheng (1723-1735), Qing dynasty, height 24 cm mouth diameter 8 cm foot diameter 11 cm, the Palace Museum

| **仿哥釉八卦纹琮式瓶**

清乾隆

高 28 厘米　口径 8.5 厘米　足径 11 厘米

故宫博物院藏

瓶圆口、短颈、直壁、方柱形长身，圈足。器身四面均饰凸起的八卦纹。通体施仿哥釉，釉面有不规则开片纹。外底署青花篆体"大清乾隆年制"六字三行款。

经核查清宫档案，可知此瓶晚清时曾被置于内务府。

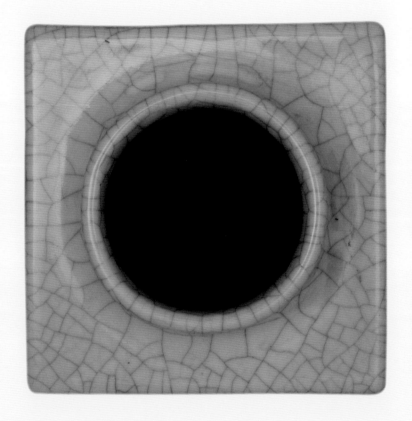
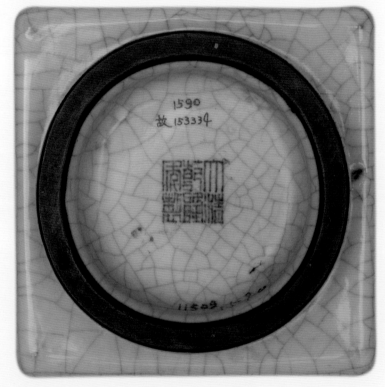

Vase inspired by Neolithic jade *cong* with the Eight Trigrams and Ge-style crackled glaze
Mark and period of Qianlong (1736-1795), Qing dynasty, height 28 cm mouth diameter 8.5 cm foot diameter 11 cm, the Palace Museum

仿哥釉八卦纹琮式瓶

清嘉庆

高 28.2 厘米　口径 8.2 厘米　足径 10.1 厘米

故宫博物院藏

瓶圆口、短颈、直壁、方柱形长身，圈足。器身四面均饰凸起的八卦纹。通体施仿哥釉，釉面有不规则开片纹。腹部开片较少，但片纹较大；颈部开片较多，且片纹较小。外底署青花篆体"大清嘉庆年制"六字三行款。

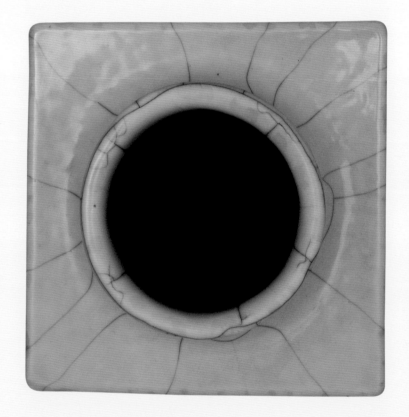 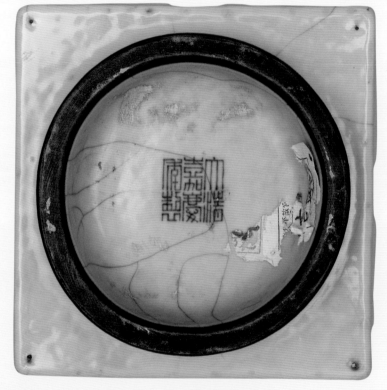

Vase inspired by Neolithic jade *cong* with the Eight Trigrams and Ge-style crackled glaze
Mark and period of Jiaqing (1796-1820), Qing dynasty, height 28.2 cm mouth diameter 8.2 cm foot diameter 10.1 cm, the Palace Museum

156 | 仿哥釉八卦纹琮式瓶

清道光

高 27.8 厘米　口径 8.2 厘米　足径 10.8 厘米

故宫博物院藏

瓶圆口、短颈、直壁、方柱形长身，圈足。器身四面饰凸起的八卦纹。通体施仿哥釉，色呈灰绿色，釉面有不规则开片纹，外底署青花篆体"大清道光年制"六字三行款。足底涂黑褐色釉，以仿传世哥窑瓷器"铁足"特征。

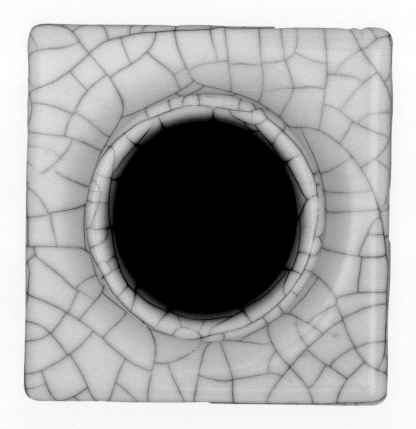
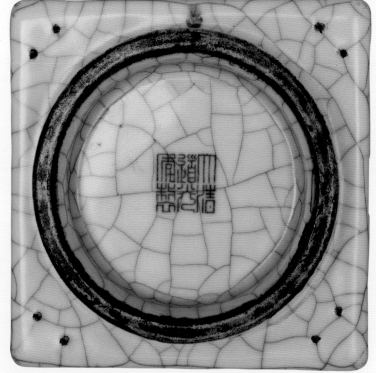

Vase inspired by Neolithic jade *cong* with the Eight Trigrams and Ge-style crackled glaze
Mark and period of Daoguang (1821-1850), Qing dynasty, height 27.8 cm mouth diameter 8.2 cm foot diameter 10.8 cm, the Palace Museum

157 | 仿哥釉八卦纹琮式瓶

清咸丰
高 28 厘米 口径 8.8 厘米 足径 11 厘米
故宫博物院藏

瓶圆口、短颈、直壁、方柱形长身，圈足。器身四面饰凸起的八卦纹。通体施仿哥釉，釉色青中偏绿，釉面有不规则开片纹，外底署青花楷体"大清咸丰年制"六字双行款。足底涂黑褐色釉，以仿传世哥窑瓷器"铁足"特征。

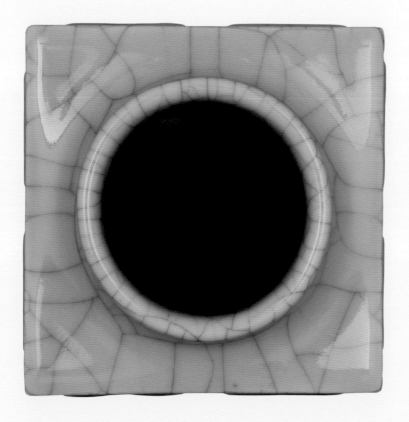 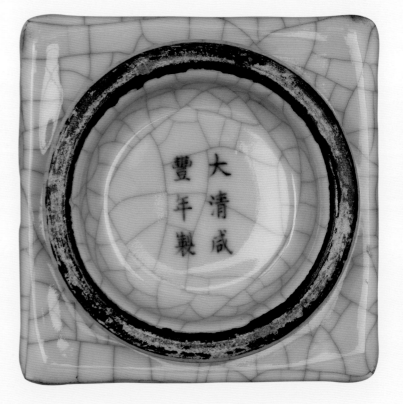

Vase inspired by Neolithic jade *cong* with the Eight Trigrams and Ge-style crackled glaze
Mark and period of Xianfeng (1851-1861), Qing dynasty, height 28 cm mouth diameter 8.8 cm foot diameter 11 cm, the Palace Museum

仿哥釉八卦纹琮式瓶

清同治

高 28 厘米　口径 8.7 厘米　足径 11.5 厘米

故宫博物院藏

瓶圆口、短颈、直壁、方柱形长身、圈足。器身四面饰凸起的八卦纹。通体施青釉，釉面有不规则开片纹。外底署青花楷体"大清同治年制"六字双行款。足底涂黑褐色釉，以仿传世哥窑瓷器"铁足"特征。

查阅清宫档案，此瓶标注为"哥釉四方八卦瓶"。清咸丰时期，由于战乱，景德镇御窑厂坍塌，窑工四处逃散，同治时重建御器厂，招募窑工，但烧窑技艺大不如前，致使同治、光绪、宣统三朝仿哥釉器已烧不出哥釉的灰青色和酥光效果，其釉色均呈现冬青色。

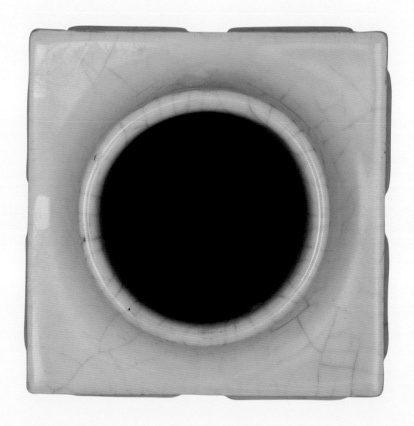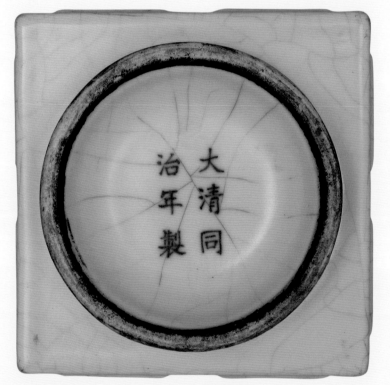

Vase inspired by Neolithic jade *cong* with the Eight Trigrams and Ge-style crackled glaze
Mark and period of Tongzhi (1862-1874), Qing dynasty, height 28 cm mouth diameter 8.7 cm foot diameter 11.5 cm, the Palace Museum

仿哥釉八卦纹琮式瓶

清光绪

高 28 厘米　口径 8.5 厘米　足径 11 厘米

故宫博物院藏

瓶圆口、短颈、直壁、方柱形长身、圈足。器身四面饰凸起的八卦纹。通体施青釉，釉面有不规则开片纹。外底署青花楷体"大清光绪年制"六字双行款。足底涂黑褐色釉，以仿传世哥窑瓷器"铁足"特征。

Vase inspired by Neolithic jade *cong* with the Eight Trigrams and Ge-style crackled glaze
Mark and period of Guangxu (1875-1908), Qing dynasty, height 28 cm mouth diameter 8.5 cm foot diameter 11 cm, the Palace Museum

160 | 仿哥釉八卦纹琮式瓶

清宣统
高 27.5 厘米　口径 9 厘米　足径 10.8 厘米
故宫博物院藏

瓶圆口、短颈、直壁、方柱形长身、圈足。器身四面饰凸起的八卦纹。通体施青釉，釉面无开片。贴有"哥釉四方八卦瓶"老签，与清代大运瓷器烧造清单所录名称一致。外底署青花楷体"大清宣统年制"六字双行款。

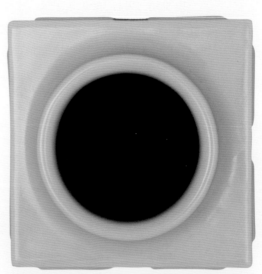

Vase inspired by Neolithic jade *cong* with the Eight Trigrams and Ge-style crackled glaze
Mark and period of Xuantong (1909-1911), Qing dynasty, height 27.5 cm mouth diameter 9 cm foot diameter 10.8 cm, the Palace Museum

专论

Essays

试论哥窑的几个问题

吕成龙

　　"哥窑"是中国古陶瓷界长期研究的重要课题之一。由于在宋代文献中找不到任何有关它的记载，元明两代文献记载或语焉不详、或不尽可信，加之迄今为止尚未发现烧造典型传世哥窑瓷器的窑址，墓葬和窖藏中也不见有典型传世哥窑瓷器出土，致使有关哥窑的一些问题至今未得到解决。

　　长期以来，学术界在诸如哥窑的概念，传世哥窑瓷器的烧造时代、窑址所在地、生产性质，哥窑与官窑的关系，对历代文献有关哥窑记载的理解以及对各地出土类似哥窑器物的看法等，均有不同的观点。

　　藉此故宫博物院陶瓷研究所开展哥窑课题研究的机会，笔者不揣冒昧，在前人研究的基础上，结合自己 30 多年在故宫博物院从事古陶瓷研究的心得，对有关哥窑的几个问题谈些自己的看法。不妥之处，敬请方家赐正。

一　关于"哥窑"的概念

　　笔者认为，谈论哥窑瓷器，首先必须弄清四个概念。一是"传世哥窑"；二是元末明初文献记载的"哥哥洞窑""哥哥窑""哥窑"；三是哥（官）窑型；四是龙泉哥窑。否则，讨论将失去意义，问题亦将变得更加复杂。比如，有时人们将"龙泉哥窑"瓷器与"传世哥窑"瓷器对比研究时，承认二者有区别，但在具体讨论"传世哥窑"瓷器的时代和产地时，往往又将二者混为一谈。再如，有学者未上手观摩过真正的传世哥窑瓷器，遂将中华人民共和国成立以来一些元代或明初窑址、墓葬、遗址、沉船等出土或出水的"哥窑型"或"官窑型"瓷器，与"传世哥窑"瓷器混为一谈，并依此来判断传世哥窑瓷器的年代，这样得出的结论肯定不会正确。因此，为了弄清这四个概念，我们有必要先检索一下有关哥窑的文献记载。

　　有关哥窑的文献记载，最早见于元代孔克齐撰《静斋至正直记》一书。该书卷四"窑器不足珍"条载："尝议旧定器、官窑等物，皆不足为珍玩，盖予真有所见也。在家时，表兄沈子成自余干州归，携至旧御土窑器，径尺肉碟二个，云是三十年前所造者，其质与色绝类定器之中等者，博古者往往不能辨。乙未冬在杭州时，市哥哥洞窑器者一香鼎，质细虽新，其色莹润如旧造，识者犹疑之。会荆溪王德翁亦云：'近日哥哥窑绝类古官窑，不可不细辨也。'今在庆元见一寻常青器菜盆，质虽粗，其色亦如旧窑，不过街市所货下等低物，使其质更加以细腻，兼以岁久，则乱真矣！予然后知定器、官窑之不足为珍玩也。所可珍者，真是美玉为然。记此为后人玩物之戒。至正癸卯冬记。"[1]这里的"乙未"即至正十五年（1355年）。孔克齐认为定窑和官窑瓷器算不上值得珍视的古玩，所可珍视的是天然美玉。这当然是作者的一种偏见。

成书于明代洪武二十一年（1388年）曹昭撰《格古要论》（卷下"古窑器论"之"哥窑"条）载："旧哥窑，色青，浓淡不一，亦有铁足紫口，色好者类董窑，今亦少有。成群队者、元末新烧者，土脉粗燥，色亦不好。"[2]

而《新增格古要论》已将"哥窑"改为"哥哥窑"，该书卷七"古窑器论"之"哥哥窑"条载："旧哥哥窑出，色青，浓淡不一，亦有铁足紫口，色好者类董窑，今亦少有。成群队者是元末新烧，土脉粗燥，色亦不好。"[3]

约成书于17世纪初[4]的《宣德鼎彝谱》（卷一）载："……内库所藏柴、汝、官、哥、均、定各窑器皿，款式典雅者，写图进呈……其柴、汝、官、哥、均、定中，亦选得二十有九种。"[5]

现今所见最早记述龙泉哥窑之文献是成书于明代嘉靖十八年（1539年）之前陆深（1477～1544年）撰《春风堂随笔》。书中曰："哥窑，浅白断纹，号百圾碎。宋时有章生一、生二兄弟，皆处州人，主龙泉之琉田窑。生二所陶青器，纯粹如美玉，为世所贵，即官窑之类。生一所陶者色淡，故名哥窑。"[6]

明代嘉靖四十年（1561年）《浙江通志》（卷八"地理志"第一之八"处州"）记载了关于"哥窑"与"弟窑"的传说："处州……龙泉九姑山在县治北，说者谓有龙首之象。宋治平初建最高亭于山之西……县南七十里曰琉华山，高出境内诸山，山巅宽平，有长湖深不可测。相传旧有古刹，龙兴云雨，没而为湖。山下即琉田，居民多以陶为业。相传旧有章生一、章生二兄弟二人，未详何时人，主琉田窑造青器，粹美冠绝当世。兄曰哥窑，弟曰生二窑，价高而征课遂厚。自后，器之出于琉田者，已粗陋利微，而课额不减，民甚病焉。然则为工者，亦何贵于精也。山相近有岭，曰大梅岭、曰小梅岭。"[7]

刊刻于明代嘉靖四十五年（1566年）郎瑛撰《七修类稿续稿》（"二窑"条）曰："哥窑与龙泉窑皆出处州龙泉县。南宋时有章生一、生二弟兄各主一窑，生一所陶者为哥窑，以兄故也；生二所陶为龙泉，以地名也。其色皆青，浓淡不一；其足皆铁色，亦浓淡不一。旧闻紫足，今少见焉。惟上脉细薄、油（釉）水纯粹者最贵。哥窑则多断纹，号曰百圾破。龙泉窑，至今温、处人称为'章窑'，闻国初先正章溢乃其裔云。"[8]

明代高濂撰《遵生八笺》曰："官窑品格大率与哥窑相同，色取粉青为上，淡白次之，油灰色，色之下也。纹取冰裂、鳝血为上，梅花片、墨纹次之，细碎纹，纹之下也。"又曰："可见所谓官者，烧于宋修内司中，为官家造也，窑在杭之凤凰山下，其土紫，故足色若铁，时云'紫口铁足'。紫口乃器口上仰，釉水流下，比周身较浅，故口微露紫痕，此何足贵？惟尚铁足，以他处之土咸不及此。哥窑烧于私家，取土俱在此地。官窑质之隐纹如蟹爪，哥窑质之隐纹如鱼子，但汁料不及官料佳耳。"[9]

对于上述元末明初文献记载之"哥哥洞窑""哥哥窑"和"哥窑"，汪庆正先生在《官、哥二窑若干问题的探索》[10]一文中推测"哥哥窑"是"哥哥洞窑"的简称，而"哥窑"则是"哥哥窑"的简称。然而，关键是这里的"哥窑"瓷器究竟是否指传世哥窑瓷器？实质上，对传世哥窑瓷器产生颇多争议，即源于对这个问题的不同看法。

笔者认为，《静斋至正直记》和《格古要论》所说的"哥哥洞窑""哥哥窑""哥窑"是一回事儿，而明代晚期文献所说处州龙泉县"哥窑"又是一回事儿。前者的窑址应在杭州，成书于明代洪武二十一年（1388年）曹昭撰《格古要论》虽将其分为"旧哥窑"和"元末新烧"哥窑，但并未指出"旧哥窑"旧到何时，即究竟是指元代中期、元代初期抑或宋代（不管是哪种哥窑瓷器，从其特征看，均不可能比宋代还早）。20世纪30年代以前，某些学者即把文献记载的"哥窑"说成是"传世哥窑"，但1956年以后，浙江省文物管理委员会在对龙泉县的大窑、金村、竹口、溪口等几处窑址进行调查和重点发掘时，在大窑等五处窑址中，发现了釉面有开片纹的黑胎青瓷标本，绝大部分为生活用器，如碗、盘、盏、杯、壶、盆、洗、瓶、觚、盂、盒、灯和炉等。并认为这些标本的特征与《七修类稿续稿》所说哥窑瓷器黑胎、青釉且有紫口铁足和釉面有断纹开片等特征相同，从而断定龙泉窑黑胎青瓷应当是明代晚期文献所记载之处州龙泉县"哥窑"产品无疑。认为将人们一直称为哥窑的宫中传世品（传世哥窑）说成是龙泉哥窑产品则有很大疑

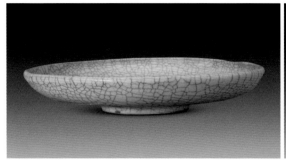
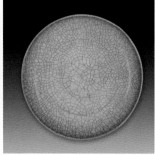

图1 南宋 哥窑米黄釉盘 故宫博物院藏

图2 南宋 龙泉哥窑青釉盘 浙江省博物馆藏

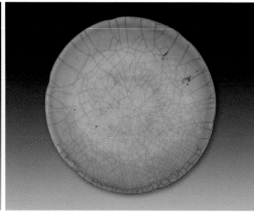
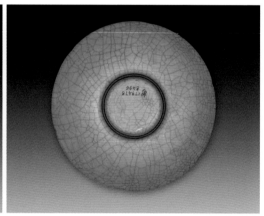

图3 元末明初 哥（官）窑型灰青釉葵口盘
1970年南京市中央门外张家洼明代洪武四年汪兴祖墓出土，
故宫博物院藏

问[11]。也就是说，考古工作者对龙泉窑遗址进行的考古发掘证明，传世哥窑瓷器不是龙泉窑所烧造。

　　需要指出的是，现在人们谈论"哥窑瓷器"，如无特别声明，一般系指历代宫廷流传下来的典型的、被认为是宋代的"传世哥窑瓷器"（图1），这已约定俗成。对于龙泉窑烧造的黑胎青釉带开片的瓷器，一般称之为"龙泉哥窑瓷器"（图2）。而对于元末明初墓葬、窖藏、遗址、沉船出土或出水（现在还应加上从传世哥窑瓷器中分离出来的个别器物）的青釉开片瓷器，一般称之为"哥窑型瓷器"或"官窑型瓷器"（图3）。以前由于考古资料限制，有人曾认为这类瓷器与典型传世哥窑瓷器一样，后来发现不一样。现在应将这类瓷器分离出来。特别是杭州市凤凰山麓老虎洞窑发掘以后，人们普遍认为这类瓷器是元末明初老虎洞窑产品。鉴于这类青瓷外观特征既像官窑青瓷亦像哥窑青瓷，因此，人们有时称其为"官窑型"青瓷，有时称其为"哥窑型"青瓷。上述《静斋至正直记》和《格古要论》将之认定为"哥窑"产品。从制作工艺、外观效果和科学检测结果看，典型传世哥窑瓷器、哥窑型或官窑型瓷器、龙泉哥窑瓷器是三种不同的釉面均有开片的青瓷，不可混为一谈。

图4 考古发掘揭露的龙泉市小梅镇大窑村枫洞岩
龙窑遗址 吕成龙摄

图5 考古发掘揭露的龙泉市查田镇溪口村龙窑遗址 吕成龙摄

图6 考古发掘揭露的龙泉市小梅镇中心小学
瓦窑路龙窑遗址 吕成龙摄

二 传世哥窑瓷器与龙泉哥窑瓷器、
哥（官）窑型瓷器的主要区别

龙泉市小梅镇大窑村枫洞岩、查田镇溪口村瓦窑垟和小梅镇中心小学
瓦窑路等处窑址（图4至图6）出土的黑胎青瓷（亦称"龙泉哥窑"青瓷，即
明代晚期文献所称的"哥窑"青瓷）（图7至图9）与典型传世哥窑瓷器不是
同一种青瓷。虽然二者同属于青瓷范畴，而且釉面都有细碎片纹，但从肉
眼可以看出二者存在以下主要区别。

（一）胎釉厚薄和胎质方面

二者釉层虽都较厚，但典型传世哥窑瓷器一般胎体厚薄不一、胎质细
腻；龙泉哥窑青瓷虽也胎体厚薄也不一，但胎体瓷化程度更高。哥（官）
窑型瓷器胎体一般较厚，胎体瓷化程度较差，一般都处于略生烧状态，胎
体略欠致密，轻轻叩击，声音沙哑。

（二）胎色方面

典型传世哥窑瓷器一般都为完整器（多有小的磕缺），很难见到其真
实的胎色。虽然有一部分器物圈足之足端露胎，但此处所露胎体之表面，
多有一层很薄的黄褐色弱氧化层（图10），因此，此处所反映的不是真实胎
色。从个别典型传世哥窑瓷器残器或器物口沿、底足磕缺处以及目前私人
收藏的典型传世哥窑瓷器残片标本可以明显可到，传世哥窑瓷器的真实胎
色一般都是灰黑或铁黑色（图11）。孙瀛洲先生（1893～1966年）曾谈到
所见传世哥窑瓷器胎色不一，有"沉香色、浅白色、杏黄色、深灰色、黑

图7 黑胎青瓷碗（残）
龙泉市查田镇溪口村瓦窑垟窑址出土 吕成龙摄

图8 黑胎青瓷洗（残）
龙泉市小梅镇大窑村枫洞岩窑址出土 吕成龙摄

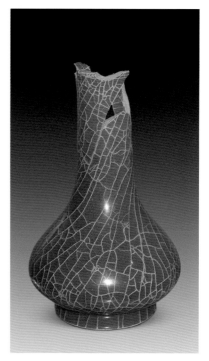

图9 黑胎青瓷瓶（残）
龙泉市小梅镇中心小学瓦窑路窑址出土 吕成龙摄

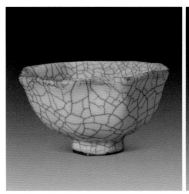 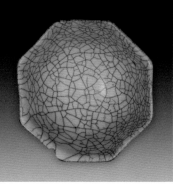 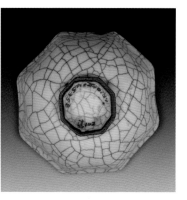 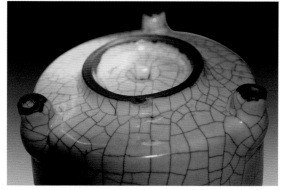

图10 南宋 哥窑灰青釉八方杯 故宫博物院藏　　　　　　　　　　　　　　　　　　图11 典型传世宋代哥窑三足筒式炉圈足 故宫博物院藏

色等"多种，并认为"因土非一种，故色也不一"[12]。其实，孙老所观察的基本都是传世哥窑瓷器底足所反映的胎体表面颜色，不是真实胎色。孙老认为传世哥窑瓷器胎体表面颜色不一是因为使用了不同的胎土所致，对此笔者不敢苟同。其实所用胎土都一样，胎色不一是因在窑内烧成时摆放的位置不同，致使其感受到的温度、气氛不一样和烧成后期弱氧化程度不同所致。而对于龙泉哥窑青瓷，从圈足底端露胎处和器身磕缺处以及瓷片标本断面处观察，则基本都是灰黑色或铁黑色，究其原因，当为龙泉哥窑瓷器与典型传世哥窑瓷器分别采用不同的烧成制度有关。哥（官）窑型瓷器胎色一般为灰黑或黄褐色。

（三）釉色和釉质方面

典型传世哥窑瓷器之釉大都呈灰青色，少数呈炒米黄色或粉青色。釉层大都不透明，釉面常见细微褶皱，耿宝昌先生形容其为"粥皮"，可谓既形象又贴切。釉面"光泽像人脸上的微汗，润泽如酥"[13]。而龙泉哥窑青瓷则一般都釉色粉青或灰青，釉层透明，釉面玻璃质感较强。因釉层透明度太好，致使有的器物在灰黑或铁黑胎的映衬下，呈黑青色。哥（官）窑型瓷器釉色一般呈灰白或灰青色，釉层透明度差，釉面不够光亮，发半木光。

（四）釉面开片方面

典型传世哥窑瓷器釉面一般均开有不规则的大、小不一的片纹，且大、小片纹的颜色也不同。小片纹一般呈土黄色，俗称"金丝"，大片纹一般呈灰黑色，俗称"铁线"，二者合起来即所谓的"金丝铁线"（图12）。片纹颜色系刻意着色而成，据现代仿烧传世哥窑瓷器的人员介绍，所用染色剂为天然植物染料，染后必须回炉低温（不超过500℃）焙烧，需反复多次。由于典型传世哥窑瓷器出窑后釉面在不断开裂，因此，有些裂纹颜色系因年久使用、不断被人揩拭、渗入灰尘所致。而龙泉哥窑青瓷釉面虽也都有开片，但片纹均为自然天成，非人工刻意染色而成。片纹颜色一般为冰裂纹或凸起的白纹。凸起的白纹即文献记载的"白色断纹"（图13），极似哈密瓜皮表面网纹（图14）。哥（官）窑型瓷器釉面一般只有一种灰黑色片纹，且片纹较大。

（五）形成"紫口"方面

典型传世哥窑瓷器由于胎色不一，且釉的高温黏度大、流动性小，致使"紫口"或有或无或不明显；而龙泉哥窑瓷器胎色灰黑或铁黑，釉层虽厚但透明度强，釉的流动性也大，因而一般均能形成"紫口"。哥（官）窑型瓷器一般也能形成"紫口"。

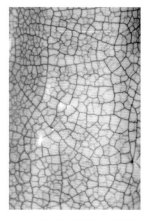

图 12　典型传世宋代哥窑米黄釉
贯耳八方壶釉面　故宫博物院藏

图 13　青釉钵（残）　龙泉市小梅窑出土

图 14　哈密瓜表面的网状纹

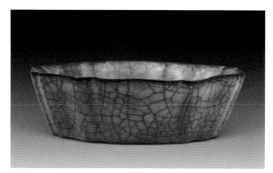

图 15　南宋　哥窑灰青釉鱼耳簋式炉
台北故宫博物院藏

图 16　南宋　哥窑米黄釉五足洗　上海博物馆藏

图 17　南宋　哥窑青釉葵花式洗　英国伦敦大维德基金会藏

图 18　南宋　哥窑青釉贯耳壶
瑞士日内瓦鲍氏东方艺术馆藏

（六）形成"铁足"方面

典型传世哥窑瓷器因以"裹足支烧"者居多，所以露出"铁足"者少；而龙泉哥窑瓷器多采用垫饼垫烧，烧成后足端必定会露出灰黑色或铁黑色胎，所以多呈现所谓的"铁足"。哥（官）窑型瓷器一般采用垫饼垫烧，也能形成"铁足"。

因此，文献记载的"紫口铁足"应为龙泉哥窑瓷器的主要特征，这也是典型传世哥窑瓷器与龙泉哥窑瓷器的最主要区别之一。

当然，可能有极少数龙泉哥窑瓷器或龙泉窑仿传世哥窑瓷器因酷似传世哥窑瓷器而被列入传世哥窑瓷器中，但我们绝不能依此认为传世哥窑瓷器系龙泉窑所烧造。

如今，传世哥窑瓷器大都由北京故宫博物院、台北故宫博物院（图15）、上海博物馆（图16）、英国伦敦大维德基金会（图17）、瑞士日内瓦鲍氏东方艺术馆（图18）等收藏，其他博物馆如天津博物馆（图19）、山东博物馆（图20）、河北师范大学博物馆（图21）、南京市博物馆（图22）或私人手中（图23）也有零星收藏。其造型以仿夏、商、周三代青铜器为主，常见的有三足双耳鼎式炉、双耳簋式炉、双耳乳足炉、胆式瓶、贯耳瓶、八方穿带瓶、弦纹盘口瓶等，也有盘、碗、洗、罐之类。釉色多呈灰青色，少数呈米黄色或淡

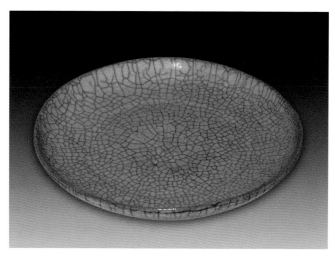

图 19　南宋　哥窑青釉盘　天津博物馆藏

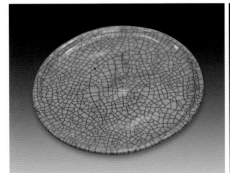

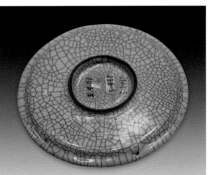

图 20　南宋　哥窑灰青釉浅盘　山东博物馆藏

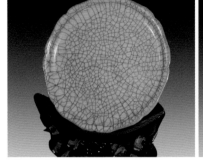

图 22　南宋　哥窑灰青釉八瓣葵口折沿浅盘　南京市博物馆藏

图 21　南宋　哥窑灰青釉小罐　河北师范大学博物馆藏

图 23　南宋　哥窑灰青釉三足八瓣葵花式洗　私人藏

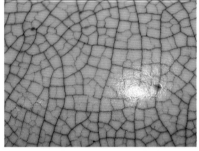

图 24　典型传世宋代哥窑米黄釉葵口碗外壁釉面
故宫博物院藏

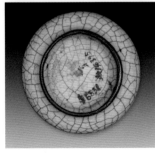

图 25　南宋　哥窑米色釉胆式瓶
故宫博物院藏

米黄色。釉质温润，釉面泛酥油光，如人脸之微汗，即所谓"润泽如酥"（图24）。釉面均开有不规则的细碎片纹，而且片纹一般均弯曲不直。片纹有大、小之别，大片纹呈铁黑色，小片纹呈土黄色，故有"金丝铁线"（图25）之称。

传世哥窑瓷器釉面所产生的片纹，本属于烧造工艺上的一种缺陷，系因胎、釉膨胀系数不一致所造成。若胎、釉膨胀系数一致，二者结合的紧密，釉面也就不会出现裂纹。但当胎的膨胀系数比釉的膨胀系数小到一定程度时，釉就会在烧成后期的冷却过程中产生开裂。由于这种开裂打破了单一釉面给人视觉带来的单调感，使釉面产生大小、疏密的块面分割，自然天成，具有韵律美，故给人一种崭新的艺术享受。

传世哥窑瓷器多采用裹足支烧，少数采用垫饼垫烧。垫烧者有细窄的圈足，圈足底边旋削爽利，但圈足宽窄往往不一。圈足内亦施釉，釉面亦有裂纹。

传世哥窑瓷器的另一特点是釉面多有缩釉，缩釉坑大小不一（图26），尤其是在器物的转折处，经常出现长条形缩釉（图27）。

故宫博物院收藏的穿带瓶、胆式瓶（图28）、直颈弦纹瓶、贯耳瓶（图29）、鱼耳簋式炉（图30）、葵花式洗（图31）、菊花式盘（图32）等均为传世哥窑瓷器中的典型器。但随着考古资料的增多，我们也应实事求是地重新审视传世哥窑瓷器，如其中被定为宋代的双耳鼎式炉（图33），腹中部凸起一道弦纹，其造型风格与1976年从韩国新安海底元代沉船打捞出水的双耳鼎式炉一致[14]（图34），应为元代杭州老虎洞窑产品。再如1970年南京市区北郊中央门外张家洼明初功臣汪兴祖墓[15]出土的灰青釉葵口盘（图35），共出土11件，大小不一，当时都定为宋代哥窑产品，杭州老虎洞窑发掘后，可以肯定其为该窑元代产品，属于官窑型或哥窑型青瓷。

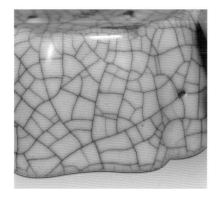
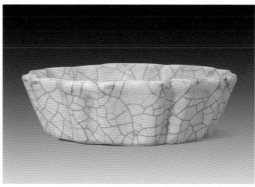
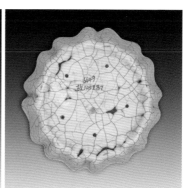

图 26　典型传世宋代哥窑青釉葵花式洗外壁
故宫博物院藏

图 27　南宋　哥窑灰青釉葵花式洗　故宫博物院藏

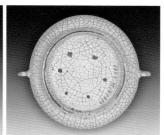

图 30　南宋　哥窑灰青釉鱼耳簋式炉　故宫博物院藏

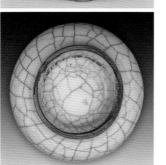

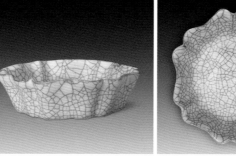

图 28　南宋　哥窑米黄釉胆式瓶
故宫博物院藏

图 29　南宋　哥窑米黄釉贯耳瓶
故宫博物院藏

图 31　南宋　哥窑灰青釉葵花式洗　故宫博物院藏

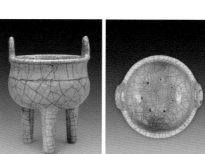
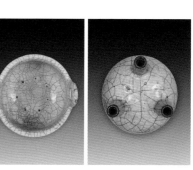

图 32　南宋　哥窑灰青釉菊花式盘　故宫博物院藏

图 33　元　老虎洞窑灰青釉双耳鼎式炉　故宫博物院藏

图 34　元　老虎洞窑灰青釉双耳鼎式炉
1976 年韩国新安海底沉船打捞出水

图 35　元　老虎洞窑灰青釉葵口盘（两件）
1970 年南京中央门外张家洼明洪武四年汪兴祖墓出土，南京市
博物馆藏

图 36　哥（官）窑型瓷片
北京元大都遗址出土，首都博物馆藏

图 37　元　老虎洞窑灰青釉鱼耳簋式炉
1953 年上海市青浦区重固镇高家台元代任氏家族墓出土，
上海市文物管理委员会藏

三　关于传世哥窑瓷器的产地

迄今为止，传世哥窑瓷器的窑址尚未被发现，有几种推测：

（一）有学者认为"（江西）吉安有可能烧哥窑器物"[16]。这是受清代唐秉钧《文房肆考图说》[17]、程哲《窑器说》[18]等书记载而得出的结论。这些书记述"吉州窑"时均谈到南宋或南宋末"有碎器亦佳"或"更佳"，而且当时被错误地称为"哥窑"。如蓝浦撰《景德镇陶录》（卷六"镇仿古窑考"之"碎器窑"）云："南宋时所烧造者。本吉安之庐邑永和镇另一种窑，土粗坚，体厚质重，亦具米色、粉青样。用滑石配釉，走纹如块碎，以低墨土赭搽薰既成之器，然后揩净，遂隐含红、黑纹痕，冰碎可观。亦有碎纹素地加青花者。唐氏〈肆考〉云，吉州宋末有碎器亦佳，今世俗讹呼'哥窑'，其实假哥窑。虽有碎纹，不同鱼子，且不能得铁足，若铁足，则不能有声，惟仍呼碎器为称。"由此可知，蓝浦认为判断真假哥窑瓷器的标准是釉面裂纹是否像鱼子表面纹路，以及是否有"紫口铁足"特征。

（二）有学者认为"修内司官窑实为'传世哥窑'，而通常所言之'哥窑'应属民窑，与修内司官窑无关。鉴于官窑多建于都城附近，因此修内司官窑的窑址，将来很可能在临安（今杭州市）附近发现"[19]。

（三）有学者认为"传世哥窑很可能是宋以后景德镇所烧造的"[20]。

（四）有学者认为传世哥窑瓷器有可能是龙泉窑所烧造。认为近年在浙江龙泉南区窑址中发现的黑胎青瓷产品，"其面貌与之前（在龙泉地区）所发现的黑胎青瓷差别较大，而与传世哥窑非常接近"[21]。

（五）北方说。北方说是一种较新的观点，认为"传世哥窑烧造地点最大的可能在河南与北宋官窑瓷一起生产"[22]。

应当指出，典型传世哥窑瓷器至今几乎未见有出土，这与北宋汝窑和南宋官窑瓷器情况一样，应是由其官窑性质所决定。即这种瓷器系由南宋宫廷置办的窑场所烧造，烧成后直接进入宫廷，皇帝可以用来赏赐大臣。但不准用于随葬，也不许流入民间。

至于一些元代遗址、墓葬和沉船中，陆续出土、出水的一些青釉开片瓷器，应属于"官窑型"或"哥窑型"器物。

如 20 世纪六七十年代北京市元大都遗址出土的哥（官）窑型瓷器残片[23]（图 36）。

1952 年上海青浦县元代任氏墓群出土 4 件灰青釉悬胆式瓶、两件灰青釉贯耳瓶、1 件灰青釉双耳鬲式炉、1 件灰青釉鱼耳簋式炉（图 37）。胎色均为酱紫色[24]。

1970 年，南京市博物馆在清理南京市区北郊中央门外明初洪武四年（1371 年）东胜侯汪兴祖（1338 ～ 1371 年）墓葬时，出土了 11 件造型相同但尺寸可分为大、中、小三种类型的"哥（官）窑型盘"，其特征为葵瓣口，施青灰色釉。大盘 3 件，口径 16.1 厘米～ 16.4 厘米；中盘 1 件，口径 15.3 厘米；小盘 7 件，口径 13.5 厘米～ 14 厘米[25]。

1975 年江苏省镇江市溧水人民银行工地元代窖藏出土哥窑型长颈瓶两件（图 38）、鸟食罐 1 件、鬲式炉 1 件[26]。

1976 年韩国新安海底沉船也发现两件哥窑型冲耳三足炉，一件炉三足呈乳丁形（图 39），另一件炉三足呈圆柱形，

图38　元　老虎洞窑灰青釉长颈瓶（两件）
1975年江苏省溧水县人民银行大楼工地元代窖藏出土，
丽水县博物馆藏

图39　元　老虎洞窑灰青釉双耳三足香炉
1976年南朝鲜新安海底沉船打捞出水

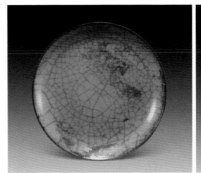

图40　元　老虎洞窑米黄釉盘　1977年安徽省安庆市出土

两件炉腹部均有一道凸起的弦纹[27]。

1977年安徽省安庆市元代窖藏出土5件哥窑型瓷器，分别为米黄釉盘1件（图40）、米黄釉花口盏1件、淡青釉花口盏1件、米黄釉屈卮1件（图41）、淡青釉盏1件[28]。

2012年浙江省长兴县明代墓葬出土米黄釉哥窑型贯耳瓶1件（图42）、三足炉1件[29]。郑建明、林毅先生认为这两件瓷器属于"传世哥窑"型[30]。笔者对此观点不敢苟同，因为从胎、釉和釉面开片特征看，还应属于元末明初哥窑型产品。

以往人们对这些出土的"哥窑型"瓷器有不同的看法。李辉柄先生认为这些器物绝非传世哥窑瓷器，是元末所烧的哥窑器，是仿官哥窑器，即"龙泉哥窑"器，亦即《静斋至正直记》所说的"近日哥哥窑绝类古官窑"中的"哥哥窑"器。其时代均属元代，在器物造型及胎、釉特征上与"传世哥窑"器都迥然有别[31]。朱伯谦先生则认为这些器物与传世哥窑瓷器是同一种东西，并依此来推断传世哥窑瓷器的年代，认为传世"哥窑瓷不是宋代，而是元代或明代烧制的"[32]。

因受各方面条件限制，对传世哥窑瓷器进行科学分析和检测这项工作做得很不够。20世纪60年代，上海硅酸盐研究所曾对故宫博物院提供的一件所谓"传世哥窑"瓷器标本进行过化验分析。

这是一件口部被整齐截掉的哥窑灰青釉洗残器，因传世窑瓷器异常珍贵，所以此件残洗被一分为二，一半被拨交给上海硅酸盐研究所做检测用，另一半被拨交给景德镇陶瓷馆收藏（图43）。

2011年6月11日，笔者与耿宝昌先生、陈华莎老师利用应邀赴景德镇参加"督陶官文化与景德镇研讨会"的机会，到景德镇陶瓷馆将我院1960年前后拨给景德镇陶瓷馆（系孙瀛洲先生1940年购自天和斋孙华峰）半个传世宋代哥窑灰青釉洗（另半个交给上海硅酸盐研究所做测试，未再拿回）借回。

回院后，交由我院古陶瓷研究中心检测研究实验室进行无损检测。检测工作结束后，半个洗底已利用2011年8月11日赴景德镇出差的机会归还。测试结果如下。

由于传世哥窑遗址目前尚未被发现，也就没有窑址标本的元素分析数据，因此，只好将这件哥窑灰青釉洗的胎、釉元素分析数据，与我们在2010年测试的故宫博物院院藏58件宋代官窑粉青釉瓷和明、清景德镇御器（窑）厂仿宋代官窑（釉）瓷的元素数据进行对比分析，以初步判断哥窑灰青釉洗的胎、釉元素与上述不同地区样品胎、釉元素的差别，下面分别做一简单介绍。

关于釉的元素分析情况。对釉的主、次量元素含量及Rb、Sr等微量元素含量采用因子分析进行数据处理，以观察釉的成分差异，得出的结论是哥窑灰青釉洗釉的元素组成与河南地区、江西景德镇地区有一定差异，而与浙江杭州地区样品的元素组成较为接近。

图41　元　老虎洞窑米黄釉屈卮
1977年安徽省安庆市出土

图42　元　老虎洞窑米黄釉贯耳瓶
2012年浙江省长兴县明代墓葬出土

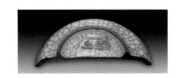

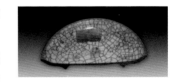

图43　南宋　哥窑灰青釉洗（残）
故宫博物院拨交景德镇陶瓷馆藏

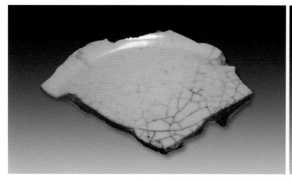

图44 南宋 哥窑灰青釉盘（残） 北京市圆明园出土，路杰先生藏

图45 能量色散型 X-射线荧光分析

图46 实体显微镜测试

关于胎的元素分析情况。对哥窑灰青釉洗和宋代官窑粉青釉瓷胎体的主、次量元素含量，以及 Rb、Sr 等微量元素含量采用因子分析法进行数据处理，以观察胎体成分的差异。得出的结论是，哥窑灰青釉洗的胎体与龙泉地区样品胎体的元素组成有较明显差别，而与杭州地区样品胎体的元素组成较为靠近。

关于釉内气泡特征。对哥窑灰青釉洗釉内气泡特征进行观察，发现与大部分宋代官窑粉青釉瓷比较而言，哥窑灰青釉洗的釉内气泡小且密集。这是由于哥窑灰青釉洗的釉中 K_2O 含量较高（5.36%），致使釉在高温熔融状态下黏度较大，釉内气泡也就相对小且密集。

另外，对哥窑灰青釉洗釉的玻璃态 Si-O 结构弯曲、拉伸振动拉曼光谱也进行过测量，但由于仪器进行过维修，因此，需对图谱进行校正，方能给出原料、烧成温度等相关信息，并与对宋代官窑粉青釉瓷釉的测量结果进行对比。

此外，利用拉曼光谱仪对哥窑灰青釉洗断面胎、釉接合处进行分析，发现了钠长石的峰，说明其胎、釉接合处有钠长石存在。

对哥窑灰青釉洗釉的反射光也进行了检测，发现其主波长为 610 纳米，比大部分宋代官窑粉青釉瓷釉的反射光主波长值大。因此，其釉色较宋代官窑粉青釉瓷而言，绿色调偏弱，黄色调偏强，釉的明度值较高，故视觉上釉色偏白。

用扫描电镜对哥窑灰青釉洗釉面开片纹路"金丝铁线"进行观察，并用电镜能谱对"金丝铁线"部位和釉部位进行元素分析，以对比两者元素组成差别。发现"金丝铁线"部位硫（S）的含量增加，铁（Fe）的含量也略有增加。用拉曼光谱仪对"金丝铁线"部位进行分析，图谱解析显示，"金丝铁线"上可能有含碳（C）的物质存在。"金丝铁线"问题仍有待进一步研究。

总之，通过对这件哥窑青釉洗的胎、釉元素进行科学测试，发现其胎、釉元素组成，相对于景德镇、河南、浙江龙泉地区的样品而言，与杭州地区的南宋官窑粉青釉瓷胎、釉的元素组成较为接近。但由于只测试了一个样品，故当时认为需要测试更多样品，以进一步弄清其类群关系[33]。

后来，故宫博物院陶瓷研究所还从几位私人收藏家手中借来几片出土的传世哥窑瓷器标本进行无损测试，尤其是圆明园出土的传世哥窑青釉盘残片（图44），外底錾刻有乾隆皇帝御制诗，经查，这首诗名曰"咏哥窑盘子"。诗曰："色暗纹彰质未轻，哥窑因此得称名。雅如法护僧弥矣，生一居然昆后生。"句后署"乾隆乙未御题"钤"太璞"方形闲章。"乾隆乙未"即乾隆四十年，1775 年。测试的结果是，这几片传世哥窑瓷片标本胎、釉的元素组成，均与浙江杭州地区南宋官窑粉青釉瓷的胎、釉元素组成较为接近。而故宫博物院陶瓷研究所为开展此次哥窑瓷器研究，从故宫博物院院藏传世哥窑瓷器和明、清景德镇窑仿哥窑（釉）瓷器中选取原定为宋代哥窑瓷器 38 件和明代宣德朝、明代成化朝、清代康熙朝、清代雍正朝、清代乾隆朝仿哥釉瓷各 1 件，逐件分别作能量色散型 X-射线荧光分析和实体显微结构分析（图45、图46）。其中汪兴祖墓出土的灰青釉葵口盘和原定为宋代哥窑的米黄釉三足鼎式炉，目前从目鉴来看也与典型传世哥窑瓷器不同，检测结果也印证了目鉴意见。总体检测分析结果表明，典型传世哥窑瓷器与哥（官）窑型瓷器和明、清景德镇仿哥釉瓷器无论在化学组成还是显微结构方面，都既有联系又有不同。

四 关于传世哥窑瓷器的烧造年代

关于传世哥窑瓷器的烧造年代，历来看法不一。有学者认为属于宋代；有学者认为属于元代；有学者认为属于元代，也有可能早到南宋后期，但大都应在元代早期和中期；有学者认为不会早于元末；也有学者认为是元、明时期。

有学者从文献、工艺条件、文化因素三个方面考证，认为传世哥窑瓷器"基本特色的形成，及其中最精美部分的生产，应是在宋代，而不应是在元代"[34]。

郭演仪先生通过对传世哥窑瓷器以及与之相关的青瓷胎、釉成分对比分析，并结合河南、浙江和景德镇地区有关原料的特点进行探讨，认为："传世哥窑（瓷器）烧造地点最大的可能是在河南与北宋官窑瓷一起生产。南宋迁到杭州后，承袭了北宋官窑的制瓷工艺，引进了河南地区的部分关键原料黏土和长石到杭州，继续了瓷器的生产，烧制了南宋官窑瓷和传世哥窑瓷……龙泉哥窑瓷胎、釉成分与南宋官窑的十分接近，证实了它是仿官窑瓷，而非属哥窑瓷。从瓷胎的钛含量和釉的钙钠含量对比亦说明传世哥窑并非景德镇烧造。"[35]

认为传世哥窑瓷器的烧造年代不早于元末，是对哥哥洞窑的晚期遗物及哥窑之名的演变情况进行分析所得出的结论[36]。

认为传世哥窑瓷器烧造年代是元代的理由是，在宋人的文献里没有发现有关哥窑的记载，最早提到"哥哥洞窑""哥哥窑"的文献是元代孔齐（应为"孔克齐"，笔者注）撰《静斋至正直记》。还认为"由丁哥窑是模仿宋代官窑的，而且达到了'绝类'的程度。因此，在哥窑瓷器中就是出现一些宋代的器形，也就不足为奇了，问题在于我们不能依此而把哥窑的时代断定为宋"。在进行一番考证后认为："总之，从文献资料、器物的时代特征和大量的考古资料，都表明哥窑的创设年代是元，而不是宋。"[37]

认为传世哥窑瓷器烧造年代为元、明时期的理由是："宋代并无哥窑之说，哥窑之名源于元代的哥哥洞窑，到明早期，'哥哥窑'被简称为哥窑。由元末的'绝类占官窑'可知，哥窑出现之初是仿官窑的，之后才形成自己的特色。哥窑的时代应为元明时期。"[38]

李刚先生则认为："据现有的考古资料分析，哥窑瓷器的年代约为元代晚期至明早期。"[39]

总之，关于传世哥窑瓷器烧造的年代问题，目前尚无法完全解决。这主要是因为：一、传世哥窑瓷器的窑址至今尚未被发现；二、传世哥窑瓷器本身没有带纪年者；三、传世哥窑瓷器不见于墓葬出土；四、热释光测年代技术尚不过关。另外，传世哥窑瓷器不可能允许取样测试。因此，长期以来，人们只是采用类型学的方法，认为传世哥窑瓷器中像鱼耳炉、胆式瓶、贯耳瓶、八方小杯、菊花式盘、贯耳壶等，造型隽秀轻巧，具有宋代瓷器风格，遂将传世哥窑瓷器年代整体定为宋代。但必须指出的是，开始时，人们并未完全按照类型学进行分类，而主要考虑到其釉面开片。随着文物考古事业的发展，出土文物资料不断增多，人们发现传世哥窑瓷器中有个别作品的造型、釉质、釉面开片特征等，与杭州凤凰山麓老虎洞窑元代地层和其他一些元代墓葬、窖藏、遗址、沉船等出土或出水的灰青釉开片瓷的特征相似。如上述故宫博物院收藏的灰青釉双耳鼎式炉即曾经被定为传世宋代哥窑产品，后来发现其与1976年韩国新安海底沉船出土者造型、胎、釉等风格一致，因此，又将其年代改为元代。还有上述洪武四年汪兴祖墓出土的11件葵口盘，出土时也被定为宋代官窑或哥窑产品，后来发现其与杭州凤凰山麓老虎洞窑元代地层出土瓷片标本特征相同，因此，学者们基本认同其为元末明初老虎洞窑产品。另有上述上海青浦县任氏墓出土的灰青釉鱼耳炉，也曾被认为与故宫博物院收藏的传世哥窑鱼耳炉相同，其实在装饰、釉面质感和开片方面都不相同，最主要的是任氏墓出土者颈部有一道凸起的弦纹，而故宫博物院藏品颈部没有凸起的弦纹。鉴于上述原因，典型传世哥窑瓷器烧造年代的解决不可能一蹴而就，需要随着考古资料的不断增多，特别是窑址的发现，将传统鉴定方法与科学技术手段相结合进行研究，方能最终解决。目前，笔者同意将典型传世哥窑瓷器的年代定为南宋。

以上结合前人研究成果，对"哥窑"的概念、传世哥窑瓷器与龙泉哥窑瓷器的主要区别、传世哥窑瓷器的烧造年代等进行了论述。强调研究哥窑瓷器首先必须弄清四个概念，其次要认清传世哥窑瓷器与龙泉哥窑瓷器是两种不同的青瓷，不能混为一谈。最后就是典型传世哥窑瓷器的烧造年代，在目前无法完全解决的情况下，根据其造型和工艺特点，还是将其定为南宋为宜。

注 释

1 《静斋至正直记》，南京图书馆藏《粤雅堂丛书》本。一般认为该书是元代孔齐撰。但据尤德艳女士考证，该书作者为孔克齐、字肃夫，号行素（居士）、静斋、阙里外史。参见尤德艳：《〈静斋至正直记〉作者考述》，《中国典籍与文化》2003 年第 3 期。

2 （明）曹昭：《格古要论》，辑入《景印文渊阁四库全书》第 871 册，台北商务印书馆，1985 年。

3 （明）曹昭撰，舒敏、王佐增补：《新增格古要论》，收入续修四库全书编纂委员会编《续修四库全书》第 1185 册，上海古籍出版社，2003 年。据辽宁图书馆藏明刻本影印。

4 以往人们均认为该书系宣德四年（1429 年）吕震等人奉敕编撰，后来不断有学者对此提出质疑。近年有学者考证该书约成书于 17 世纪初。见陆鹏亮：《宣炉辩疑》，《文物》2008 年第 7 期。

5 《宣德鼎彝谱》，收入《景印文渊阁四库全书》第 840 册，台北商务印书馆，1986 年。

6 （明）陆深：《春风堂随笔》，收入《丛书集成新编》第 87 册，台北新文丰出版公司印行，1986 年。

7 《浙江通志》，（明）嘉靖四十年（1561 年）刊本，《天一阁藏明代地方志选刊续编》第 24 册"嘉靖浙江通志（上）"，上海书店，1990 年。

8 （明）郎瑛：《七修类稿续稿》，收入续修四库全书编辑委员会编《续修四库全书》第 1123 册，上海古籍出版社，2003 年。据北京图书馆藏明刻本影印。

9 （明）高濂：《遵生八笺》，辑入《景印文渊阁四库全书》第 871 册，台北商务印书馆，1985 年。

10 汪庆正：《官、哥两窑若干问题的探索》，《中国考古学会第三次年会论文集》，文物出版社，1981 年。

11 朱伯谦、王士伦：《浙江省龙泉青瓷窑址调查发掘的主要收获》，《文物》1963 年第 1 期。

12 孙瀛洲：《谈哥汝二窑》，《故宫博物院院刊》1958 年第 1 期。

13 同注释 12。

14 国立中央博物馆：《新安海底文物》，三和出版社，1977 年；冯先铭：《韩国新安沉船及瓷器问题探讨》，《故宫博物院院刊》1985 年第 3 期。

15 南京市博物馆：《南京明汪兴祖墓清理简报》，《考古》1972 年第 4 期。

16 中国硅酸盐学会主编：《中国陶瓷史》（第六章"宋、辽、金的陶瓷"第五节"汝窑、哥窑与官窑"之"2. 哥窑"），文物出版社，1982 年。

17 （清）唐秉钧：《文房肆考图说》（卷三"古瓷器考"之"吉州窑"），乾隆四十一年（1776 年）刊本；（清）蓝浦：《景德镇陶录》（卷六"镇仿古窑考"），收入桑行之编《说陶》，上海科技教育出版社，1993 年。

18 （清）程哲：《窑器说》，收入桑行之编《说陶》，上海科技教育出版社，1993 年。

19 李辉柄：《宋代官窑瓷器》，紫禁城出版社，1992 年。

20 周仁、张福康：《关于传世哥窑烧造地点的初步研究》，《文物》1964 年第 6 期。

21 郑建明、林毅：《长兴石泉明墓出土"传世哥窑"型器物及相关问题略论》，《文物》2015 年第 7 期。

22 郭演仪：《哥窑瓷器初探》，《中国陶瓷》1998 年第 5 期。

23 张宁：《记元大都出土文物》，《考古》1972 年第 6 期。

24 沈令昕、许勇翔：《上海市青浦县元代任氏墓葬记述》，《文物》1982 年第 7 期。

25 南京市博物馆：《南京明汪兴祖墓清理简报》，《考古》1972 年第 4 期。

26 高茂松：《江苏溧水永阳镇元代窖藏出土的瓷器与初步认识》，《东南文化》2011 年第 2 期；张柏主编：《中国出土瓷器全集 7 江苏上海》，科学出版社，2008 年；杨正宏、肖梦龙、刘丽文主编：《镇江出土陶瓷器》，文物出版社，2010 年。

27 同注释 14。

28 胡悦谦：《安庆市出土的几件瓷器》，《文物》1986 年第 6 期。

29 浙江省文物考古研究所、长兴县文物保护管理所：《浙江长兴石泉明墓发掘简报》，《文物》2015 年第 7 期。

30 同注释 21。

31 同注释 19。

32 朱伯谦：《龙泉青瓷简史》，收入朱伯谦著《揽翠集——朱伯谦陶瓷考古文集》，科学出版社，2009 年。

33 哥窑无损测试小组：《故宫博物院院藏传世哥窑和明清仿哥釉器物的无损 P-XRF 分析》（待刊稿）。

34 赵宏：《哥窑瓷器时代考》，《景德镇陶瓷》1999 年第 1 期。

35 同注释 22。

36 李刚：《内窑、续窑和哥哥洞窑辨识》，《东方博物》2007 年第 2 期。

37 同注释 32。

38 牟宝蕾：《哥窑问题的几点思考》，《文物春秋》2015 年第 4 期。

39 李刚：《"宋代五大名窑"的是与非》，辑入李刚著《古瓷笔诠》，中国书店，2016 年。

A Preliminary Discussion of a Few Questions Related to Ge Ware

Lv Chenglong

Abstract

The Ge ('elder brother') ware is one of the most famous types of ceramics in Chinese history, but also one of the most elusive, with numerous critical questions to be answered, attracting lots of attention. For a long period of time, there have been diverse opinions among scholars on many issues related to Ge wares: How to interpret records related to Ge ware in the literature of successive periods? What exactly is Ge ware? The place and date of manufacture of heirloom pieces now designated as typical Ge ware? Were the kilns of Ge ware official kilns producing for the court, or private kilns for commoners? What is the relationship between Ge ware and Guan (Official) ware? What is the identity of ceramics excavated in various places that look like Ge ware? Based on researches of earlier scholars, and combining his understanding from over thirty years of ceramic research, this author takes this opportunity of the major Ge ware research project by the Ceramic Research Institute of the Palace Museum to put forward personal views on the above questions. The author sincerely hopes it helps to advance the research of Ge wares. In order to properly study Ge wares, making discussions meaningful instead of further complicating the matter, four concepts have to be clarified. These include: 1. heirloom Ge wares (i.e. heirloom pieces designated as Ge ware, overwhelmingly from the Qing court collection and now in the two Palace Museums); 2. Literary records on Ge ware from the past centuries, which became simpler in terminology as time went on, i.e., from Ge Ge Dong Yao (Elder Brother Cave Ware), to Ge Ge Yao and Ge Yao (both terms meaning 'Elder Brother Ware'); 3. Ge (or Guan) ware type; 4. Longquan Ge ware. Based on non-destructive analysis of fragments and complete vessels of heirloom Ge wares, it appears that typical heirloom Ge wares should have been made at Fenghuangshan (Phoenix Hill), Hangzhou. Regarding their manufacturing period, this can only be finally determined through accumulation of archaeological materials and particularly kiln site discoveries, and a combination of traditional humanities' research methods and scientific techniques. In the absence of other solid evidence, shapes and craftsmanship of heirloom Ge wares would seem to make it appropriate to date them to the Southern Song dynasty.

Keywords

Ge ware, heirloom Ge ware, Ge (or Guan) ware type, Longquan Ge ware

龙泉窑黑胎青瓷的考古发现与认识

沈岳明

龙泉窑是中国瓷业史上最重要的窑场之一，更是几千年来中国青瓷生产高峰时期的典型代表。据目前考古调查资料来看，龙泉窑可以分为东区和南区两大区块，其中东区产品主要流向普通民众和外销，南区产品主要流向宫廷和贵族。关于龙泉窑的学术问题很多，黑胎青瓷的面貌与性质这一议题无疑是其中的一个重要问题，其涉及的内容很多，面貌也最复杂。有鉴于此，本文试图对这一问题进行学术梳理，以期厘清某些问题并推动该议题研究的进一步深入。

一 龙泉窑黑胎青瓷的探索历程

（一）民国时期陈万里先生的早期调查工作

图1 陈万里住过的小屋

龙泉黑胎青瓷首次被发现于民国时期。从 1928 年起，陈万里先生就开始对龙泉窑进行实地调查（图1），黑胎青瓷即是其重点关注的课题之一，"关于研究龙泉青瓷之最大问题，多少年来横梗于我之胸间者，即为章生一窑之烧造地点。其在大窑耶，抑另有地耶，此其一。所谓章生一之哥窑，究属何种物品；所谓百圾碎，所谓紫口铁足，又作何状，此其二。我自十七年第一次调查大窑青瓷以至今年一月，已三次矣，此横梗于我个人胸间之疑，固无日不萦迴盘旋于我之胸际，而终不得一明确之解说也"[1]。1939 年，在他第四次龙泉之行中，终于于大窑岙底发现了黑胎产品，并具有紫口铁足等特征。在随后的第五次龙泉之行中又于溪口瓦窑垟发现了同类产品。"墩头与坳头两处之黑胎作品，其为同一时期，可以假定。但如此认此黑胎作品，即为哥窑，则所谓哥窑者，在大窑耶，抑在墩头耶？"[2]

（二）20 世纪五六十年代浙江省文物管理委员会的考古调查与发掘工作

正式的考古工作始于 20 世纪五六十年代。为了恢复龙泉青瓷的烧造工艺，1959 年末至 1960 年初，朱伯谦等先生对龙泉窑核心地区的大窑、溪口、金村等地进行了调查及小规模的试掘。其中在大窑、溪口两地确认了 5 处烧造黑胎青瓷的窑址，之后又在溪口骷髅湾和李家山两处窑址也发现了黑胎青瓷产品[3]。这样，龙泉烧造黑胎青瓷的窑址就增加到了 7 处。

在发掘结束之后，朱先生着手对此次考古工作的成果进行梳理并发表，他认为"相传章生一在龙泉琉田主一窑，所产瓷器为黑胎、紫口铁足、青色釉、有开片。这些特征与大窑、溪口窑址中出土的黑胎青瓷相吻合，黑胎青瓷应当是哥窑的产品无疑"[4]。后来冯先铭先生对哥窑一说提出质疑，并提出仿官说，朱先生随后修订了其原先的观点并转而支持冯先生，此后这一观点被较广泛地接受而几乎成为定论。其实，朱先生文中所谓的"紫口"，从描述的有盖"器皿如盖碗、盖钵、盖罐、盒和壶……等的口沿，都露紫胎"来看，是还不能称之为紫口的，因为这些所描述的产品都是口沿刮釉，而不是因为器物唇部较尖、高温下釉往下流淌，而使得器物口部之胎色若隐若现，呈现出的紫口特征，其性质应与铁足相当，但所提及的这几处窑场中，确实出土了一批紫口铁足的标本。而把黑胎青瓷出现的年代定为"应在南宋宁宗执政的前后即南宋中晚期，不会更早"的结论，似乎有商榷的余地。

（三）新世纪以来浙江省文物考古研究所的考古调查、试掘与发掘工作

20 世纪 60 年代以来，由于各方面原因的限制，龙泉窑黑胎青瓷相关的考古工作就一直处于停滞状态，但这一问题却一直萦绕在考古工作者的心中。

黑胎青瓷其相对较小的器形、规整的造型和接近南宋官窑的胎釉特点以及多仿古礼器造型的审美取向，表明了其与其他大宗产品使用对象和功用的不同，因而对这类产品的性质，就出现了从官窑、仿官到哥弟窑的争论，其年代也始终未能取得统一的意见。其根本原因即是没有一个较全面的科学的考古发掘，以往的研究都只能从宫廷收藏品和零星出土的器物来推断这类产品的年代、功用和性质问题。学界也一直以来期望通过科学的考古发掘，能够找到比较明确的黑胎青瓷的地层和窑炉、作坊等遗迹，从而对这类器物的生产情况有一个较为全面的认识，进而探索其生产性质和宋代龙泉窑与宫廷之间的关系、研究其与哥窑和南宋官窑之间的内在联系。

1．溪口瓦窑垟窑址的发掘

基于上述认识，从 2010 年开始浙江省文物考古研究所针对龙泉窑黑胎青瓷问题制定了学术课题项目，重启了这一中断了近四十年的黑胎青瓷的考古调查、试掘与发掘工作。

为了从地层上获取龙泉黑胎青瓷的基础材料，2010 年下半年到 2011 年 9 月，经国家文物局批准，浙江省文物考古研究所、北京大学考古文博学院和龙泉青瓷博物馆组成联合考古队对溪口瓦窑垟窑址进行了考古发掘。尽管瓦窑垟窑址遭到了近半个多世纪的盗挖扰乱，考古工作者还是在发掘过程中寻找到了许多珍贵的信息。本次发掘共揭露出两处龙窑遗迹，编号为 Y1、Y2，其中 Y2 存在 4 条窑炉（依次编号为 Y2、Y3、Y4、Y5）的叠压打破关系。

Y1 发掘结果显示，其时代应为南宋时期。在出土的青瓷残片类型中，多数为灰白胎，黑胎仅为少数。白胎青瓷可辨器形有碗、盘、盏、碟、洗、盒、瓶、炉、执壶、鸟食罐、尊、觚、碾钵、器盖等，其中瓶有琮式瓶、白菜瓶、贯耳瓶、双耳瓶、五管瓶等，盘有八角折腹盘、葵口折腹盘、敞口小盘、凹折沿盘，盏有敞口盏、莲瓣纹盏，炉有鬲式炉、樽式炉，器盖有盒盖、壶盖、罐盖等，碗有莲瓣纹碗、"S"云纹碗等，有些还带有"河滨遗范"款。除碗和部分琮式瓶胎体较厚外，其他器形特征均为胎体较薄、造型小巧、圈足器足壁较薄且足端刮釉。器物釉质多数为玻璃釉，有少量的乳浊釉，釉色多样，有浅绿色、粉青色、米黄色等。黑胎青瓷可辨器形有盘、盏和白菜瓶。出土的窑具可分为匣钵和支垫具两类。其中匣钵有平底匣钵和凹底匣钵，支垫具有泥质和瓷质之分，泥质多为饼形、圆锥形，瓷质有圆饼形、椭圆形。另有少量圆形带支钉、圈形支钉、钵形间隔具等。此外个别匣钵残片上有刻划字符如"天""青""千""三""万"等。

Y2 发掘结果显示，其时代应为南宋至元代。其中南宋时期的青瓷类型与 Y1 相差不大，多数为灰白胎，黑胎残片发现较 Y1 为多，有较多的瓷片胎色呈灰色，甚至是深灰色、灰黑色。可辨器形灰白胎类青瓷和出土窑具与 Y1 基本相同；黑胎类青瓷造型有圆口盏、八角盘、菱口盘、把杯、白菜瓶、鬲式炉、樽式炉、尊、觚、簋等。

图 2　查田镇溪口村瓦窑垟窑址

Y2 是在打破原来窑炉（Y5）的基础上修建而成。Y5 窑炉遗迹内出土黑胎瓷盘和器盖各一件，而这也是溪口瓦窑垟考古发掘揭示出来的原始地层堆积中出土的仅有的两件器物，同时为我们确立瓦窑垟窑址黑胎青瓷的烧造年代，提供了极其珍贵的资料。从目前考古发掘资料来看，Y5 是瓦窑垟窑址中最早烧造的窑炉，其保留下来的原始地层也即瓦窑垟窑址中最早的地层（图2）。基于此我们可以认为瓦窑垟窑址可能在建窑初期即已烧造黑胎青瓷，也就是说瓦窑垟窑址可能从一开始就烧造黑胎产品（图3）。

图 3　查田镇溪口村瓦窑垟窑址出土器物

显然，瓦窑垟窑址已经不可能提供完整的原始地层和期望得到有纪年的直接材料来确定其生产年代，黑胎青瓷又

是一种特殊的产品，在龙泉窑本身的发展脉络中找不到其自身的发展规律，故很难完全靠黑胎青瓷本身来确定其年代，但我们可以从与黑胎青瓷共出之其他产品来推断黑胎青瓷产品之生产时间，其中非常重要的即是出筋之"河滨遗范"款碗。

在瓦窑垟窑址中与黑胎青瓷共出有"河滨遗范"款碗，尽管出土时因早年的人为扰乱已没有明确的地层依据来证明两者的时代早晚关系，但因为有Y5局部遗留地层而得出瓦窑垟窑址可能从一开始就烧造黑胎产品的推断，那么黑胎青瓷应该不会晚于与之共出之"河滨遗范"款碗的生产时间。因此只要确定了"河滨遗范"款碗的生产年代，就可以大致推断出黑胎青瓷开始生产时间的下限。从现有资料看，"河滨遗范"款碗有不少的出土，但真正有纪年的仅有安徽省博物馆收藏的一件。该件碗于1955年出土，内底压印"河滨遗范"款，外底墨书"庚戌年元美宅立"。此器物出土时，学者们将其年代推断为1130年，此后不知出于何因，又将其改断为1190年。由于是干支纪年，学者们根据不同时期对龙泉青瓷的不同认识，产生了不同的年代判定，也是可以理解的。但随着出土材料的丰富，我们认为，将此"河滨遗范"款碗之"庚戌年"判为1130年可能更符合客观事实。此器物花口、内口沿下有白色出筋，而花口下白色出筋这种风格的龙泉窑瓷器，在绍兴新昌绍兴二十九年（1159年）墓中即有出土，在松阳之"辛未"（1091年？）纪年墓中，也有类似出筋风格龙泉窑瓷器出土。另外，这种出筋装饰风格，在北方耀州窑、临汝窑等宋代窑场中较为流行。故从各方面综合分析，此类出筋装饰风格应流行于北宋晚期，延续到南宋初年，尤其是龙泉窑，此后基本不见，安徽出土之"河滨遗范"碗"庚戌年"判为1130年似乎更合适。

既然出筋之"河滨遗范"铭碗主要流行于北宋晚期至南宋初年，那么作为从窑场设立之初就烧造黑胎青瓷的瓦窑垟窑址，与"河滨遗范"铭碗同出之黑胎青瓷显然不会晚于南宋早期，至少不会晚至孝宗以后。

此外热释光年代的测定，也支持了这一判断。笔者曾请上海博物馆对从溪口瓦窑垟和小梅瓦窑路出土的标本进行热释光年代测定，数据基本处于1121年～1171年之间，大致在南宋绍兴年间。另外，在1982年中国古陶瓷科学技术国际研讨会上，英国牛津大学的学者对大窑黑胎瓷片的热释光年代测定为距今852年，相当于1130年，与上博测定的数据基本一致。而这一科学测定的数据，与我们先前的考古推断是一致的。

2. 小梅镇瓦窑路窑址的考古发掘工作

2011年国庆节期间小梅瓦窑路窑址的局部发掘，为龙泉窑黑胎青瓷的研究又提供了新的考古资料。在一个3×2.5平方米，深仅40厘米的探方中，出土了200余件可复原的黑胎青瓷器物，同时也有较多的匣钵、支垫具、窑塞、火照等窑具出土（图4）。

这些瓷器的胎壁很薄，釉层并不厚，釉质多玻化，而且釉层都开有细碎片纹，片纹多呈灰黄色或灰白色条纹状，而与常见的开片青瓷风格差距较大。器形也十分丰富，在这200余件器物中就有14类20多种器形，包括"河滨遗范"葵口碗、八角碗、菱口盏、盖杯、把杯、多边折腹盘、菱口折腹盘、葵口碟、折沿洗、盖罐、鸟食罐、胆瓶、纸槌瓶、盘口瓶、鬲式炉、带盖粉盒、觚、尊等（图5、图6）。值得注意的是，在这批器物中未发现一件同类器形风格的白胎青瓷。

瓦窑路窑址与瓦窑垟窑址相比，从产品的总体风格上来看是比较接近的，年代上也应属于同一时期。但两个窑址之间，特别从黑胎青瓷来看，两者还是存在一些区别：

从器形看，瓦窑路窑址未发现白菜瓶、洗形的把杯、多棱的鬲式炉、琮式瓶及翻口的折腹盘等。溪口瓦窑垟窑址出土器物的器形更为丰富。瓦窑路窑址出土器物的胎色有黑、浅黑、深灰、浅灰、米黄等，胎色较浅的仅见于"河滨遗范"碗。瓦窑垟窑址有白胎，也有黑胎，黑胎颜色较深。瓦窑路窑址多玻璃釉、多细小开片、釉相对较薄。瓦窑垟窑址有较多的乳浊釉残片，开片相对较大、多厚釉。两处地点尽管都出土有"河滨遗范"铭碗，但瓦窑路窑址出土的碗没有白筋，瓦窑垟窑址出土的碗有白筋。从窑具上看，瓦窑路窑址未发现支钉窑具和盏形的窑具，但有泥质垫饼。瓦窑垟窑址发现少量支钉窑具，有盏形、椭圆形窑具等，基本为瓷质垫饼。故从器物及窑具等推测瓦窑路窑址出土的

图4 小梅镇瓦窑路窑址

图5 小梅镇瓦窑路窑址出土器物

图6 小梅镇瓦窑路窑址出土器物

图7 龙泉黑胎青瓷

图8 大窑地区

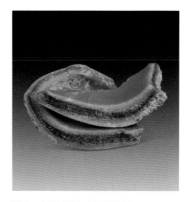

图9 大窑地区出土黑胎青瓷

图10 大窑大湾窑址采集到的与黑胎青瓷粘连的白胎青瓷

黑胎青瓷要略早于溪口瓦窑垟窑址出土的黑胎青瓷。

在上述两处窑址考古发掘工作的同时，浙江省文物考古研究所还对龙泉窑核心区的大窑、溪口、金村、石隆等4个片区内的窑址进行了详细的考古调查工作，并对相关重要窑址点进行局部试掘。在这一过程中，许多黑胎窑址不断被发现，也进一步刷新了已有的认识。

二　龙泉窑黑胎青瓷相关问题的研究与认识

（一）黑胎青瓷的分布范围、年代与性质

从持续多年的考古调查以及最近几年的考古发掘工作情况来看，龙泉黑胎青瓷（图7）的生产中心地区除比较典型的溪口瓦窑垟一带外，尚有大窑，且其分布范围几乎涉及整个大窑地区，此外在小梅镇瓦窑路、石隆一带乃至龙泉东区都有黑胎青瓷窑场的存在。从产品面貌上来看，除了上述朱伯谦先生看到的厚釉类精细器物外，亦有薄胎薄釉（黑胎青瓷总体上都可归于厚釉类产品，但其本身也有相对厚薄之分）、厚胎薄釉、厚胎厚釉等类型，胎色从灰到灰黑千差万别，釉色亦复杂多样，时代也不仅限于南宋晚期，往上推与向后延的可能性都已存在，黑胎青瓷很有可能在龙泉地区有一个发展、成熟与衰落的过程。

作为龙泉窑生产的核心——大窑片区，存在多处黑胎青瓷窑场，这在陈万里先生的早期调查报告和20世纪50年代末的浙江省文物管理委员会的考古工作中都有体现。此外近年来我们对大窑片区内窑址进行调查时也有发现，如杉树连山、山头垟、学校后等窑址均有黑胎青瓷碎片的发现。据20世纪60年代发掘调查资料来看，大窑片区的黑胎青瓷产品类型存在和瓦窑路窑址相类同的如山头垟窑址，也存在和溪口窑址相类同的如杉树连山窑址，也存在一批生产薄胎粉青厚釉器物的窑址如学校后窑址等，其年代似乎应更晚一些，相当于郊坛下官窑的年代。总体来看，大窑地区黑胎青瓷面貌远比溪口瓦窑垟等窑址要复杂得多，既有薄胎薄釉，也有厚釉粉青极其莹澈者（图8、图9）；既有开片的，也有不开片的。从年代上来看，大窑地区黑胎青瓷的延续时间似乎比瓦窑垟等其他窑场更长，从南宋早期一直延续到南宋晚期，甚至到元代，如我们在大窑大湾窑址采集到的与黑胎青瓷粘连在一起的白胎青瓷上（图10），发现有八思巴文字的存在，这是以前从未发现过的，这不仅是考古材料的增加，更是大大地开阔了我们的研究视野。

从瓦窑路窑址、瓦窑垟窑址和大窑各窑址生产的黑胎青瓷比较来看，小梅镇瓦窑路窑址的黑胎青瓷似乎比大窑、溪口两地的黑胎青瓷年代要早些。瓦窑路遗存一类产品面貌独特，开极碎的片纹，具有"百圾碎"的特征，许多产品在胎釉和器形特征、装烧工艺等方面具有一定的早期性，且与文献中哥窑"百圾碎"的特征更趋一致，这应是今后研

究的重点，也可能是解决龙泉黑胎青瓷和南宋官窑关系的关键，这可以说是龙泉窑研究的突破性进展，对于这一成果，2011年中国古陶瓷学会龙泉年会的与会专家给予了积极评价，不少专家认为，龙泉窑的考古发掘成果以及在此基础上所做的初步研究，无疑深化了对于龙泉窑一些重大问题的认识，也拓展了对于哥窑学术问题的研究视野，他们的发现和研究应予以高度重视，并期待更多的考古发现和进一步的深入研究。

除了上述溪口瓦窑垟和小梅瓦窑路窑址的发掘及大窑区域的调查外，我们还针对以前并不被大家所关注的石隆区域，甚至被划为主要供应下层百姓之龙泉东区，也进行了详细的调查。结果在这些地区均找到了不同时期的黑胎产品，这既大大丰富了对龙泉黑胎青瓷生产窑场的认识，也为龙泉黑胎青瓷的综合研究提供了一个很好的基础。

图11　石隆窑址群出土器物

石隆窑址群存在少量黑胎青瓷窑址，在生产黑胎青瓷的窑址上还发现了釉呈米黄色的产品。此类器物胎色呈土黄或深褐色，胎质较细腻。釉色以米黄为主，深浅不一，均开片纹，片纹亦大小不一，釉层极厚，许多器物断层可以看到至少三层的施釉痕迹，釉面莹润肥厚。器形主要有簋、弦纹瓶、炉、罐、碗、盘等。部分器物如簋，其器形、胎釉与上海青浦任氏墓出土器物非常接近（图11）。

既然龙泉黑胎青瓷的始烧年代大致在南宋早期，那么龙泉黑胎青瓷就不宜称为仿官产品。龙泉黑胎青瓷可能就是明人文献中所述的哥窑。尽管在龙泉烧造黑胎青瓷的窑场不算少，但一个时期内，其生产的窑场并不多，烧造黑胎青瓷的窑场在溪口一带也仅有三处窑址有遗物存在。这表明龙泉黑胎青瓷的烧造并不是大规模的存在，而是小范围的小规模发生。也说明了黑胎青瓷的烧造技术在南宋时期是高端的制瓷技术，没有普及生产的可能性，其性质与宫廷有关。龙泉黑胎青瓷与南宋官窑一样，与宫廷应有着非常密切的关系。

从外观上看，龙泉黑胎青瓷的特征与郊坛下官窑产品非常相似，但釉比郊坛下官窑更透明，而对两处出土瓷器工艺性质的测试结果表明其也有许多一致的方面，如显气孔率和吸水率都比较低，说明两者胎质都非常致密。由于各自使用的原料不同，郊坛下官窑与龙泉黑胎青瓷胎的化学成分有很大差异，在中科院上海硅酸盐研究所收集测试的15个郊坛下官窑瓷胎中，SiO_2、Ai_2O_3、Fe_2O_3 的平均含量分别为67.04%、23.90% 和3.22%。20个龙泉黑胎青瓷胎的平均含量为63.22%、25.53% 和4.14%。与龙泉黑胎青瓷相比，郊坛下的 SiO_2 含量较高，而 Ai_2O_3 和 Fe_2O_3 的含量相对较低。而对两窑釉的化学成分的测试发现，他们在釉的化学组成上却非常相近，有的几乎相同，表明两者之间可能存在密切的关系。

笔者曾通过对龙泉以瓦窑垟遗址为代表的生产黑胎青瓷的窑场与杭州南宋郊坛下官窑的比较研究，认为两者无论从窑炉结构、制瓷工艺、烧造方法，还是产品的胎、釉、器形等方面，均基本一致。但郊坛下瓷器烧造工艺，至少其窑炉砌建技术有可能来自龙泉，或者带有龙泉元素（这里所指因素包括弧形的窑门、前缓后陡的窑床结构等）。因此提出"是否可以认为在郊坛下官窑烧造以前，龙泉就已经烧造被公认为瓷器烧造中最高水平的粉青瓷器了，那么把龙泉烧成的黑胎青釉瓷器定性为仿官产品（这个仿官当然指的是仿南宋官窑，因为北宋官窑的真面目至今未清），我们是否有重新审视的必要呢"[5]。言下之意是说龙泉黑胎青瓷存在着早于南宋郊坛下官窑的可能性。这是对龙泉黑胎青瓷仿官说法的间接否认。

（二）黑胎青瓷与哥窑的关系

既然龙泉黑胎青瓷与南宋郊坛下官窑关系如此密切，但又不是仿官，那么其性质又是如何的呢？我们认为其即是文献中记载的哥窑。

根据明清以来的各种文献关于哥窑器物的描写，还原哥窑特征如下：

1. 时代：宋

《宣德鼎彝谱》"仿宋哥窑款式炉"[6]；《弇州四部稿·说部·宛委余编》"宋时……故曰哥窑"[7]；《春风堂随笔》"宋时……故名哥窑"[8]。

2. 地点：龙泉

烧造地点：文献资料认为是处州、龙泉县、琉田，这与龙泉黑胎青瓷主要集中在大窑地区是吻合的。

《春风堂随笔》"皆处州人"[9]；《弇州四部稿·说部·宛委余编》"宋时处州"[10]；明嘉靖《浙江通志·地理志》"县南七十里曰琉华山……主琉田窑造青器"[11]。

3. 胎：黑胎、紫口铁足、胎骨厚薄不一

《格古要论》"旧哥窑……有铁足紫口"[12]；《长物志》"官、哥、汝窑以粉青色为上，淡白次之，油灰最下，纹取冰裂、鳝血，铁足为上……今假哥窑碎文不能铁足，铁足则不能声"[13]。

4. 釉：色青，浓淡不一，粉青为上

《格古要论·古窑器论》"旧哥窑色青，浓淡不一"[14]；《弇州四部稿·说部·宛委余编》"兄所作者视弟色稍白，而断纹多，号白圾碎"[15]；《遵生八笺·燕闲清赏笺·论官哥窑器》"官窑品格大率与哥窑相同，色取粉青为上，淡白次之，油灰色，色之下也，纹取冰裂、鳝血为上，梅花片、墨纹次之，细碎纹，纹之下也"[16]。

5. 总体面貌：与官窑类似

根据上述特征，那么，龙泉黑胎青瓷完全符合文献中关于哥窑的特征描述。

首先，龙泉黑胎青瓷之年代，尽管学者们有北宋晚期、南宋早期、南宋中晚期之争议，但基本处于宋代，是得到公认的。地点当然在龙泉。其次，从器形及胎釉看，龙泉黑胎青瓷制品以陈设瓷为主，可概括为薄胎、厚釉、开片、紫口铁足，这个特征与文献记载哥窑特征类似，尤其是胎釉，紫口铁足。称铁足，主要是胎中含铁量比较高，但只有龙泉地区一直以来有称黑胎为铁胎、铁骨等。而从龙泉出土之黑胎青瓷标本看，其含铁量确实较高，甚至在小梅瓦窑路窑址出土的标本中，其散落于地下的经过1200℃高温烧制的瓷器之露胎部分竟然生满铁锈。所以把刮釉烧成后的含铁量高之器足称为铁足，恰恰是龙泉工匠们取材于生活的生动写照。另外，从文献中关于开片的描述"白圾碎""浅白断纹"等，龙泉黑胎青瓷亦完全符合，也只有在瓦窑路和瓦窑垟的许多产品中，我们才看到类似的情况。瓦窑路产品之开片，明显比一般的纹路要白、要宽，而且是"断纹"、是"白络"，这是其他窑址中所不见的，这也不应是偶然现象。《五杂俎》"定、汝、官、哥四种，皆宋器也。流传至今者，惟哥窑稍易得，盖其质厚，颇耐藏耳"[17]，从《五杂俎》对哥窑瓷器的鉴定特征"质厚"，颇与叶真《坦斋笔衡》"江南则处州龙泉县窑，质颇粗厚"[18]有异曲同工之妙。

综合以上，龙泉黑胎青瓷与文献记载之哥窑特征相符。龙泉黑胎青瓷就是正统的哥窑。20世纪60年代，周仁对由故宫博物院提供的传世哥窑瓷标本与浙江龙泉黑胎青釉瓷和白胎青釉瓷以及景德镇仿哥窑瓷标本进行了测试，结果显示"'传世哥窑'不在龙泉烧造之说是可以接受的，龙泉黑胎青瓷可能就是正统的哥窑，这种说法也是有相当根据的"[19]。

（三）哥窑与传世哥窑诸问题

既然龙泉烧造的黑胎青瓷就是哥窑产品，那如何有效辨别是研究哥窑的基础，尤其是故宫博物院等各大博物馆的传世品，而不是一说起哥窑就是传世哥窑，一说传世哥窑就是金丝铁线，其实两者本就是两个概念，不能等同。据我们观察，除了现在两岸故宫博物院等哥窑产品中有部分为真正的宋哥窑产品外，在官窑产品中也有原应是龙泉烧造的黑胎青瓷本应是哥窑产品却被归为官窑的产品。而在现有的传世哥窑产品中，也确有许多器物的年代根本到不了宋；由于对哥窑产品的认同，宋以后历代都有仿制哥窑，从元末新烧的成群队者，到明清直至民国，仿烧哥窑代代相沿这也是事实。永乐以后，明代御窑（器）厂仿哥之风大盛，各时期均有仿品，水平高低参差不齐。其中，宣德、成化两朝仿品最为著名。乾隆御制诗"铁足腰圆冰裂纹，宣成踵此失华纷，而今景德翻新样，复古诚知不易云"的评语，便特别提到了宣德、成化的仿哥之作，还有当朝的翻新。另外还有为了达到某种目的而有意识混淆之，如1941年9月19日，陈万里在日记上写道："此次来龙，曾听某贾（指古董商人）说龙泉古窑址出来黑胎物品，到了上海，专销几位研究古瓷的外国人，就说是杭州乌龟山出来的东西，并且说得煞有介事的，哪一处地方出土，出土的情形是怎样，当然还要编造一串假事实，于是一件龙泉黑胎物就可以冒牌出卖它一个高价。事情既然是这样，所以龙泉的黑胎，虽说是有了这样的幸运，其实可惜了龙泉的真价值，而竟戴上了毫不相干的乌龟山官窑的高帽子。"[20]

两岸故宫那些被定为传世哥窑的瓷器，主要是郭葆昌等老先生当年做的分类，都是凭直观简单的分类，当时的古陶瓷大家陈万里先生就认为这个分类有问题。不过把哥窑器物与官窑器物有所混淆，从古到今是一直存在的，"官""哥"不分，"官""哥"难分，在博物界早有说法。元代孔齐的笔记中更是用到了哥窑"绝类古官窑"[21]的描写，明代高濂在《遵生八笺》中说"官窑品格大率与哥窑相同……官窑质之隐纹如蟹爪，哥窑质之隐纹如鱼子，但汁料不如官窑佳耳"[22]，便细述了两者之间的区别和联系，也含糊表达了两者之间相互借鉴的意思。传世品中，也有这类属于亦哥亦官、官哥难分的器物。故宫博物院藏有一件葵瓣口小盘，文物底账的名称是"官窑盘"，而盘底刻有乾隆御制诗一首，诗题为《题哥窑盘子》。看来，今日专家的认知和二百多年前的乾隆皇帝便已有了分歧。

如果按照现在一般认为的传世哥窑才是哥窑，那么故宫博物院等单位收藏的传世哥窑，其基本特征：烧成温度不是很高，严格意义上，就是还没成瓷。用手指敲打，会听到它的声音不很清脆，是沉闷的噗噗声；釉色偏黄，表面上看有点油腻的感觉，亚光，基本是生烧品，和官窑的特征区别很明显。金丝铁线非常明显，因为是人为做出来的效果。所以我们认为即便它们是哥窑，也绝不是当年窑工所追求的"正品"，因为如果哥窑和官窑一眼就能分开，那还能符合古人对官哥两窑的认知——"官、哥不分"吗？哥窑的特征是"紫口铁足"，而不是"金丝铁线"。

哥窑产品尽管"绝类古官窑，不可不细辨也"，但毕竟是可以细辨的。哥窑和官窑不是同类，不同类的东西就有区别，找出区别就得细辨。故宫博物院藏三足鬲式炉，看似与官窑产品相似，但细看其足之出脊到底，哥窑产品有少量是出脊不到底，但多数是出脊到底，而官窑产品基本不见出脊到底的产品，这就是我们判断其应为哥窑而非官窑的依据。《宋官窑特展》[23]图31之北宋官窑粉青鬲式炉，基于同样的理由，是否应归为哥窑产品。因为北宋官窑的情况更为复杂，对其特征的把握更是少有依据，也许哥窑是学北宋官窑，北宋官窑也有出脊到底的产品，那就另当别论了。

另外，由于哥窑产品，尤其是早期产品，其烧成时，使用垫饼烧造，而且早期是使用泥质垫饼，泥质垫饼与器物本身胎质材料不同，在烧成时，收缩率不一致，使得器物的圈足部分，非常容易变形。而官窑产品烧成时，有许多器物是用支钉支烧，显然一般不会出现圈足变形的情况。即使是使用垫饼烧造的，也都是用瓷质垫饼，由于瓷质垫饼的材料与器物胎泥基本一致，烧成时基本能保持收缩同步，故一般不见圈足变形的，如有一些变形也是比较小。《宋官窑特展》图24之纸槌小瓶，高11.8厘米、口径5.4厘米、足径5.9厘米，粉青开片，足端黑色，底部有乾隆皇帝的题诗：宋时秘色四称名，不及柴窑一片瑛。下视永宣兹又贵，由来品第鲜常衡。这件瓶在该书内被定为"修内司官窑粉青纸槌小瓶"，其实，其圈足变形明显，较符合龙泉烧造的典型哥窑产品特征。

在哥窑产品中，还经常可以看到把器形做成八边形、六边形等，许多器物有棱有角，八方瓶、八方杯、八方盘、六角菱花式碟（郊坛下有）等比较流行，文献也多有记载，如《长物志》"哥窑方斗"[24]，《钦定续通志》"哥窑八角把栝酒梪"[25]等，而官窑则流行圆器，八边形、六边形等少见，有少量方口的小瓶等。哥窑把杯的錾也不是做成官窑的圆弧式的，而是尖状的，有棱有角，都是非常具有特征性的器物。这除了胎料因素外，说明龙泉的工匠水平之高。故宫博物院曾对原属于官窑的7件小碟进行测试，其胎釉元素组成符合北方瓷器特征，提出是否是文献提及的北宋汴京官窑抑或哥窑，还有待于深入研究的论点。其实这几件小碟据我们对照片的目测判断，可能也是龙泉所产，就是说可能也是哥窑产品。吴兴皇坟山出土的把杯，把錾圆弧，长期以官窑目之，现在看也应该归为哥窑产品。

哥窑及龙泉窑产品，还流行蔗段洗，而官窑产品则不见。《宋官窑特展》图84之南宋郊坛下官窑灰青葵瓣口小洗，高4.4厘米、口径11厘米、足径7.5厘米，青瓷开片，露胎处为铁锈红，其实就是胎铁份氧化的结果，也是较为典型的哥窑产品。

综上，龙泉生产的黑胎青瓷是宋代哥窑、其特征与官窑相近、产品为皇家生产的观点，是可以接受的。而曾被认作可能是哥窑的老虎洞窑场，实为"元末新烧"的仿宋哥窑产品烧造地。近年来龙泉南区新发现的米黄釉产品表明，龙泉可能也是"传世哥窑"的重要生产地之一。所谓的"金丝铁线"，为民国及以后产生的概念，明显是后代人为添加，以此来作为哥窑的特征，显然是错误的。

在上述认识的基础上，我们还应注意以下几点：

一是哥窑本身有一个发生、发展的过程，所以其窑场应不止一处，年代也有一个延续的时间。

从现有考古材料来看，尽管从大的区域来说，哥窑产地在龙泉，但在龙泉却分布有几处窑场。不仅在一直以来被密切关注的溪口瓦窑垟窑址和大窑岙底等地找到了黑胎青瓷产品，还在小梅瓦窑路、石隆等地也找到了生产黑胎青瓷的窑场。2012年更是在龙泉东区的窑场中找到黑胎青瓷的产品，这是一个全新的发现，而且似乎在龙泉地区的许多两宋之际的窑场中均有黑胎青瓷生产的趋向，且似乎黑胎青瓷往往与"河滨遗范"款青瓷共出，这也给我们研究龙泉黑胎青瓷和哥窑提供了一条新思路。其实这也是古代窑场烧造宫廷瓷器规律的客观反映。在接到中央政府烧造瓷器的任务后，由于是有别于普通瓷器标准，又是采用与原来白胎瓷器不同的黑胎，而且是厚釉瓷器，与龙泉本地窑场原有的烧造工艺相比，除了窑炉还是龙窑以外，不管是制作还是烧造，几乎是全新的工艺，故需要在许多原有在烧的窑场中选择能符合烧制要求的窑场来承担任务，所以这也是为什么龙泉的许多窑场都有黑胎青瓷产品发现的原因。根据现有资料推测，可能先在龙泉东区的张村、小梅的瓦窑路等地试烧产品，同时在溪口瓦窑垟以及大窑等地一同烧造，一是为了选择合适的胎料，二是为新的厚釉工艺的实验。也许是龙泉东区和小梅的胎料均不很适合黑胎青瓷的烧造，所以在溪口瓦窑垟烧造了一段时间，但时间不长，可能是大窑的胎料更适合（这一点从现在来看也是），所以最后也放弃了溪口瓦窑垟一带，而集中在大窑进行生产（一直延烧至元）。并最后在大窑把这一生产工艺发扬光大，使龙泉窑成为青瓷生产的集大成者，成为一代名窑。

南方烧造瓷器基本上都是龙窑，而龙窑生产是极其复杂的，在古代龙窑烧成率低下的情况下，尽管看似一条龙窑的装烧量比较大，但靠一个窑场是根本无法满足需求的。不管是唐宋时期的越窑，还是汝窑、南宋低岭头类型窑址，更不用说明清景德镇御器（窑）厂，都需要几个窑场或几条窑同时生产，才能满足需求。况且，除了各种因素导致窑炉的装烧量与常人的理解有较大差距以外，其烧成率的低下，也是一个窑场无力承担宫廷任务的原因之一。北宋庆历年间余姚县令谢景初作《观上林埛器》[26]中明确提到"百裁一二占"；而在民国三十三年宝溪乡乡长陈佐汉给龙泉县长徐渊若的报告中更是"百器之中而获美满完璧者，不过区区数件耳"[27]。而宫廷用瓷的标准肯定是属于这"一二占"和"区区数件耳"之中。所以即使是在溪口瓦窑垟，也是有瓦窑垟的两处和大磨涧边窑场烧造黑胎青瓷。

除了有多处窑场同时烧造以外，龙泉黑胎青瓷烧造的时间也有一个发展过程，从小梅瓦窑路和溪口瓦窑垟及龙泉东区的张村窑址，我们推断其年代为南宋早期，是否还会更早，现在尚无明确证据，但黑胎青瓷的烧造从南宋早期一直延烧整个南宋时期，甚至进入元代还在烧造，我们在大窑岙底的窑址中，就发现黑胎青瓷瓷片与八思巴文刻款器物粘在一起的标本，这是否就是"中统以来，杂金宋祭器而用之，至治初，始造新器于江浙行省，其旧器悉置几阁"[28]之新器，尚需今后的考古工作来证实，但至少说明，龙泉黑胎青瓷的烧造是一个长期的过程，其本身有一个发展的过程，其不同时期的产品特征也有不同的特点，从黑胎产品的薄釉（相对于典型的厚釉产品，但比龙泉窑早期如北宋白胎的薄釉产品要厚）到厚釉、从开片到不开片，不同阶段呈现的特征差异，拿一个南宋中晚期来框定整个龙泉黑胎青瓷的生产时间，显然是简单了，也与客观事实不符。

二是应该把所谓的"传世哥窑"瓷器做一个分类，该归宋代哥窑的归哥窑，仿哥的归仿哥，元代仿哥归元代仿哥，清代仿哥归清代仿哥，而不是把不同时期的器物全部放在一个框里，作为一个个体来对待。

对于这一点，故宫博物院已经在着手进行了。由于传世哥窑的复杂性和存在的问题，希望能够通过对器物特征的归类，以及胎釉成分的科学检测，把所有故宫博物院藏原定为哥窑的器物，按不同的检测结果归为不同的类别，再通过年代的分析，把不同类别的哥窑器物分别归为不同时期的哥窑或仿哥窑产品，最后通过一系列的与不同类别特征相近的不同地区的考古标本进行胎釉检测比较，以确定哪个时期的哪类产品应该是属于哪个地区烧造的，这是一种科学的研究态度，也是实事求是解决哥窑问题的一把钥匙。

三是既然把哥窑与仿哥区别了，那么"传世哥窑"的名称就没有存在的必要，可以叫哥窑、明代仿哥或者雍正仿哥等，或者称元代哥窑、明代哥窑、雍正哥窑？

注 释

1　陈万里：《龙泉大窑之新发现》，《瓷器与浙江》，中华书局，1946 年。

2　陈万里：《一年半中三次龙泉之行》，《瓷器与浙江》，神州图书公司，1975 年。

3　朱伯谦：《龙泉青瓷简史》，《龙泉青瓷研究》，文物出版社，1989 年。

4　朱伯谦、王士伦：《浙江省龙泉青瓷窑址调查发掘的主要收获》，《文物》1963 年第 1 期。

5　沈岳明：《"官窑"三题》，《故宫博物院院刊》2010 年第 5 期。

6　（明）吕震等：《宣德鼎彝图谱》，中国书店，2006 年。

7　（明）王世贞：《弇州四部稿》，文渊阁四库全书本。

8　（明）陆深：《春风堂随笔》，文渊阁四库全书本。

9　同注释 8。

10　（明）王世贞：《弇州四部稿》，文渊阁四库全书本。

11　（明）胡宗宪、薛应旗修：《浙江通志》，台北成文出版有限公司，1983 年。

12　（明）曹昭：《格古要论》，夷门广牍本。

13　（明）文震亨：《长物志》，《粤雅堂丛书》，咸丰三年南海伍氏刊本。

14　同注释 12。

15　同注释 10。

16　（明）高濂：《遵生八笺》，中国医药科技出版社，2011 年。

17　（明）谢肇淛：《五杂俎》，中华书局，1959 年。

18　（宋）叶寘：《坦斋笔衡》，载（元）陶宗仪撰《南村辍耕录》，商务印书馆，1936 年。

19　周仁、张福康：《关于传世"宋哥窑"烧造地点的初步研究》，《文物》1964 年第 6 期。

20　陈万里：《一年半中三次龙泉之行》，载《陈万里陶瓷考古论文集》，紫禁城出版社，1997 年。

21　（元）孔齐：《静斋至正直记》卷四，上海古籍出版社，1995 年。

22　同注释 16。

23　台北故宫博物院：《宋官窑特展》，台北故宫博物院，1996 年。

24　同注释 13。

25　（清）嵇璜、刘墉撰：《钦定续通志》，文渊阁四库全书本。

26　谢景初：《观上林垆器》，《会稽掇英总集》，《文渊阁四库全书》，台北商务印书馆影印本，1983 年。

27　龙泉民国档案。

28　（明）宋濂等：《元史》卷七十四，中华书局，1976 年。

Archaeological Discoveries and the Understanding of Black-Bodied Celadon from Longquan

Shen Yueming

Abstract

Longquan is one of the most significant centres of ceramic production in Chinese history, and represents Chinese celadon production at its peak period throughout the past millennia. Archaeological work to date manifests that the kilns in Longquan could be divided into two major areas: the eastern area, which produced mainly for commoners and export, and the southern area, which worked mainly for the imperial court and the aristocracy. While there are many academic questions related to the Longquan kilns, the appearance and nature of black-bodied celadon from Longquan is undoubtedly a critical one, which is most complex and associated with many other issues. This article therefore focuses on Longquan black-bodied celadon. It examines its research history, distribution, date and nature of its manufacture, association with Ge wares, and the relationship between Ge wares and heirloom Ge wares (i.e., those primarily from the Qing court collection and now in the two Palace Museums). It's hoped that the article helps to clarify some questions and advance our research on Ge wares.

Keywords

Longquan ware, black-bodied celadon, Ge ware

清宫视野下的哥窑
——以故宫博物院清宫旧藏传世哥窑瓷器为例

韩倩

今日习惯把一类胎色较深、施灰青或米黄色厚釉、釉面润泽如酥且开有大小深浅不同裂纹的瓷器称为传世哥窑。它们不少来源于清代宫廷旧藏，现主要收藏在北京故宫博物院、台北故宫博物院、英国大维德基金会等国内外文博单位。

明清以降，宫廷与民间对古代陶瓷的喜爱不断增长，收藏和著述日盛一日，对哥窑的咏赞、评议越来越多，但"传世哥窑"概念被强调则是晚近之事。在近现代陶瓷考古学发展以前，对古陶瓷的知识主要来源于文献记载和传世遗物。20 世纪 20 年代以来，中国考古学不断发展，尤其是中华人民共和国建立后，成就辉煌。考古学源源不断地向陶瓷史研究提供着实物史料，持续补充、扩大着已有的知识，还时时修正，以致推翻着旧日的结论。由此，"宋代五大名窑"也面临不少新的解说 [1]，尤以哥窑问题最为复杂。1982 年出版的中国硅酸盐学会编《中国陶瓷史》，已将"哥窑与弟窑""哥窑与龙泉窑的黑胎青瓷""传世哥窑器"并列 [2]，揭示了哥窑研究的症结所在，即古人著述、地下发现与传世遗物的不对应。

尽管语焉不详，定窑、汝窑、官窑在宋代文献中均有记载，而哥窑，除元代《至正直记》[3] 中的"哥哥洞窑""哥哥窑"外，记述多在明以后。明初《格古要论》对哥窑产地的记录在原文"出"字后有阙文，表明曹昭对此已不甚了了；到嘉靖时期，却出现哥窑产于龙泉、因是章氏兄弟中哥哥所烧而得名的说法（如《春风堂随笔》《嘉靖浙江通志》《七修类稿续稿》等）；万历年间，又有了哥窑产于杭州凤凰山下、所用原料与南宋官窑瓷器相同的观点（如《遵生八笺》《广志绎》等）；此后，文献论及哥窑则基本是对章生一、生二的各种演绎。清代，古董著述日多一日，它们几乎必有说古瓷，还有几种陶瓷专著，大谈包括哥窑在内古代名窑，不过，其评议已难见新意。

根据文献提供的线索，考古工作在龙泉和杭州都曾发现"疑似"哥窑的遗址。在龙泉，民国时期，陈万里先生于实地调查中首先发现黑胎青瓷；20 世纪五六十年代，浙江省文物管理委员会在大窑、溪口等地确认了几处烧造黑胎青瓷的窑址；2010 年以来，浙江省文物考古研究所又在溪口瓦窑垟、小梅瓦窑路等窑址集中出土了几批黑胎青瓷。在杭州，1996 年位于凤凰山的老虎洞窑引起学界重视，杭州市文物考古研究所于 1998 ~ 2001 年对其进行考古发掘，在元代地层发现了部分与传世哥窑有一定相似的瓷片及模印八思巴文"章（或张）记"的支具。近几十年在墓葬、窖藏、城市遗址等考古发现的部分类似传世哥（官）窑的遗物，也有可能出自此窑。

必须承认，由于立论角度、研究方法的差异，目前学界对哥窑时代、产地、属性等的认识仍有分歧，又派生出传世哥窑、文献哥窑、龙泉哥窑、哥（官）窑型等不同概念，对哥窑的讨论似乎越来越复杂。然而，缺乏近现代考古专业知识的清代宫廷似乎并未意识到上述陶瓷史上的疑难，从可供检索的实物、图像和记载看，他们自有赏玩、辨识哥窑的方式，并形成了较为系统的鉴赏观。

一 清宫旧藏传世哥窑

在 2016 年 1 月公布的《故宫博物院藏品总目》中，定名为"宋代哥窑"的瓷器有 64 件[4]。除 1 件早年拨借给他馆外，其余 63 件在此次展览的筹备过程中，均由耿宝昌先生再次鉴定，并遴选部分与故宫藏传世官窑、仿哥窑瓷器进行无损检测。检测运用便携 X 射线荧光能谱仪、实体光学显微镜两种仪器，对 43 件藏品釉的元素组成及釉面裂纹、气泡、质感等特征进行分析统计。

《藏品目录》收录的 64 件"宋代哥窑"，有"故"字号 52 件、"新"字号 12 件。故宫文物编号的"故"与"新"是区别入藏于 1949 年前、后的标志。52 件 1949 年前入藏故宫博物院的传世哥窑瓷器，又有 1 件（参见本书图版 39）是郭葆昌先生在抗战胜利后捐赠，其余 51 件则属于清宫旧藏（表 1）。器类包括盘 19 件（盘 1 件、浅盘 1 件、葵口盘 5 件、葵口折腰盘 8 件、葵口折沿盘 1 件、葵花式盘 2、菊花式盘 1 件）、瓶壶 8 件（胆式瓶 2 件、贯耳瓶 1 件、贯耳壶 3 件、八方贯耳壶 2 件）、炉 7 件（海棠式炉 1 件、鬲式炉 1 件、鼎式炉 1 件、簋式炉 4 件）、洗 7 件（圆洗 1 件、葵口洗 1 件、葵式洗 5 件）、碗 7 件（碗 2 件、葵口碗 5 件）、杯 2 件（葵口杯 1 件、八方杯 1 件）、罐 1 件。

[表 1] 《故宫博物院藏品总目》收录的清宫旧藏"宋代哥窑"

序号	文物号	釉色	造型	图录序号	原存地点或来源
1	故 145395	灰青釉	胆式瓶	2	阅是楼　大木箱　哥瓷小胆瓶
2	故 145397	灰青釉	胆式瓶	3	古物陈列所留平文物
3	故 145393	灰青釉	贯耳瓶	4	各处发现物品
4	故 145402	灰青釉	贯耳壶	5	古物陈列所留平文物
5	故 145401	灰青釉	贯耳壶	6	古物陈列所留平文物
6	故 145398	灰青釉	贯耳壶	7	颐和轩　粗木箱　口伤哥窑小瓶
7	故 145396	灰青釉	贯耳八方穿带扁壶	8	皇极殿正殿　木箱　仿哥窑双管带胆瓶
8	故 145399	灰青釉	贯耳八方扁壶	10	颐和轩
9	故 145403	灰青釉	罐	11	太极殿　哥窑小罐
10	故 145390	灰青釉	海棠式炉	12	古物陈列所留平文物
11	故 143036	灰青釉	鬲式炉	14	慈宁宫东跨院　木板箱　古铜鼎炉
12	故 145391	米黄釉	鼎式炉	62	古物陈列所留平文物
13	故 145387	灰青釉	簋式炉	16	宁寿门外东院
14	故 145392	灰青釉	簋式炉	17	古物陈列所留平文物
15	故 145389	灰青釉	簋式炉	18	颐和轩　粗木箱 带嵌玉木盖哥窑香炉
16	故 145388	灰青釉	簋式炉	19	古物陈列所留平文物
17	故 145384	青釉	洗	121	古物陈列所留平文物
18	故 145381	青釉	葵口洗	20	1955 年至 1958 年院内发现
19	故 145382	青釉	葵花式洗	22	颐和轩　木箱　哥瓷葵瓣洗
20	故 145383	青釉	葵花式洗	23	古物陈列所留平文物
21	故 145385	青釉	葵花式洗	24	古物陈列所留平文物

序号	文物号	釉色	造型	图录序号	原存地点或来源
22	故145386	青釉	葵花式洗	附图二	懋勤殿
23	故145287	灰青釉	葵花式洗	25	永寿宫
24	故145351	灰青釉	碗	29	宁寿宫 粗木箱 仿哥窑瓷碗
25	故145356	灰青釉	碗	30	慈宁宫东跨院 木箱 碎瓷小杯
26	故145354	灰青釉	葵口碗	32	钟粹宫 红木描金箱 无款哥窑瓷大碗
27	故145355	青釉	葵口碗	33	颐和轩 木箱 哥瓷葵瓣碗（足缺）
28	故145357	青釉	葵口碗	34	阅是楼 大木箱 哥窑碗
29	故145353	青釉	葵口碗	35	钟粹宫 红木描金箱 无款哥窑瓷大碗
30	故145352	青釉	葵口碗	36	颐和轩 木箱 哥瓷铜口葵瓣碗
31	故145361	灰青釉	浅盘	37	古物陈列所留平文物
32	故145362	灰青釉	盘	41	古物陈列所留平文物 热河（承德避暑山庄）来京
33	故145367	灰青釉	葵口盘	42	慈宁宫东跨院 木箱 哥瓷盘
34	故145363	灰青釉	葵口盘	43	古物陈列所留平文物
35	故145373	灰青釉	葵口盘	44	永寿宫、重华宫厨房、总务处
36	故145379	米黄釉	葵口盘	45	古物陈列所留平文物
37	故145374	米黄釉	葵口盘	46	懋勤殿
38	故145376	米黄釉	葵口折腰盘	47	古物陈列所留平文物
39	故145360	灰青釉	葵口折腰盘	48	外廷洪宪馆
40	故145371	灰青釉	葵口折腰盘	49	1953年4月养和精舍发现
41	故145369	灰青釉	葵口折腰盘	50	懋勤殿
42	故145375	灰青釉	葵口折腰盘	51	古物陈列所留平文物
43	故145368	灰青釉	葵口折腰盘	53	古物陈列所留平文物
44	故145378	灰青釉	葵口折腰盘	54	乾清宫西暖阁 方硬木箱 开片白瓷碟
45	故145377	灰青釉	葵口折腰盘	55	乾清宫西暖阁 方硬木箱 开片白瓷碟
46	故145372	灰青釉	葵口折沿盘	56	重华宫及厨房、崇敬殿、葆中殿、翠云馆、漱芳斋
47	故145365	灰青釉	葵花式盘	57	古物陈列所留平文物
48	故145811	青釉	葵花式盘	无	古物陈列所留平文物 现拨借他馆
49	故145380	灰青釉	菊花式盘	58	1953年4月弘德殿发现
50	故145359	灰青釉	葵口杯	59	慈宁宫东跨院
51	故145358	青釉	八方杯	61	古物陈列所留平文物

*"原存地点或来源"参见《故宫物品点查报告》《故宫博物院藏文物编号代字汇编》。

　　上述清宫旧藏哥窑瓷器的鉴定主要是20世纪50年代由故宫博物院老一辈陶瓷专家结合多年研究经验完成，或许也参考了部分晚清、民国时档案性资料[5]。这套依靠时间积累、归纳共性而形成的经验性知识，运用观察、触摸乃至手感轻重、敲击声响等手段，通过对器物造型、纹饰、胎釉、款识、底足等特征的鉴别，从而判断陶瓷的真伪、时代、窑口等。经过漫长的发展，它们不断完善、日益充实，其标准和结论常常较客观。孙瀛洲先生在1958年《故宫博物院院刊》创刊号中曾发表《谈哥汝二窑》，以"胎色、釉色、釉质""纹片""支钉""紫口铁足"来概括传世哥窑的特征：

胎色：沉香色、浅白色、杏黄色、深灰色、黑色等

釉色：粉青色、灰青色、鱼肚白色、油灰色、深浅米色等

釉质：纯粹浓厚、聚沫攒珠、宝光内蕴、润泽如酥

纹片：按纹色——鳝血纹、黑兰纹、金色铁线纹、浅黄纹、鱼子纹等

        按纹形——网形纹、梅花纹、细碎纹、大小格纹、冰裂纹等

支钉：裹足支烧器、砂足器、支钉砂足器

紫口铁足：无紫口铁足、有紫口无铁足、有铁足无紫口者很多[6]

由此可知，"金丝铁线"[7]虽被作为区分若干典型传世哥窑瓷器的标尺，器物本身的面貌却远比简净的语言丰富。至今，对传世哥窑的鉴别仍在延续这些标准。尤其，对釉面质感"光泽像人脸上的微汗"的直观描述，成为"官窑质之隐纹如蟹爪、哥窑质之隐纹如鱼子"外，区分官、哥二窑产品的重要依据之一。传统鉴定方法对哥窑的判断也存在疑惑，故宫文物信息记录卡片上，保留着一些修改痕迹，主要表现为哥窑与官窑难分、哥窑与仿哥窑难分。随着科学技术的发展，科技检测为从微观上研究古陶瓷提供了便利，为解决古陶瓷研究领域那些悬而未解的问题提供了新的途径。在此次对传世哥窑的无损检测中，着意选取了几件曾经在定名上有过不同意见的藏品，期待从科学角度给予辅证。

通过对便携 X 射线荧光能谱仪测试结果的分析，加之此台设备曾经测试过的龙泉黑胎青瓷、景德镇御窑瓷器标本数据，可大致从釉的化学组成上排除大部分被检测的传世哥窑、官窑产于龙泉和景德镇的可能性，但从检测结果中，仍无法明确辨别哥窑与官窑。而实体光学显微镜所观察到的釉面裂纹、气泡、质感等特征，受器物烧成温度、气氛影响较大，虽可区分部分典型作品（如较之传世官窑，传世哥窑裂纹浸色更明显、气泡略舒朗、釉质较乳浊），却无法涵盖烧窑过程中许多偶然因素。简言之，结合两种测试手段，可基本判断测试样品中的传世哥窑并非产自龙泉地区，并可基本辨别出传世哥窑中混杂的景德镇仿品，至于这些被认定为"传世哥窑"的藏品，是否包含着产地接近而烧造时代不同的产品，尚无明确结论。据此，《藏品目录》列为"宋代哥窑"中的 1 件葵花式洗（表 1-22）釉面裂纹、气泡、质感更接近南宋官窑；1 件鼎式炉（表 1-12）化学成分与其他传世哥窑样品有异，结合造型特征也许是元代作品；1 件圆洗（表 1-17）化学成分接近景德镇，可能是明代仿烧。另外，《藏品总目》中原定为明代仿哥窑的 1 件葵花式洗[8]（参见本书图版 26），化学成分与传世哥窑接近。当然，无损检测也有局限性，特别是在测试样品相对有限、测试手段相对单一的情况下，这样，在充分尊重其结论的同时，更期待累积数据，为明确或越来越趋近于明确传世哥窑产地等问题提供支持。

由于故宫博物院文物南迁时也有一定数量的清宫旧藏传世哥窑瓷器，加之晚清、民国时从宫廷流失海外的珍品，现存世清宫旧藏传世哥窑的具体数量和器类情况不甚明了。据故宫博物馆藏品来研究清代宫廷视野下的哥窑，虽有提示作用，却不免存在缺憾。

二　哥窑进入清代宫廷

清宫旧藏瓷器的来源，或是经前代宫廷传承下来，代有增益，终成规模；或是被视作古董珍玩，在清代帝王的主导下搜集入宫。品类繁多，造型丰富，流传有绪，自成体系。

传世哥窑在生产之初的性质，尚无法证实。但从部分器物内底留下的套烧痕迹看，高濂"烧于私家"的说法或许可信。毕竟，套烧是为了节约窑炉空间，在大件器物内放置小件一起焙烧。官窑制作理应不惜工本，何况套烧会令下面一件器物釉面美观有损。

足以证明哥窑进入宫廷视野的最早记载，大约出自《皇明纪略》："都太仆言，仁宗监国，问谕德杨士奇曰：哥哥器可复陶否？士奇恐其玩好心，答云：此窑之变，不可陶。他日，以问赞善王汝玉，汝玉曰：殿下陶之则立成，何

不可之有？仁宗喜，命陶之，果成。"论者每以此为明代宫廷仿烧哥窑始于仁宗为太子监国时（即永乐时期）的证据，并根据杨士奇、王汝玉的生平，推断仿烧成功应在"永乐七年二月以后不久"[9]。既能仿烧，哥窑显然已经进入宫廷并颇受爱重，这是明初的情况。著名的《宣德鼎彝谱》虽被疑伪书，学者亦相信其作伪时间不会迟于晚明，"内库所藏柴、汝、官、哥、均、定各窑器皿"便是当时宫廷收藏哥窑的实证。

在中国历代由少数民族建立的王朝里，若论统治集团的汉文明程度，最高当属清代。满族上层里，不仅有纳兰性德那样卓越的文学家，帝王自身也精通中国传统文化。清代恢宏的宫廷收藏得益于帝王的主导和推动，最直接、最可信的记载出自档案性史料。清代宫廷档案多收藏于中国第一历史档案馆，查阅多有不便。2008 年《清宫瓷器档案全集》出版，对该馆瓷器相关的宫廷档案进行了全面而系统的搜集，以奏折文稿、贡档进单、清档簿册三大类别编排，以影印方式最大限度地保持了原貌，避免了传抄转引中的讹误。其中，"贡档进单"收录了由亲王贵族、封疆大吏、地方士绅等进贡皇宫的哥窑瓷器，数量颇为可观。

《全集》辑录的时代始于雍正朝。清初哥窑进入宫廷的情况，已知较早的档案有康熙五十六年成书的《万寿盛典初集》。它记录了康熙五十二年圣祖皇帝六旬万寿时的贡物清单，其中皇子及王公大臣进贡瓷器 300 余件[10]，哥窑 21 件（表 2）。入贡的哥窑瓷器既有瓶、炉、洗、盘等传世哥窑常见者，也有"寿佛"之类似乎是仿烧的产品。检视档案即知，清代固然以"哥窑"和"哥釉"来刻意区别古董与时作，所谓"哥窑"瓷器中仍存在不少一望而知的后世仿品。进贡者鉴别能力不足自然是原因，但古物实在难得，为迎合统治者对古陶瓷的喜爱，或许也以仿品权充。

［表 2］《万寿盛典初集》中进贡的哥窑瓷器

进贡人	哥窑瓷器品种	卷次
恒亲王	万岁花囊（哥窑）	卷五十四
皇十三子	向日葵花盘（哥窑）	卷五十四
十四贝子	文王鼎（哥窑）	卷五十四
皇十七子	万字通盖炉（哥窑）、双寿花瓶（哥窑） 葵花笔洗（哥窑）、万寿花果插（哥窑）	卷五十四
和硕简亲王之子应封宗室雍乾	哥窑花尊一座	卷五十五
内阁大学士温达、松柱、李光地、萧永藻、 王掞，学士马良、傅尔呼纳、舒兰、巴格、 阿尔法、绰奇、蔡升元、彭始抟、邹士璁、沈涵	哥窑乳炉一座 哥窑香炉一座	卷五十六
监造张常住	哥窑盘一对	卷五十六
户部尚书穆和伦、张鹏翮，侍郎塔进泰、王原祁、 噶敏图、廖腾煃，仓场侍郎施世纶	哥窑香垫 哥窑卍字手炉 哥窑香碟	卷五十七
礼部尚书赫硕色、陈诜，侍郎二格、王思轼、冯忠、胡作梅	哥窑菱花洗 哥窑七贤瓶	卷五十七
兵部尚书殷特布、孙征灏，侍郎觉和托、 李先复、巴颜柱、宋骏业	哥窑葵花盘	卷五十七
通政使司通政使刘相、郝惟谞，通政罗瞻、郝林、 王景曾、张德桂，参议苏伯霖、关保、陈汝咸	哥窑笔洗	卷五十八
大理寺卿仍兼太常寺卿荆山，大理寺卿孟世泰，太常寺卿李敏启， 大理寺少卿巴霁纳、邵观，太常寺少卿佟鼐、黄叔琳	哥窑乳炉	卷五十八
经筵日讲官起居注吏部尚书兼翰林院掌院学士致仕徐潮	哥窑寿佛一尊	卷五十九

"清档薄册"是《全集》分量最重、涉及最广的部分，其中《造办处各作成做活计清档》详细登录了雍正至光绪七朝承办瓷器相关活计的事由、器物名称、数量、经办人及经办结果。《活计档》较大数量出现哥窑瓷器的记载是在雍正六年，皇帝下旨为养心殿后殿 643 件陈设古玩配做百事件，有哥窑 15 件 [11]：

（雍正六年九月）二十八日郎中海望奉旨：养心殿后殿明间屋内桌上有陈设玉器古玩，俱系平常之物，尔持出配做百事件用，做漆箱盛装，钦此。

于十月初一日，郎中海望持出各色玉器古玩共六百四十三件：

第一盘：……哥窑花插一件……哥窑异兽压纸一件……哥窑海棠式盆一件（珊瑚匙）……以上共各样器皿一百六十四件。

第二盘：……哥窑方斗一件、哥窑单耳笔觇一件（紫檀木座）……哥窑笔架一件（锦座）、哥窑甜瓜式水壶大小二件、哥窑葫芦式匙箸瓶一件（镀金匙箸紫檀木座）……哥窑扇式洗一件……以上共一百五十一件。

第三盘：……哥窑小瓶一件……以上共二百三十九件。

第四盘：……哥窑水盛一件（紫檀木座镀金匙）……以上共八十九件。

于本年十月十七日郎中海望持出：……哥窑六方笔洗一件……哥窑八瓣杯二件、哥窑海棠式瓷洗一件（随玻璃盖）以上共三十八件。

着入在本月初一日持出古玩一处，亦配百事件箱内用，记此。

于八年五月十六日，首领太监李久明持来……说太监刘希文传旨将此套圆交给海望入在百事件内，钦此。

于十三年十月初三日起至十五日止，司库常保首领萨木哈陆续呈进，讫。

"百事件"又作"百什件""百拾件"等，是清代宫廷一种独特的文物鉴藏方式。在一个体积不太大的箱、匣内，进行精巧的设计，令箱中套盒，盒中安屉，屉中分格，格中存物。一箱中少者能容数件、十数件、数十件，多者可达数百件。仅就命名判断，纳入百事件的 15 件哥窑应包括不少仿品，不过，经过创造性的组合方式，或许已经淡化了每件器物的功能及其或古董或时作的性质。

虽然雍正也颇热心陶事，对宫廷藏瓷的收贮方式有所旨意，但乾隆显然表现对瓷器鉴藏更高的热情。从臣工持进、认看品级，到配置架座和囊匣、决定陈设和收藏地点，再选择精品题写御制诗、描绘图册，无不按时、依序地进行。特别在执政初年，高宗尤重宫廷藏瓷体系的建立，对藏品等次认看格外关心。仅《全集》中收录的乾隆十年《活计档》中涉及哥窑的记事就达 43 条，有关辨明品级的 17 条 [12]。乾隆前期，古陶瓷鉴定不少是由造办处专门的认看人完成，如十年三月二十五日认看哥窑花觚的杨起云 [13]。当然，皇帝也会直接参与，如十年三月二十二日命哥窑圆洗、哥窑梅花洗、哥窑鼓墩式水注、哥窑七孔瓶入乾清宫次等，三月二十八日命哥窑靶锤入乾清宫头等，十月二十四日又命哥窑葵瓣洗入乾清宫古次等。这些旨令显然不仅决定了陈设地点，也包含了对品级的判定。随着知识的累积，乾隆中后期，皇帝的古陶瓷鉴赏能力逐渐提升，从咏哥窑御制诗创作集中在四十年以后可见一斑。

那么，问题来了，明清宫廷入藏的哥窑瓷器，除去若干仿品外，究竟是不是今日所谓"传世哥窑"？

由于缺少与文献直接对应的实物或图像资料，明代宫廷收藏哥窑的具体面貌已不清楚，仅就仿品做些推论。从已知实物情况看，明代景德镇御窑仿哥窑瓷器以宣德、成化时期最具代表，它们在开片和紫口铁足特征上均带有模仿传世哥窑的印记。最说明问题的或许是釉色，御窑仿烧龙泉窑青瓷，釉色可翠美如玉，但仿哥窑时所用釉色几乎均呈灰白或白中泛黄，这是否揭示着它们所摹仿的对象是釉色饱和度更低的"传世哥窑"？不过，这一立论的基础是明人亦将这类釉色浅淡、满布开片的御窑产品视作仿哥窑，若立论基础出现偏差，由此而派生的结论就会与客观越去越远，最终演成谬误，甚至沦为陷阱。

好在清代宫廷留下了不少图像资料，部分还能与现存文物对照。台北故宫博物院收藏的 4 本陶瓷图册《埏埴流光》《燔功彰色》《珍陶萃美》《精陶韫古》**（图 1 至图 4）** 均描绘了当时宫廷收藏的哥窑瓷器。每本画器物 10 件，每页对开装裱，上页为品名与图画，下页记录尺寸、釉色、形制、款识和前人的品评。学者透过档案记载并与台北故宫博物院现存清宫旧藏多宝格对比，推测这些图册原是与画中器物共置于一个木匣中，共同组成多宝格，图册则是这组多宝格的典藏目录。依据《活计档》记载，"埏埴流光"组合于乾隆二十至二十年（1755～1756年）之间，"燔功彰色"组合于乾隆二十一至二十二年（1756～1757年）之间，"珍陶萃美"组合于乾隆五十一年（1786年）左右，"精陶韫古"组合于乾隆五十五年（1790年）左右。如今，图册与器物已分开保存，但经过研究人员的努力，画作仍能与部分传世品相互对照[14]。从图样及器物看，其外观特征更接近传世哥窑。《精陶韫古》中还收录1件"明仿哥窑奁"（图5），与台北故宫博物院藏品相似，或可作为上文论及明代仿哥窑的又一旁证。

再看清代仿烧哥窑器。督陶官唐英在雍正十三年（1735年）《陶成事宜纪略》中记录了御窑厂烧造的仿古和创新瓷器共57种，其中"铁骨哥釉有米色、粉青二种，俱仿内发旧器色泽"。仿品釉色分米色、粉青，均仿自"内发旧器"，即当时宫廷收藏哥窑，与今见传世哥窑的釉色分类大致相符。故宫博物院院藏1件雍正时期仿哥窑簋式炉（参见本书图版139），其造型、尺寸、釉色、纹片等，很难相信仿制没有参照宫廷提供的传世哥窑作范本。《活计档》收录了乾隆二年"内务府庆丰司员外郎臣唐英""分选存贰色琢元瓷器估计价值敬缮黄册恭呈御览"清单，其中"贰色琢器"中第壹桶有"哥釉收小一号四方双管瓶壹件""哥釉玉壶春壹件"，第贰桶有"哥釉柿子水丞壹件"，第叁桶有"哥釉收小二号花瓶叁件""哥窑收小扁方双耳瓶叁件"[15]，代表了当时仿哥窑器的主要品种，在今见故宫藏中均可寻出实物。若怀疑这些名称较笼统且特点不突出的仿品难与传世品对照，再以一套清宫旧藏的仿哥釉象棋为例（参见本书图版152）。它旧藏于养心殿，《故宫物品点查报告》定名"哥磁象棋"。《活计档》中亦屡见哥窑象棋的记载，如"（乾隆十年十一月）十四日司库白世秀来说太监胡世杰交仙奕录书套匣一件（内盛哥窑相棋一副内补裂的十二件），传旨：配一木棋盘糊素白绫，一面画相棋，一面画画，其书套匣若是合牌的另换木胎换文锦，钦此。"[16]"（乾隆十一年五月）初一日司库白世秀、七品首领萨木哈将江西唐英照样烧造得红花白地甘露瓶四件、配盖的青花白地壮罐一件、照样烧造得青□□地有盖壮罐二件并哥窑象棋等件持进交太监胡世杰承览，奉旨：俱各留下，其甘露瓶着唐英再烧造几件，钦此。"[17]

三 清宫的哥窑鉴赏观

究竟是谁首先将一类胎色较深、施灰青或米黄色厚釉、釉面润泽如酥且开有大小深浅不同裂纹的瓷器判定为哥窑？就已知可供后人验证的图像资料看，乾隆皇帝是持此论者的先驱。尽管传为明代大收藏家项元汴晚年所做的《项氏历代名瓷图谱》已绘"宋代哥窑五峰砚山"，但该书是晚清画师临写自怡王府已烧失的藏本，后由民国郭葆昌校注刊行的摹本，学界对原图谱绘制年代和收录作品颇有质疑。

清高宗乾隆一生稽古右文，对书画、古籍、陶瓷、青铜、珐琅、雕漆、玉器等，无不雅好，并投入大量人力物力，建置起庞大的宫廷典藏。乾隆还热衷写诗，在揣摩把玩古物之际，皇帝每有感而发，吟咏之作6000余首[18]，咏瓷诗近200首[19]，题为咏哥窑的21首（表3），涉及盘（8首）、炉（5首）、碗（4首）、瓶（1首）、尊（1首）、枕（1首）、砚（1首）等造型。毋庸置疑，风雅的皇帝本人拥有很高的艺术品位，不过，这些对陶瓷的考订与品评背后，聚集了多少博学鸿儒的智慧与心力，则是无法估算的。如今，借由皇帝御览哥窑的轨迹，可以窥见的是那个时代精英群体对哥窑的历史知识和鉴赏观。

从御制诗的内容和征引的文献看，清代宫廷所掌握的关于哥窑的记载恐怕和近现代学者差别不大，知识来源主要是明人著述《格古要论》《春风堂随笔》和《遵生八笺》。对哥窑产地，乾隆完全认同《春风堂随笔》章生一、生二兄弟各主一窑。诗2"春风堂不观随笔"已点名出处，自注更直接引用了陆深原文。诗3、诗4、诗6、诗8、诗9、诗10、诗12、诗13、诗14、诗17、诗19、诗20显然也指向章氏兄弟。尽管，诗15引用了高濂哥窑取土于凤凰山的说

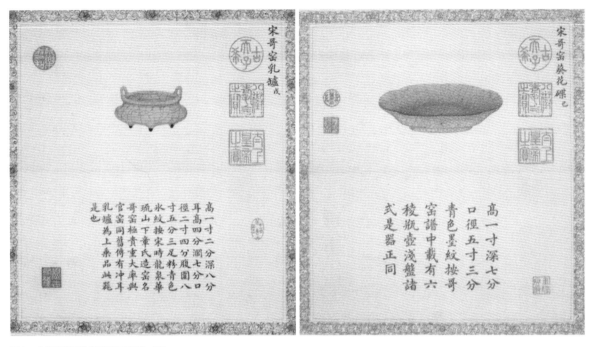

图1 《埏埴流光》绘制的哥窑炉、碟　　　　　　　　　　　　　　　　　　　　　　　　　　　图2 《燔功彰色》绘制的哥窑炉

法，但仅以此考证"铁足"成因，并未涉及产地的讨论。乾隆对生二窑的理解随着年事增长略有不同，四十年（1775年）说其"如官窑"（诗3自注），到五十六年（1791年）却说"是为官窑"（《咏官窑方瓶》自注），至于五十五年（1790年）肯定"为龙泉窑"（诗20自注），可能受《七修类稿续稿》中"生一所陶者为哥窑，以兄故也，生二所陶者为龙泉，以地名也"影响。

乾隆鉴赏哥窑的重点包括器形、釉色、开片、工艺等，几乎囊括了后世古陶瓷鉴定的全部要领。吟咏最多的品种葵花式碗、盘和炉，在今日传世哥窑中亦较常见。乾隆偏爱葵花式碗（诗3"碗肖葵花意独超"）、盘可能因为葵花被评为九品一命之花，"设曰葵花喻忠赤"（《咏官窑葵花小盂》）；仿自青铜器的官、哥窑"彝炉"，又为《遵生八笺》奉为"上乘品"。《春风堂随笔》"生一所陶者色淡"是乾隆鉴别哥窑的重要标准之一，他曾将1件釉面满布开片的青白釉枕认作哥窑并为之题诗（诗1），诗中"哥哥类董窑"句取自《格古要论》"色好者类董窑"，而董窑产品"淡青色"。开片特征的描述，诗1"金丝"、诗5"缬鳝纹"、诗6"缬鳝血"、诗7"冰纹"似乎取自《遵生八笺》"纹取冰裂、鳝血为上，梅花片、墨纹次之，细碎纹，纹之下也"；诗11、诗13、诗14、诗16、诗18、诗19则是遵从《春风堂随笔》"浅白断纹，号百坂碎"。帝王还将"哥窑有裂纹"（诗20自注）引申为"烈士"之意。至于"铁足"（诗1、诗11）"支钉"（诗14、诗15、诗17）等亦是乾隆观察哥窑的关注点。皇帝虽介意瓷器外观上的瑕疵"髻垦"（器形不正）和"薜暴"（釉色不纯），如诗18自注提到《考工记》中"髻垦□薜暴皱均不入市"，且认为哥窑开片即属于缺陷（诗19"百坂浅纹微薜暴"），但仍坚持"古丙乎而今甲矣"，古器虽不完美，"人亦珍之"，若这样的瑕疵出现在当世制作，则"率以为脚货弃之"（诗8自注）。他还在诗8、诗21引用《中庸》二十九章中"君子动而世为天下道，行而世为天下法，言而世为天下则，远之则有望，近之则不厌"名句，强调了以古为贵的陶瓷鉴赏观。

乾隆朝，前代各种材质的古董珍玩，无论上古玉琮、商周鼎彝还是历代名窑，只要契合用意，皆可直接或仿造用于宫廷陈设。那些哥窑或仿自哥窑的香炉、花瓶以及文房用品等，装点了优雅的宫廷生活，更传达了帝王的审美追求。诗7首句"素尊久弗泛流霞"自注："尊本酒器，今人率呼为瓶，为文房古玩或插花，兹则簪笔以代笔筒"，点明

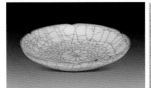

图 3 《珍陶萃美》绘制的哥窑碟

图 4 《精陶韫古》绘制的哥窑碗

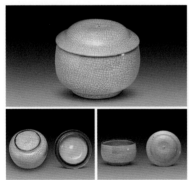

图 5 《精陶韫古》绘制的仿哥窑奁

了古为今用之意；末句"罢插时花插湘管，可知湘管也生花"，亦指向其用途。故宫博物院藏 1 件仿哥釉葵花式尊（参见本书图版 117）在《故宫物品点查报告》中恰好登记为坤宁宫"旧磁笔筒一个"，内放置"破笔五支破扇一把"。

御制诗作好后，皇帝会亲自挑选并旨令宫廷匠师将部分镌刻在器物上，其中流传至今的作品，为了解乾隆朝哥窑鉴赏观提供了直接线索。据已刊布的资料，在北京故宫博物院、台北故宫博物院、英国大维德基金会的藏品中共有 21 件器物上镌刻了乾隆咏哥窑诗，除明显误认的青白釉瓷枕外，其余既有今日学界认定的传世哥窑器，也有部分传世官窑和后仿哥（官）窑，混淆者多属于官、哥特征不鲜明或是逼肖的后世仿品。看来，困扰今日鉴定专家的"哥窑与官窑难分""哥窑与仿哥窑难分"也同样迷惑着乾隆皇帝。尽管已难追溯清代宫廷是如何将《格古要论》《春风堂随笔》《遵生八笺》等古人记述与内府藏品相联系，但那时的结论与今天对传世哥窑的鉴定基本一致。事实上，今日学界对哥窑产品识别能力的养成，"有一部分即来自乾隆辨识结果的启发，这从和清宫收藏渊源深厚的台北故宫博物院编《故宫瓷器录》所见作品定名中亦可窥见一斑"[20]。

如果相信清代宫廷视野下的哥窑主要指今日习称的"传世哥窑"，提请再次回顾明代的情况。明代文献对哥窑外观特征的表述，除紫口铁足等共性外，在釉色和开片上，《春风堂随笔》《遵生八笺》已显差异。对哥窑产地，《格古要论》考证无果，《春风堂随笔》《遵生八笺》出现分歧，《徐氏笔精》还有过窑址在寿州舜哥山的记载，只是影响不大。直到清代，龙泉章生一、生二兄弟各主一窑的传说被不断演绎，至少乾隆皇帝对此已坚信不疑。

毋庸置疑，文献的可信程度，往往与撰著年代有直接关系。对同一事物的描述、记录，若是当时人记当时事，可信性一般就更高，因为，这最有可能是得自亲见亲闻的第一手资料。自然，亲见亲闻也可能有以偏概全的局限，记述、评议还会染上一定的主观色彩，但大多仍比较晚的追记补叙可靠准确，因为，它终归更可能不是耳食之言，毕竟少些辗转抄袭、以讹传讹的弊病。明人追述宋、元事已难尽信，晚明以后，哥窑的种种记述每每辗转相抄，其史料价值更打了折扣。

文献的来源同样制约着可信性。除去档案性资料外，关于哥窑的古代著述多出自文人之手，内容多为对文人器用、清玩的描述与评议，描述的对象已有选择，评议的标准更每带文士的印记。这是中国古代陶瓷文献的一个特色，理当引起足够的关注。清醒的态度自然是尊重其描述，但不为其评议左右。

应该说，在现有的知识里，陆深与高濂之说竟无一可以证实或证伪。若以一种否定古人眼中、笔下哥窑与传世哥窑的联系，起码有失公允。

[表 3] 乾隆皇帝咏哥窑御制诗及镌刻该御制诗器物

序号	诗文（题目、内容、自注）《御制诗集》出处（集、卷）	镌刻该诗瓷器（藏品号、名称、尺寸、收藏地）诗末年代、印鉴	
1	《咏哥窑瓷枕》 瓷枕出何代，哥哥类董窑。 金丝铺荇藻，铁足节筇筱。 文并楠榴重，珍非翡翠浇。 赠宜漆园史，梦蝶恣逍遥。 《御制诗三集》卷四十三 （乙酉，三十年，1765 年）	故瓷 17795 北宋 青白釉水波纹枕 高 11 厘米 长 17 厘米 宽 11 厘米 吕一八四六 42 华滋堂、燕喜堂 多宝格 哥窑瓷枕一个 台北故宫博物院藏 枕底刻诗，末署"乾隆乙酉春御题"，钤"几暇怡情""得佳趣"印；附木座，面刻诗，末署"乾隆乙酉春御题"，钤"乾""隆"印	
2	《咏哥窑盘子》 处郡章家弟与兄，弟陶纯美较兄精。 春风堂不观随笔，那识哥窑所得名。 （《春风堂随笔》载：宋时，处州章生一、生二兄弟，皆主龙泉之琉田窑。生二所陶青器纯粹如美玉，即官窑之类；生一所陶浅白断纹名百坂碎，故名哥窑。） 《御制诗四集》卷二十六 （乙未，四十年，1775 年）	PDF.14 南宋 官窑葵口盘 高 3.6 厘米 口径 14.6 厘米 英国人维德基金会藏 外底刻诗，末署"乾隆乙未春御题"，钤"古香"印	
3	《咏哥窑葵花碗》 纯青虽觉逊官窑，碗肖葵花意独超。 义叶河图宜贮水，爱他生一有名称。 （宋章生一、生二兄弟皆主龙泉窑。生二所陶纯青如官窑，生一所陶浅白断纹名哥窑。生一之名有合于天一生水，而碗形葵瓣六出，适符地六成之义，故后二句及之。） 《御制诗四集》卷二十九 （乙未，四十年，1775 年）	故瓷 17834 南宋至元 哥窑米黄釉葵口碗 高 8 厘米 口径 20 厘米 金二八〇 30 永寿宫 大木箱 大小哥窑瓜棱碗两个 台北故宫博物院藏 外底刻诗，末署"乾隆乙未孟夏御题"，钤"太璞"印	
		PDF.19 清 仿官釉葵口碗 高 7.4 厘米 口径 19.6 厘米 足径 5.8 厘米 英国大维德基金会藏 外底中心刻"乙"字，围绕刻诗一周，末署"乾隆乙未御题"，钤"古香"印	

序号	诗文（题目、内容、自注）《御制诗集》出处（集、卷）	镌刻该诗瓷器（藏品号、名称、尺寸、收藏地）诗末年代、印鉴	
4	《咏哥窑盘子》 色暗纹彰质未轻，哥窑因此得称名。 雅如法护僧弥矣，生一居然畏后生。 《御制诗四集》卷三十一 （乙未，四十年，1775年）	故瓷 17831 南宋至元 哥窑青釉葵口盘 高 3 厘米 口径 17.5 厘米 丽一一二九 3 古董房　大木架 大小哥窑盘碟三十个 台北故宫博物院藏 外底刻诗，末署"乾隆乙未春御题"，钤"朗润"印	
5	《咏哥窑炉》 伊谁换夕薰，香讶至今闻。 制自崇鱼耳，色犹缬鳝纹。 本来无火气，却似有云氲。 辨见八还毕，鼻根何处分。 《御制诗四集》卷三十八 （丙申，四十一年，1776年）	故 145392 南宋 哥窑灰青釉鱼耳簋式炉 高 9 厘米 口径 11.8 厘米 足径 9.6 厘米 故宫博物院藏 古物陈列所留平文物 外底刻诗，末署"乾隆丙申仲春御题"，钤"古香""太璞"印	
		故 145206 明 仿哥釉鱼耳簋式炉 高 9.2 厘米 口径 10.5 厘米 足径 7.8 厘米 调三八 40 钟粹宫 哥窑炉一个（带镶玉红木盖并有御制诗） 故宫博物院藏 外底刻诗，末署"乾隆丙申孟春御题"，钤"乾""隆"印	
6	《咏哥窑盘子》 六出微分花瓣，一圆仍具月形。 器固逊于难弟，果亦贮其宁馨。 碎纹纷缬鳝血，全体却隐螺青。 嗟彼古时次品，今为珍玩晨星。 《御制诗四集》卷三十九 （丙申，四十一年，1776年）		

序号	诗文（题目、内容、自注）《御制诗集》出处（集、卷）	镌刻该诗瓷器（藏品号、名称、尺寸、收藏地）诗末年代、印鉴	
7	《咏哥窑周素尊》 素尊久弗泛流霞， （尊本酒器，今人率呼为瓶，为文房古玩或插花，兹则簪笔以代笔筒。） 古质天然朴不华。 余有冰纹成杂组，更无火色混真嘉。 铸分式取姬周代，陶也器贻赵宋家。 罢插时花插湘管，可知湘管也生花。 《御制诗四集》卷五十 （戊戌，四十三年，1778 年）		
8	《咏哥窑葵花碗》 碗作葵花式，应存向日情。 依然出宋代，却可辨难兄。 火色泯无迹，釉光注未平。 器珍原以旧，新必致訾评。 （尝谓古器虽訾訾，人亦珍之。若近时器虽精工，而有微疵，率以为脚货弃之。《中庸》二十九章所云：世法世则之君子，于同时不过远有望而近不厌，亦此意也。） 《御制诗四集》卷五十九 （己亥，四十四年，1779 年）	故 145355 南宋 哥窑灰青釉葵口碗 高 7.3 厘米 口径 19.5 厘米 足径 6.7 厘米 夜二一八 3 颐和轩　木箱 哥瓷葵瓣碗一件（足缺） 故宫博物院藏 外底刻诗，末署"乾隆己亥新春御题"，钤"古香""太璞"印	
9	《咏哥窑葵花碗》 越器非出越， 处州生一陶。 已曾标甲第， （碗底旧刻甲字，盖亦为一等之品也。） 可以赠词曹。 苏子分犹忆， （苏轼诗："仙葩发茗碗，翦刻分葵蓼。"） 卢仝兴过豪。 倾阳如有喻， 饥渴念民劳。 《御制诗四集》卷六十五 （庚子，四十五年，1780 年）	PDF.18 清 仿官釉葵口碗 高 7.3 厘米 口径 18.6 厘米 足径 6 厘米 英国大维德基金会藏 内底刻诗，末署"乾隆戊戌（1778 年）仲夏御题"，钤"太璞""古香"印，外底刻"甲"字	
10	《咏宋哥窑蟾蜍砚》 书滴曾闻汉广川，翻然为砚永其年。 （砚作蟾蜍形，仰腹承墨处无釉，背印篆书"永寿"二字。） 若论生一陶成物，自合挥毫兴涌泉。 《御制诗四集》卷七十四 （庚子，四十五年，1780 年）		

序号	诗文（题目、内容、自注）《御制诗集》出处（集、卷）	镌刻该诗瓷器（藏品号、名称、尺寸、收藏地）诗末年代、印鉴	
11	《咏哥窑葵花碗》 哥窑百圾破，铁足独称珍。 恰似标坏相，而能完谧神。 宣成后精巧，柴李昔清淳。 此是酌中者，休论器尚新。 《御制诗四集》卷七十六 （庚子，四十五年，1780 年）	故 145419 南宋 官窑粉青釉葵口碗 高 7.9 厘米 口径 19.4 厘米 足径 5.4 厘米 鳞四 70 慈宁宫东跨院　木箱 钧窑海棠花大碗一件 故宫博物院藏 外底刻诗，末署"乾隆辛丑（1781 年） 新正御题"，钤"太""璞"印	
12	《咏哥窑盘》 花分六出尺径围，古色穆然火色微。 虽是难为兄所造，即今匹比亦应稀。 《御制诗四集》卷八十一 （辛丑，四十六年，1781 年）	故瓷 17832 南宋至元 哥窑青釉葵口盘 高 3.5 厘米 口径 18.5 厘米 金二八○ 70 永寿宫　大木箱 仿哥窑大小瓷盘三个 台北故宫博物院藏 外底刻诗，末署"乾隆乙未（1775 年）暮春"，钤"古香"印	
13	《哥窑盘子》 处州精制擅章生，盘子曾供泛索盛。 新法不看百圾破，那知得号有难兄。 《御制诗四集》卷九十七 （癸卯，四十八年，1783 年）	故瓷 17140 南宋至元 哥窑青釉葵口盘 高 3 厘米 口径 15.5 厘米 足径 6.5 厘米 丽一一二九 3 古董房　大木架 大小哥窑盘碟三十个 台北故宫博物院藏 外底刻诗，末署"乾隆丙申（1776 年）春御题"，钤"朗润"印	
		故 145379 南宋 哥窑米黄釉葵口盘 高 3.2 厘米 口径 15.2 厘米 足径 5.2 厘米 古物陈列所留平文物 故宫博物院藏 外底刻诗，末署"乾隆丙申（1776 年）春御题"，钤"太璞"印	

序号	诗文（题目、内容、自注） 《御制诗集》出处（集、卷）	镌刻该诗瓷器（藏品号、名称、尺寸、收藏地） 诗末年代、印鉴	
14	《咏哥窑盘子》 铁钉足崤六，铜锁口规圆。 成自章生一，制从修内前。 纹虽百坂破，器历数（去声）朝坚。 尔日分南北，何心事埴埏。 《御制诗四集》卷九十七 （癸卯，四十八年，1783 年）		
15	《咏哥窑炉》 宋器无多巧，大都炉与瓶。 妙香欣此爇，忘嗅有余馨。 提拾资双耳，丁宁承六钉。 由来绛土色，谓铁误为听。 （高濂《遵生八笺》载：官窑在杭之凤凰山下，其土紫，故足色若铁。哥窑取土亦在此。按此，则铁足乃因土色，非真以铁为之足也。） 《御制诗五集》卷十二 （乙巳，五十年，1785 年）	PDFA.29 元 官窑鱼耳炉 高 7.4 厘米 口径 10.3 厘米 足径 8.3 厘米 英国大维德基金会藏 外底刻诗，末署"乾隆癸卯（1783年）清和御题"，钤"太璞""古香"印	
16	《咏哥窑双耳瓶》 百坂虽纷抚则平，处州陶实出难兄。 一般朴质称珍重，那识精工宣与成。 《御制诗五集》卷二十八 （丁未，五十二年，1787 年）	PDF.23 元 官窑八方贯耳壶 高 14.9 厘米 口横 4.7 厘米 口纵 4.6 厘米 足横 5 厘米 足纵 4.8 厘米 英国大维德基金会藏 内壁近口处刻诗一周，末署"乾隆乙巳（1785年）御题"，钤"古香""太璞"印	
		PDF.94 元 哥窑贯耳壶 高 24.4 厘米 口径 17.3 厘米 英国大维德基金会藏 内壁近口刻诗一周，末署"乾隆乙巳（1785年）御题"，钤"三""隆"印	

序号	诗文（题目、内容、自注） 《御制诗集》出处（集、卷）	镌刻该诗瓷器（藏品号、名称、尺寸、收藏地） 诗末年代、印鉴	
17	《咏哥窑炉》 鱼耳边傍稳，铁钉足底呈。 淡然消火气，穆若葆神情。 窑则代传宋，匠斯名纪生。 （宋时，处州章生一、生二兄弟皆主龙泉之琉田窑。生二所陶青器纯粹，生一所陶色淡，故名哥窑。） 设如分次第，可识出难兄。 《御制诗五集》卷四十八 （己酉，五十四年，1789 年）	PDF.16 明 仿官釉鱼耳炉 高 12 厘米 口径 12 厘米 英国大维德基金会藏 外底刻诗，末署"乾隆己酉御题"，钤"古香"印	
18	《咏哥窑炉二首》（之一） 考工不入市之器， （考工记陶旗之事，簋甒□薛暴皴均不入市） 岁久兹为席上珍。 古丙乎而今甲矣， （宋时，官、哥多有薛暴，器底有旧刻丙字，知非当时最上之品，而今入甲第，盖少见珍耳。） 絜其品格有如人。 《御制诗五集》卷四十八 （己酉，五十四年，1789 年）	PDF.17 元 官窑鱼耳炉 高 8.1 厘米 口径 11.5 厘米 足径 8.8 厘米 英国大维德基金会藏 外底刻诗，末署"乾隆己酉仲春御题"，钤"古香""太璞"印；内底刻"丙"字	
19	《咏哥窑炉二首》（之二） 弟陶色美兄色淡， （见《春风堂随笔》） 火候短长偶一朝。 百坂浅纹微薛暴， 也称佳玩实哥窑。 《御制诗五集》卷四十八 （己酉，五十四年，1789 年）		
20	《题哥窑盘子二首》（之一） 宣（德）成（化）近代制犹精， 遥以宋窑芗二生。 （章生一所制器纹百坂碎，谓之哥窑；弟生二所制为龙泉窑。） 笑把葵花百坂者， 恰如烈士善循名。 （哥窑有裂纹。） 《御制诗五集》卷六十 （庚戌，五十五年，1790 年）	故瓷 3271 南宋至元 哥窑青釉葵口盘 高 3.2 厘米 口径 15.9 厘米 足径 5.6 厘米 雨八七九 重华宫、淑芳斋 哥窑葵瓣盘一对 台北故宫博物院藏 外底刻诗，末署"乾隆庚戌夏御题"，钤"太璞"印	
		故瓷 17830 南宋至元 哥窑青釉葵口折腰盘 高 4 厘米 口径 19.5 厘米 足径 6 厘米 丽一一二九 3 古董房 大木架 大小哥窑盘碟三十个 台北故宫博物院藏 外底刻诗，末署"乾隆庚戌春御题）"，钤"古香"印	

序号	诗文（题目、内容、自注）《御制诗集》出处（集、卷）	镌刻该诗瓷器（藏品号、名称、尺寸、收藏地）诗末年代、印鉴	
21	《题哥窑盘子二首》（之二）宋遥明近世间知，轻近珍遥稀见奇。试读中庸章廿九，无常好恶亦如斯。（以世法世则之圣人而同时则不过有望不厌，足见轻近珍远矣。）《御制诗五集》卷六十（庚戌，五十五年，1790 年）	故瓷 3270 南宋至元 哥窑青釉葵口盘 高 3.3 厘米 口径 15.5 厘米 足径 5.6 厘米 雨八七九 重华宫、淑芳斋 哥窑葵瓣盘一对 台北故宫博物院藏 外底刻诗，末署"乾隆庚戌夏御题"，钤"太璞"印	

* 以上北京故宫博物院藏品 5 件、台北故宫博物院藏品 8 件（信息来自《得佳趣——乾隆皇帝的陶瓷品味》）、英国伦敦大维德基金会 8 件（大英博物馆官网 http://www.britishmuseum.org）、藏品窑口、时代等均以该馆公布信息为准。

注 释

1　据学者研究，"宋代五大名窑"一词首先提出是傅振伦在《中国最古的瓷器》一文："世之言瓷器者，以为宋世有瓷，且以定、汝、官、哥、钧为宋代五大名窑。推而上之，以柴、汝、官、哥、定为中国五大名窑。"（《历史教学》1951 年第 1 卷第 6 期。）参见吕成龙：《定窑瓷器研究综述》，《故宫博物院八十七华诞定窑学术研讨会论文集》第 17 页，故宫出版社，2014 年。

2　中国硅酸盐学会编：《中国陶瓷史》第 286-289 页，文物出版社，1982 年。

3　引用文献请参见本书附录《哥窑文献辑选》，如非必要，均不再注明原文及出处，下同。

4　《故宫博物院藏品总目》是故宫博物院第 5 次藏品清理工作（2004-2010 年）的重要成果之一，其中陶瓷类文物共 375434 件（套），在故宫博物院官方网站分 3755 页公布。"宋代哥窑"见第 1、23、24、28、3230、3252、3253、3265、3284、3428、3459、3461、3491、3495、3500 页。

5　清宫旧藏文物上有一种特殊的参考号，是清室善后委员会 1924 年底至 1930 年全面清点故宫文物时的编目，出版为《故宫物品点查报告》。当时以宫殿为单位，用《千字文》代表每个宫殿进行编号，如乾清宫为"天"、坤宁宫为"地"等。其下设总号、分号：橱柜箱架各为一总号，以汉字书写；放置其内物品则属总号之下分号，以阿拉伯数字标记。以器物参考号为依据对照《点查报告》，即可检索出逊帝溥仪被逐出紫禁城时（1912 年清帝逊位，根据《清室优待条件》仍"暂居宫禁"，直到 1924 年才彻底迁出）这些物品的存放位置和命名。以此为线索，可发现 20 世纪 50 年代故宫博物院专家对哥窑的判断与民国点查时大体一致（参照表 1、表 3）。

6　孙瀛洲：《谈哥汝二窑》，《故宫博物院院刊》1958 年第 1 期。

7　"金丝铁线"提法出现较晚，已知较早的记载如《南窑笔记》（民国美术丛书本）"观窑"条："出杭州凤凰山下，宋大观年间命阉官端督，故名修内司。紫骨青釉出于汝窑，有月白色、粉青色，纹片有名金丝铁线、蟹爪诸纹者。多瓶、尊玩器，独少碗、碟之属。釉泽肥厚，内泛红色为佳。今仿观窑，咸用碏子玛瑙等料，配之里乐釉为之，亦可混真。但纹片久则零断碎烂不堪，气味与古远甚。骨子则用白石红土为上。"该书约成书于乾隆年间，"金丝铁线"此处是描述的观（官）窑特征，而在"哥窑"条中无。

8　《故宫博物院藏品总目》陶瓷类第 23 页。

9　王光尧：《从考古新材料看章氏与哥窑》，《故宫博物院院刊》2004 年第 5 期。

10　孙悦：《乾隆对定窑瓷器的认知与鉴赏》，《故宫博物院八十七华诞定窑学术研讨会论文集》第 470 页，故宫出版社，2014 年。

11　铁源、李国荣主编：《清宫瓷器档案全集》卷一，第 97-102 页，中国画报出版社，2008 年。

12　以下仅摘录哥窑事：（乾隆十年）二月初十日太监胡世杰交哥窑乳炉，传旨配盖、座；二月十一日太监胡世杰交哥窑炉，传旨配玉顶；二月十二日太监胡世杰交哥窑盆景，传旨另配做好款式盆景事；二月二十九日太监胡世杰交哥窑三足炉，传旨认看入多宝格事；三月初四日太监胡世杰交哥窑菱花洗，传旨配座；三月初四日太监胡世杰交哥窑海棠式水盛、哥窑笔山、哥窑花挠、哥窑秋叶笔架，传旨配座；三月初五日太监胡世杰交哥窑笔架各一件，传旨配座；三月十二日太监胡世杰交哥窑纸槌瓶，传旨认看等次；三月十八日太监胡世杰传旨九洲清晏陈设哥窑瓶二件内着灌铅事；三月二十日太监胡世杰交哥窑镶铜口双耳大碗、哥窑胆瓶、哥窑花囊、哥窑三足元炉、哥窑葵瓣碟、哥窑葵瓣盘、哥窑乳炉、哥窑八方双管瓶，传旨配座声明等次；三月二十日太监胡世杰交哥窑莲瓣胆瓶、哥窑乳炉、哥窑海棠式炉，传旨配座声明头等；三月二十二日太监胡世杰交哥窑圆洗、哥窑梅花洗、哥窑鼓墩式水注、哥窑七孔瓶，传旨配匣入乾清宫次等；三月二十三日太监胡世杰交哥窑双耳大碗一件，传旨照样配座；三月二十五日太监胡世杰交哥窑花觚，传旨杨起云认看；三月二十五日太监胡世杰交哥窑碗，传旨收拾座子配托；三月二十七日太监胡世杰交哥窑三足元炉、哥窑双耳碗、哥窑碗、哥窑葵瓣碟、哥窑胆瓶，传旨配座、架；三月二十八日太监胡世杰交哥窑靶锺，传旨配匣入乾清宫头次；四月初十日太监胡世杰交哥窑纸槌瓶配座；四月十一日太监胡世杰交哥窑哥窑冠炉，传旨配座声明是否入多宝格；四月十四日总管刘沧州交哥釉花痕、哥釉纸槌瓶，传旨俱各配座；四月十六日太监胡世杰交哥窑五丁碗，传旨配座；五月十二日太监胡世杰交哥窑象耳炉，传旨送京；五月十六日总管刘沧洲交哥窑胆瓶，传旨认看等次；五月二十五日太监胡世杰交哥窑圆洗，传旨配匣；六月初四日太监胡世杰交镶铜口哥窑圆洗，传旨配座；六月初六日刘沧州交哥窑双耳瓶，传旨配座；六月十五日总管刘沧洲交哥窑方花插，传旨认看等次；七月二十一日太监胡世杰交哥窑菊瓣钟、哥窑小挠碗，传旨配座；九月二十三日总管刘沧州交哥窑碗、哥窑海棠洗、哥窑梅瓣小洗、哥窑菊瓣钟、哥窑三足洗、哥窑石榴洗、哥窑双耳瓶，传旨认看等次；九月二十四日太监胡世杰交哥窑一统花插，传旨认看等次；九月二十五日太监胡世杰交哥窑梅瓶，传旨认看等次；九月二十八日总管刘沧州交二等哥窑乳炉、哥窑乳丁乳炉、哥窑胆瓶、哥窑挠碗，传旨座子核对；十月初三日总管刘沧洲交哥窑双管瓶，传旨认看等次交进；十月二十四日太监胡世杰交哥窑葵瓣洗，传旨配匣入乾清宫古次等；十一月初一日太监胡世杰交哥窑双管花瓶，传旨认看等次；十一月初九日太监胡世杰交哥窑葫芦花插，传旨照牙座换紫檀木座；十一月十一日太监胡世杰交哥窑蟾式砚，传旨换紫檀木盒；十一月十三日太监胡世杰交哥窑三足炉，传旨配座；十一月十四日太监胡世杰交哥窑胆瓶、水注，传旨配座；十一月十四日太监胡世杰交套匣一件内盛哥窑相棋一副，传旨配木棋盘；十一月十六日太监胡世杰交哥窑双耳炉，传旨照样配座；十一月三十日太监胡世杰交哥窑瓜式水壶，传旨配好款式檀香座；十二月二十一日太监胡世杰交哥窑墨海，传旨将盒盖上夔龙磨去，交余省起稿勾道内填金。详见《清宫瓷器档案全集》卷二，第372-424页。

13　据学者研究，乾隆时期，姚宗仁、顾继臣、杨起云、郎世宁是皇帝主要的器物艺术顾问（可分成画样人、认看人与做假、做旧之人），而牙匠顾彭年、黄兆的地位也相当重要。除黄兆外，其余五位多活跃于乾隆前半期。详见嵇若昕：《从〈活计档〉看雍乾朝的内廷器物艺术顾问》，《东吴历史学报》2006年第16期。

14　余佩瑾：《乾隆皇帝的古陶瓷鉴赏》，《得佳趣——乾隆皇帝的陶瓷品味》第14-40页，台北故宫博物院，2012年。

15　《清宫瓷器档案全集》卷一，第271页。

16　《清宫瓷器档案全集》卷二，第419页。

17　《清宫瓷器档案全集》卷三，第53-54页。

18　《新编乾隆御制文物鉴赏诗》，北京图书馆，2014年。

19　郭葆昌：《清高宗御制咏瓷诗录》辑录199首，1929年铅印本，收录于桑行之等编《说陶》第295-325页，上海科技教育出版社，1993年。

20　谢明良：《乾隆的陶瓷鉴赏观》，美术考古丛书7《中国陶瓷史论集》第252页。

Ge Wares from the Perspective of the Qing Imperial Court:

Based on examples of heirloom Ge wares from the Qing court collection and now in the Palace Museum

Han Qian

Abstract

Nowadays scholars face many difficult questions when studying Ge ware and find it hard to reach agreement on numerous issues. With new archaeological discoveries being constantly made, discussions on Ge wares become increasingly complicated. The variety of topics ranges from the date, place and nature of their manufacture to various concepts of different definitions and extended meanings, such as heirloom Ge ware, Ge ware as recorded in historic literature, Longquan Ge ware, and Ge (or Guan)-type ware. The term 'heirloom Ge wares' refers to a type of fine-quality celadon heirloom pieces commonly designated as Ge wares. They feature a dark body, a thick grayish or yellowish celadon glaze of beige or buff tone that is creamy and luscious, with distinctive crackles of varied size, thickness and tinge. Many of these are from the Qing court collection, now primarily in the Palace Museums in Beijing and Taipei, the British Museum (including the Sir Percival David Collection), and the Shanghai Museum. Based on examples of heirloom Ge wares from the Qing court collection and now in the Palace Museum, Beijing, and from a perspective of the Qing court, this article discusses questions such as the collecting, appraisal and reproduction of Ge wares by the imperial court.

Keywords

the Qing court collection, heirloom Ge wares

故宫博物院院藏传世哥窑和明清仿哥釉瓷器的无损 P-XRF 分析

哥窑无损测试小组

一　引言

　　哥窑，与汝、官、钧、定同名，被称为宋代五大名窑。由于在宋代的文献中未见哥窑的相关记载，有关哥窑的记载皆为元、明及以后时期的文献；哥窑尚未找到窑址；随着近几十年考古工作中相似器物和瓷片的出土，一些专家和学者对哥窑的观点逐渐发生变化，其中备受大家关注和争议的焦点是哥窑的窑址与年代问题。20 世纪 60 年代和 2010 年，中国科学院上海硅酸盐研究所和上海博物馆曾进行相关的科学分析。

　　传世哥窑存世数量不多，大部分藏于北京故宫博物院和台北故宫博物院。北京故宫博物院藏有 60 余件传世哥窑瓷器，其中多为宫廷旧藏，少数通过社会征集等方式而得。2010 年至 2015 年，故宫博物院相继举办官窑、定窑、钧窑、汝窑展览，并召开了相关主题的研讨会。2017 年故宫博物院将举办"金丝铁线——故宫博物院哥窑瓷器展"，同期召开哥窑国际学术研讨会。基于此，故宫博物院器物部与文保科技部，利用便携荧光能谱设备，对 43 件故宫博物院院藏传世哥窑、官窑、哥（官）窑型和明清仿哥釉瓷器的釉进行无损检测分析，积累传世哥窑器物的相关分析数据，推动哥窑相关问题的进一步研究。

二　实验

（一）样品

　　本项工作共对 43 件传世哥窑、哥（官）窑型、南宋官窑及明清仿哥釉器物进行无损分析检测。测试器物器形有炉、瓶、壶、罐、碗、杯、盘、洗等。传世哥窑釉质凝厚如同堆脂，釉面光泽呈酥油光现象，釉色有粉青、灰青、油灰、月白、灰黄、深浅米黄等多种。

（二）测试设备与数据处理

　　采用德国布鲁克公司 Tracer-3D 便携 X 射线荧光能谱仪对器物釉进行无损分析测试。测试条件如下：

　　（1）采用真空泵，在抽真空情况下，采用 15KV 电压，55uA 电流，测量活时间为 300s，测量面积为 3×4mm，利用仪器自带的陶瓷主次量元素曲线对 Na-Fe 元素进行了定量分析；

　　（2）采用 40KV 电压，10.3uA 电流，测量活时间为 300s，测量面积为 3×4mm，利用仪器自带的陶瓷微量元素曲线对 Fe-U 元素进行了定量分析。

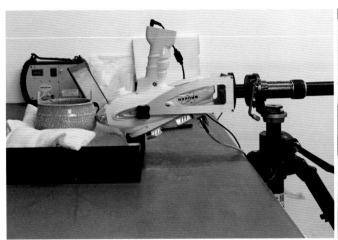

图1 利用便携 X 射线荧光能谱仪进行分析测试

在测试过程中，尽量选择器物外壁腹部较为平整或局部略微凸出部位，测试区域小心避开裂纹（图1）。

三 数据与分析

43 件传世哥窑、哥（官）窑型、南宋官窑及明清仿哥釉器物釉的元素组成见［表1］。

[表1] 故宫博物院院藏传世哥窑、哥（官）窑型、南宋官窑及明清仿哥釉器物釉元素组成（wt%）

序号	图录序号	器形	Na₂O	MgO	Al₂O₃	SiO₂	K₂O	CaO	TiO₂	MnO	Fe₂O₃	Rb	Sr	Y	Zr
1	17	簋式炉	0.63	1.12	12.38	68.91	5.52	9.51	0.04	0.35	0.54	0.0187	0.0276	0.0020	0.0127
2	16	簋式炉	0.46	1.57	12.45	68.28	5.83	9.60	0.04	0.27	0.50	0.0203	0.0287	0.0006	0.0098
3	109	簋式炉	0.41	0.94	13.30	76.89	4.65	2.37	0.05	0.06	0.34	0.0463	0.0030	0.0012	0.0081
4	118	簋式炉	0.56	0.67	14.70	73.51	3.65	4.10	0.12	0.06	1.62	0.0309	0.0055	0.0019	0.0082
5	62	鼎式炉	0.44	1.35	11.51	71.45	3.23	7.08	0.14	0.06	0.73	0.0157	0.0094	0.0031	0.0076
6	15	鼎式炉	0.52	1.58	12.95	65.34	5.49	11.83	0.05	0.29	0.95	0.0199	0.0277	0.0014	0.0108
7	14	鬲式炉	0.33	2.86	12.26	65.23	5.31	11.58	0.05	0.52	0.85	0.0185	0.0384	0.0015	0.0114
8	13	樽式炉	0.36	2.23	12.96	68.70	5.50	7.96	0.05	0.39	0.86	0.0228	0.0283	0.0009	0.0091
9	12	海棠式炉	0.60	1.07	10.90	72.26	5.46	7.94	0.04	0.31	0.42	0.0187	0.0268	0.0019	0.0075
10	1	弦纹瓶	0.51	1.49	10.66	72.19	4.81	8.50	0.04	0.30	0.50	0.0164	0.0261	0.0016	0.0069
11	2	胆式瓶	0.38	1.95	12.15	71.27	6.21	6.61	0.03	0.30	0.11	0.0206	0.0229	0.0021	0.0115
12	3	胆式瓶	0.11	3.61	11.01	69.67	5.56	8.20	0.04	0.33	0.47	0.0213	0.0229	0.0014	0.0084
13	4	贯耳瓶	0.43	1.92	12.73	69.50	5.42	8.46	0.03	0.29	0.23	0.0178	0.0273	0.0019	0.0086
14	5	贯耳壶	0.41	2.03	12.51	68.12	6.05	8.93	0.05	0.27	0.63	0.0199	0.0231	0.0019	0.0102
15	8	八方穿带扁壶	0.55	1.32	11.15	71.59	5.76	7.39	0.03	0.34	0.88	0.0212	0.0263	0.0014	0.0103

序号	图录序号	器形	Na₂O	MgO	Al₂O₃	SiO₂	K₂O	CaO	TiO₂	MnO	Fe₂O₃	Rb	Sr	Y	Zr
16	11	罐	0.60	1.28	13.44	66.28	6.05	10.14	0.04	0.46	0.70	0.0208	0.0289	0.0019	0.0140
17	29	碗	0.50	1.69	13.27	66.25	5.65	10.40	0.04	0.26	0.94	0.0205	0.0288	0.0007	0.0088
18	33	葵口碗	0.44	2.01	10.76	70.47	5.08	9.24	0.04	0.41	0.56	0.0199	0.0271	0.0016	0.0075
19	附图三	葵口碗	0.49	1.41	11.25	71.79	5.68	7.43	0.04	0.30	0.60	0.0215	0.0233	0.0013	0.0082
20	附图四	葵口碗	0.31	2.49	11.41	70.06	5.47	8.51	0.04	0.40	0.33	0.0206	0.0287	0.0017	0.0087
21	36	葵口碗	0.44	1.84	11.81	67.73	6.10	9.69	0.03	0.68	0.68	0.0200	0.0380	0.0017	0.0118
22	59	葵口杯	0.56	1.28	11.51	68.08	5.60	10.97	0.04	0.34	0.62	0.0191	0.0334	0.0017	0.0125
23	61	八方杯	0.54	1.40	11.77	69.67	5.85	8.42	0.06	0.39	0.90	0.0224	0.0266	0.0007	0.0104
24	37	浅盘	0.50	1.39	11.46	71.59	5.67	7.69	0.04	0.32	0.35	0.0195	0.0251	0.0018	0.0112
25	41	盘	0.50	1.63	12.71	67.45	6.21	9.84	0.04	0.26	0.36	0.0216	0.0246	0.0015	0.0118
26	45	葵口盘	0.50	1.43	12.81	68.45	5.96	9.19	0.03	0.24	0.38	0.0201	0.0284	0.0017	0.0107
27	42	葵口盘	0.51	1.41	11.20	70.90	5.93	8.30	0.04	0.33	0.38	0.0213	0.0264	0.0018	0.0096
28	48	葵口折腰盘	0.52	1.43	12.60	68.07	6.83	8.23	0.04	0.45	0.84	0.0230	0.0280	0.0015	0.0107
29	50	葵口折腰盘	0.61	0.99	11.84	70.23	5.67	9.03	0.04	0.29	0.29	0.0193	0.0360	0.0017	0.0116
30	56	葵口折沿盘	0.62	0.95	12.58	71.88	5.49	6.79	0.03	0.30	0.34	0.0199	0.0250	0.0019	0.0098
31	57	葵花式盘	0.47	1.73	12.08	69.54	5.31	8.78	0.06	0.34	0.69	0.0199	0.0277	0.0014	0.0107
32	58	菊花式盘	0.52	1.72	12.08	69.99	5.11	8.60	0.03	0.30	0.65	0.0180	0.0289	0.0021	0.0097
33	20	葵口洗	0.49	1.92	12.54	67.11	4.88	10.88	0.04	0.52	0.62	0.0191	0.0372	0.0019	0.0127
34	22	葵花式洗	0.46	1.84	12.25	68.06	5.13	10.14	0.04	0.27	0.81	0.0206	0.0296	0.0016	0.0091
35	26	葵花式洗	0.55	1.33	12.58	69.74	5.78	8.59	0.04	0.32	0.07	0.0188	0.0225	0.0017	0.0103
36	附图二	葵花式洗	0.51	1.55	12.89	68.90	4.96	9.10	0.03	0.32	0.73	0.0187	0.0271	0.0023	0.0151
37	121	洗	0.58	0.72	11.03	74.71	3.77	6.38	0.08	0.07	1.66	0.0282	0.0081	0.0019	0.0066
38	63	葵口盘	0.61	1.37	12.04	65.79	5.32	12.64	0.06	0.35	0.82	0.0202	0.0308	0.0014	0.0102
39	111	碗	0.59	0.59	14.25	74.15	5.36	3.36	0.03	0.09	0.58	0.0379	0.0074	0.0008	0.0063
40	113	贯耳瓜棱瓶	0.45	0.85	15.76	73.50	5.34	2.85	0.03	0.14	0.08	0.0393	0.0062	0.0016	0.0096
41	128	长颈瓶	0.56	0.50	16.69	75.56	3.69	1.32	0.02	0.07	0.60	0.0419	0.0065	0.0011	0.0059
42	139	奁式炉	0.61	0.60	16.13	72.90	4.64	2.16	0.12	0.07	1.77	0.0411	0.0039	0.0017	0.0071
43	147	盘	0.58	0.71	12.77	73.51	3.29	6.99	0.04	0.06	1.04	0.0303	0.0065	0.0014	0.0068

（一）故宫博物院院藏传世哥窑和明清仿哥釉器物釉元素组成特征

对表1中的数据进行计算处理，得出故宫博物院院藏传世哥窑和明清仿哥釉器物釉元素组成的平均值和相对标准偏差，结果见 [表2]。

[表 2] 故宫博物院院藏传世哥窑和明清仿哥釉器物釉主次量元素组成对比（wt%）

器物	结果	Na₂O	MgO	Al₂O₃	SiO₂	K₂O	CaO	TiO₂	MnO	Fe₂O₃
传世哥窑	均值	0.49	1.64	12.08	69.27	5.58	8.96	0.04	0.34	0.61
	标准偏差	0.10	0.55	0.77	2.18	0.54	1.36	0.01	0.11	0.31
明清仿哥	均值	0.56	0.65	15.05	73.86	4.33	3.46	0.06	0.08	0.95
	标准偏差	0.06	0.12	1.44	0.92	0.91	1.97	0.05	0.03	0.65

从表 2 中可知，故宫博物院院藏传世哥窑瓷器釉含有 0.49% 的 Na₂O、1.64% 的 MgO、12.08% 的 Al₂O₃、69.27% 的 SiO₂、5.58% 的 K₂O、8.96% 的 CaO、0.04% 的 TiO₂、0.34% 的 MnO、0.61% 的 Fe₂O₃。

我们根据釉助熔剂碱金属和碱土金属的含量对釉进行计算，对传世哥窑釉属于钙釉或钙碱釉进行判断（图2），可以看出，传世哥窑器物釉大体分为钙釉和钙碱釉两大类，部分釉属于钙釉、大部分釉属于钙碱釉，两者之间没有明显的界线。

从表 2 中可知，故宫博物院院藏明清仿哥釉器物釉主要由 0.56% 的 Na₂O、0.65% 的 MgO、15.05% 的 Al₂O₃、73.86% 的 SiO₂、4.33% 的 K₂O、3.46% 的 CaO、0.06% 的 TiO₂、0.08% 的 MnO、0.95% 的 Fe₂O₃ 等组成。

（二）故宫博物院院藏传世哥窑和明清仿哥釉器物釉的对比分析

根据表 1 中列出的故宫博物院院藏传世哥窑和明清仿哥釉器物釉的元素组成，我们对传世哥窑和明清仿哥釉进行对比分析。对表 1 中的主次量元素 Al₂O₃、SiO₂、K₂O、CaO、TiO₂、MnO、Fe₂O₃ 和微量元素 Rb、Sr、Y、Zr 的含量采用因子降维分析，将这些元素含量的信息显示在因子中。其中，因子 1 和因子 2 加和有 68.21%，即涵盖所有数据中 68.21% 的信息（图3）。

左侧蓝色区域中是明清仿哥器物、右侧是传世哥窑器物。可以看出，故宫博物院院藏传世哥窑和明清仿哥釉器物分布在两个区域，能明显区分开来，说明传世哥窑和明清仿哥釉器物釉的元素组成不同，他们所采用的釉料是不同的。我们也看到有一件传世哥窑器物落在了明清仿哥釉区域，推测可能是明清仿哥釉器物，需要对其进行人文与科技方面的综合研究，再将其进行定位。

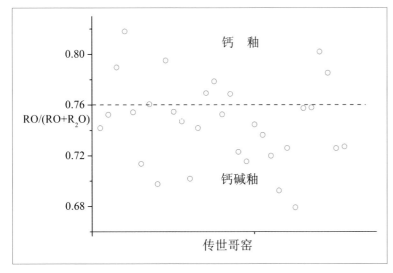

图 2　传世哥窑釉钙釉钙碱釉分析图

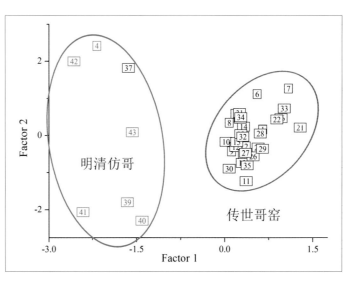

图 3　故宫博物院院藏传世哥窑和明清仿哥釉器物釉元素组成因子分析图

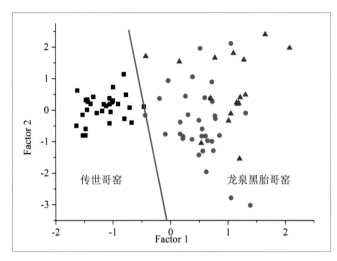

图 4　故宫博物院院藏传世哥窑和龙泉黑胎哥窑釉因子分析图

（三）故宫博物院院藏传世哥窑和龙泉黑胎哥窑釉的对比分析

我们利用该便携 X 射线荧光能谱仪对龙泉溪口瓦窑垟和小梅瓦窑路窑址出土的黑胎龙泉哥窑釉进行分析测试，测试条件及数据处理方法与故宫博物院院藏传世哥窑一样。为对比故宫博物院院藏传世哥窑与龙泉黑胎哥窑釉的关系，我们对釉的主次量元素 Al_2O_3、SiO_2、K_2O、CaO、TiO_2、MnO、Fe_2O_3 和微量元素 Rb、Sr、Y、Zr 的含量进行因子分析，其中因子 1 和因子 2 的加和为 61.30%，即涵盖所有数据中 61.30% 的信息（图4）。

左侧是故宫博物院院藏传世哥窑器物，右侧是龙泉小梅瓦窑路和溪口瓦窑垟两窑址出土黑胎龙泉哥窑青瓷瓷片。可以看出，故宫博物院院藏传世哥窑釉和龙泉溪口、小梅出土黑胎龙泉哥窑青瓷釉能相互区分开来。

结语

通过此次对故宫博物院院藏传世哥窑、哥（官）窑型、南宋官窑和明清仿哥釉瓷器的釉进行无损检测分析，我们积累了传世哥窑等器物釉的主次量元素及微量元素的分析数据，在将来，结合相关窑址瓷片的分析，能对传世哥窑的产地等研究焦点提供基础数据。

哥窑无损测试小组
总负责人：吕成龙
科技负责人：史宁昌　雷　勇
器物操作人：韩　倩　黄卫文　单莹莹
仪器操作人：段鸿莺　丁银忠　康葆强
执笔：段鸿莺

Non-destructive P-XRF Analysis of Heirloom Ge Wares and Their Ming-Qing Period Imitations in the Collection of the Palace Museum

The Team of Non-destructive Analysis of Ge Wares

Abstract

Ge ware is traditionally listed as one of the Five Great Wares of the Song dynasty. However, its dating has gradually been more and more doubted, and there are diverse views on its place of manufacture. Ge ware is therefore one of the most elusive wares in Chinese history and attracts lots of attention. This article relates non-destructive *in situ* analysis of 43 ceramic pieces from the collection of the Palace Museum through portable XRF. These include heirloom Ge wares (i.e. heirloom pieces designated as Ge wares), Ge(or Guan)-type ceramics, Southern Song Guan wares and Ming-Qing period imitations of Ge ware. The characteristics and patterns of glaze compositions of the first and fourth group are summarised. The accumulation of a database of scientific analysis for heirloom Ge wares provides a foundation to study their place(s) and date(s) of manufacture.

Keywords

Heirloom Ge wares, Ming-Qing period imitations of Ge ware, collection of the Palace Museum, non-destructive *in situ* analysis by P-XRF

故宫博物院院藏传世哥窑及明清仿哥釉瓷器的显微特征

哥窑无损测试小组

导言

哥窑瓷器釉面具有独特的"金丝铁线"特征，是中国古代陶瓷中的精品，被列为宋代五大名窑之一。传世哥窑器物稀少，大多数收藏于北京故宫博物院、台北故宫博物院及上海博物馆等文博机构。由于烧造传世哥窑瓷器的窑址尚未发现，故对其的研究一直是陶瓷学术界的热点之一。2017 年，故宫博物院举办"金丝铁线——故宫博物院哥窑瓷器展"，以此为契机将利用社会科学与自然科学相结合的方法来对哥窑器物进行研究。本部分的研究即利用光学显微镜，对展览中的 43 件故宫博物院藏品物进行无损科技分析，为研究传世哥窑产地、年代、工艺等问题提供数据支持。

一　测试方法

本研究采用 Leica MZ16A 型实体光学显微镜对器物釉面进行无损的显微结构观察及统计。每件器物在环状照明下进行了两种放大倍数（40 倍及 100 倍）的显微结构拍摄。利用 analySIS 软件对显微照片中的信息进行测量及统计，得到裂纹浸色宽度、气泡数量及气泡尺寸等信息。综合考虑文物安全及显微照片效果，此次测试对每件器物的 1~2 个较平整的部位进行了拍摄。

二　样品及实验统计结果

[表一] 列出了此次进行无损测试的故宫博物院院藏传世哥窑、哥（官）窑型瓷器、明清仿哥釉瓷器的文物名称、拍摄部位和本图录中的序号，为了进行对比分析，此次测试还包括院藏宋代官窑瓷器。此外，[表一] 还列出了 43 件器物显微照片中的裂纹、气泡、釉面质感等测量统计结果。其中个别样品因拍摄部位弯曲度较大等原因无法测量统计出裂纹或气泡信息。

[表一] 样品及实验统计结果

样品序号	图录序号	器形	拍摄部位	裂纹			气泡		釉面质感
				铁线	金丝	浸色宽度	数量	尺寸是否均匀	
1	17	簋式炉	外底	有	有	裂纹浸色较窄	较多	否	较通透
2	16	簋式炉	外底	有	有		较多	是	乳浊
3	109	簋式炉	外底	有	无	裂纹浸色较窄	较少	是	釉失透
4	118	簋式炉	外底	有	无	裂纹浸色较窄	较多	是	釉失透
5	62	鼎式炉	外壁腹部	有	有	裂纹浸色较窄	较少	是	釉失透
6	15	鼎式炉	外壁腹部	有	无	裂纹浸色较宽	大量	否	较通透
7	14	鬲式炉	外壁近足处	有	有		较多	否	乳浊
8	13	樽式炉	外底	有	有			是	乳浊
9	12	海棠式炉	外底	有	有	裂纹浸色较宽	大量	否	通透
10	1	弦纹瓶	外壁腹部	有	有	裂纹浸色较宽	大量	是	乳浊
11	2	胆式瓶	外壁颈部 外壁腹部	有	有		较多	是	乳浊
12	3	胆式瓶	外壁肩部	有	有		较多	否	较通透
13	4	贯耳瓶	外壁腹部	有	有	裂纹浸色较宽	较多	是	乳浊
14	5	贯耳壶	外壁腹部	有	有		大量	是	较通透
15	8	八方穿带扁壶	外壁腹部	无	有		大量	是	乳浊
16	11	罐	外底	有	无		较少	是	乳浊
17	29	碗	外底	有	有	裂纹浸色较宽	较少	是	乳浊
18	33	葵口碗	外底	有	有	裂纹浸色较宽	大量	否	通透
19	附图三	葵口碗	外底	无	有		大量	否	通透
20	附图四	葵口碗	外壁近足处	无	有		大量	否	较通透
21	36	葵口碗	外壁近足处	有	无		大量	否	较通透
22	59	葵口杯	外底及外壁近足处	有	有	裂纹浸色较宽	大量	否	通透
23	61	八方杯	外壁近足处	有	有		较少	是	乳浊
24	37	浅盘	外壁近足处	有	有	裂纹浸色较宽	大量	否	通透
25	41	盘	内底及外壁近足处	有	有	裂纹浸色较窄	较少	是	乳浊
26	45	葵口盘	外底	有	有	裂纹浸色较宽	较多	是	较通透
27	42	葵口盘	外底及外壁近足处	有	有	裂纹浸色较宽	大量	否	较通透
28	48	葵口折腰盘	外底	有	有	裂纹浸色较宽	大量	否	较通透
29	50	葵口折腰盘	内底及外底	有	有		大量	否	通透
30	56	葵口折沿盘	外壁近足处	有	有	裂纹浸色较宽	大量	是	通透
31	57	葵花式盘	外底	有	有	裂纹浸色较宽	大量	否	通透
32	58	菊花式盘	外底	有	有	裂纹浸色较宽	较多	是	乳浊
33	20	葵口洗	外底	有	有	裂纹浸色较宽	较多	否	较通透
34	22	葵花式洗	外底	有	有		大量	是	通透

样品序号	图录序号	器形	拍摄部位	裂纹			气泡		釉面质感
				铁线	金丝	浸色宽度	数量	尺寸是否均匀	
35	26	葵花式洗	外底	有	有		大量	是	较通透
36	附图二	葵花式洗	外底	无	无	无明显浸色裂纹	较多	否	通透
37	121	洗	外底	有	有	裂纹浸色较宽	大量	是	较通透
38	63	葵口盘	内底	无	有		较多	是	腐蚀
39	111	碗	外底	无	有		较少	是	釉失透
40	113	贯耳瓜棱瓶	外壁腹部	有	无	裂纹浸色较窄	较少	是	釉失透
41	128	长颈瓶	外壁腹部	无	有		较多	是	釉失透
42	139	簋式炉	外底	有	有	裂纹浸色较宽	大量	是	乳浊
43	147	盘	外底	有	有	裂纹浸色较宽	大量	是	通透

三 分类与分析

（一）裂纹状况统计及分类

测试的 43 件样品釉表面的裂纹状况可以分为四种——其中 31 件样品釉面可以观察到明显的金丝和铁线两种裂纹；6 件样品釉面仅可观察到铁线，而无明显金丝裂纹；5 件样品釉面仅可观察到金丝，而无明显铁线裂纹（其中 2 件为官窑）；1 件样品釉面无法观察到明显浸色裂纹（为官窑样品）（图 1 至图 4）。

（二）裂纹浸色宽度统计及分类

如前所述，测试的 43 件器物中除 1 件样品外，釉面均含有颜色不一的裂纹。对 42 件器物釉面裂纹的浸色宽度进行测量，发现宽度可以分为三类——其中 6 件器物釉表面裂纹浸色较窄，18 件器物裂纹浸色较宽，剩下 18 件样品器物裂纹浸色宽度介于二者之间（图 5 至图 7）。

（三）气泡数量统计及分类

在光学显微镜下，除 1 件样品因观察部位弯曲度较大而无法清晰观测，其他所有无损测试的器物釉面均可观察到或多或少的气泡。根据气泡数量的多寡，可将器物分为三种类型——其中 8 件器物釉面可观察到的气泡数量较少，13 件器物釉面可观察到的气泡数量较多，21 件器物釉面可观察到大量气泡（图 8 至图 10）。

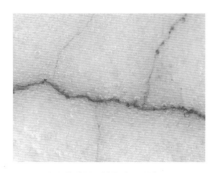 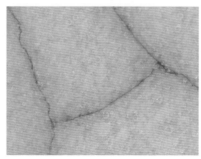 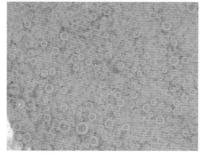 

图 1 釉面上的金丝和铁线（40 倍）　　图 2 釉面上有铁线而无金丝（40 倍）　　图 3 釉面上有金丝而无铁线（40 倍）　　图 4 釉面无明显浸色裂纹（40 倍）

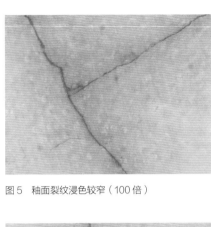

图 5 釉面裂纹浸色较窄（100 倍）

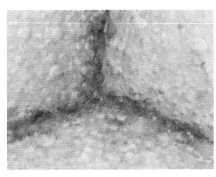

图 6 釉面裂纹浸色较宽（100 倍）

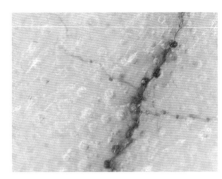

图 7 釉面裂纹浸色宽度介于上述二者之间（100 倍）

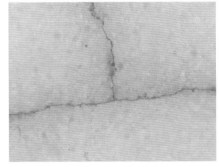

图 8 可观察的气泡数量较少（100 倍）

图 9 可观察的气泡数量较多（100 倍）

图 10 可观察到大量气泡（100 倍）

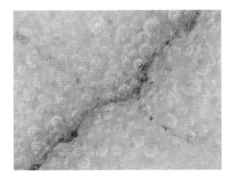

图 11 釉中气泡较为均匀（100 倍）

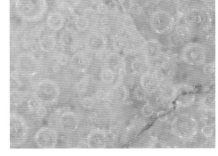

图 12 釉中气泡较不均匀（100 倍）

（四）气泡尺寸均匀性统计及分类

观测的 43 件器物釉中气泡尺寸各有差别，对于一件器物来说，其釉中可观察到的气泡尺寸的均匀性是其原料和工艺的综合反映。根据气泡尺寸均匀性，可以将所有器物分为两种类型——其中 26 件器物釉表面可观察到的多数气泡的尺寸较为均匀，而 17 件器物釉中所含气泡尺寸较不均匀（图11、图12）。

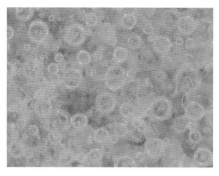  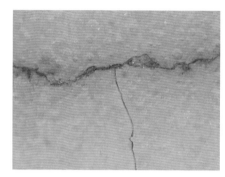

图 13　釉面通透（100 倍）　　　　图 14　釉面较为通透（100 倍）　　　　图 15　釉面呈乳浊状（100 倍）

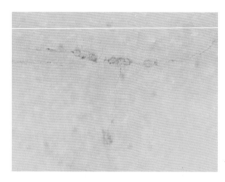 

图 16　釉面呈失透状（100 倍）　　　　图 17　釉面较为腐蚀（100 倍）

（五）釉面质感统计及分类

陶瓷釉面质感是釉中气泡、晶体、保存环境等的综合反映。根据光学显微镜拍摄的器物釉面照片，可以将 43 件器物的釉面质感分为 5 个类型——其中 11 件器物釉面通透，12 件器物釉面较为通透，13 件器物釉面呈乳浊状，6 件器物釉失透，1 件器物釉面较为腐蚀（**图 13 至图 17**）。

结语

本研究采用无损的方式，利用实体显微镜对 43 件故宫博物院院藏传世哥窑、哥（官）窑型瓷器、明清仿哥釉瓷器、宋代官窑瓷器进行了显微结构的观察和拍摄，利用图像软件测量并系统总结了不同器物的裂纹类型、裂纹浸色宽度、气泡数量、气泡均匀性及釉面质感等显微结构特征。此次对哥窑瓷器的初步观察研究，可为日后研究哥窑的产地、年代、工艺等问题提供数据支持。

哥窑无损测试小组
总负责人：吕成龙
科技负责人：史宁昌　雷　勇
器物操作人：单莹莹　黄卫文　韩　倩
仪器操作人：侯佳钰　贾　翠　康葆强
执笔：侯佳钰

Microscopic Characteristics of Glazes of Heirloom Ge Wares and Their Ming-Qing Period Imitations in the Collection of the Palace Museum

The Team of Non-destructive Analysis of Ge Wares

Abstract

This research uses an optical microscope to conduct non-destructive analysis on heirloom Ge wares and their Ming-Qing period imitations in the collection of the Palace Museum. Microscopic structure of the porcelain glaze surfaces is observed, and characteristics such as crackles, air bubbles, and texture are summarised for statistic analysis, which provide scientific data for studying Ge ware questions, such as their place(s) and date(s) of manufacture and production techniques.

Keywords

heirloom Ge wares, Ming-Qing period imitations of Ge wares, glaze crackles, air bubbles, glaze texture

附录：哥窑文献辑选

单莹莹

　　尝议旧定器、官窑等物，皆不足为珍玩，盖予真有所见也。在家时，表兄沈子成自余干州归，携至旧御土窑器，径尺肉碟二个，云是三十年前所造者，其质与色绝类定器之中等者，博古者往往不能辨。乙未冬在杭州时，市哥哥洞窑器者一香鼎，质细虽新，其色莹润如旧造，识者犹疑之。会荆溪王德翁亦云，近日哥哥窑绝类古官窑，不可不细辨也。今在庆元见一寻常青器菜盆，质虽粗，其色亦如旧窑，不过街市所货下等低物，使其质更加以细腻，兼以岁久，则乱真矣。予然后知定器、官窑之不足为珍玩也。所可珍者，真是美玉为然。记此为后人玩物之戒。至正癸卯冬记。

——（元）孔齐：《至正直记》卷四，《丛书集成初编》，中华书局，1991 年

　　旧哥窑，色青，浓淡不一，亦有铁足紫口，色好者类董窑，今亦少有。成群队者、元末新烧者，土脉粗燥，色亦不好。

——（明）曹昭：《格古要论》卷下，《景印文渊阁四库全书》，台北商务印书馆，1986 年

　　旧哥哥窑出，色青，浓淡不一，亦有铁足紫口，色好者类董窑，今亦少有。成群队者是元末新烧，土脉粗燥，色亦不好。

——（明）曹昭著，舒敏编，王佐增补：《新增格古要论》卷七，《丛书集成初编》，商务出版社，1939 年

　　今着礼部会同太常寺司礼监诸官，参酌机宜，该铸鼎彝自上用之外以及颁赐各王府两京文武衙门，数目多寡款式巨细，悉仿《宣和博古图录》及考古诸书，并内库所藏柴、汝、官、哥、均、定各窑器皿，款式典雅者写图进呈拣选……

　　汇查本部祠祭册籍以及太常寺裡祀署司礼监内丰积库册籍所载郊坛太庙内廷供用鼎彝等件，已经会同诸臣参酌，遵旨于《博古图录》考古诸书中遴选款式典雅者，纪得八十有八种，其柴、汝、官、哥、均、定中亦选得二十有九种……

——《宣德鼎彝谱》卷一，《景印文渊阁四库全书》，台北商务印书馆，1986 年

马祖之神供奉狮首马蹄炉　　仿宋哥窑款式，炉高五寸六分，口径五寸三分，足高一分二参，狮首高四分四参。八炼洋铜铸成，重七两二钱，周身棠梨色，赤金商嵌狮首。

——《宣德鼎彝谱》卷六，《景印文渊阁四库全书》，台北商务印书馆，1986 年

工部衙门三员赐象耳大彝炉三座　　仿哥窑款式，大小如图。高五寸八分，两耳大一寸三分，足高四分，重二斤八两，十炼洋铜铸成，蜡茶本色，象耳填以赤金。

——《宣德鼎彝谱》卷八，《景印文渊阁四库全书》，台北商务印书馆，1986 年

都察院衙门三员　赐豸首大彝炉三座　　仿哥窑款式，大小如图。共高六寸一分，豸首大二寸二分，高八分，口圆径一尺七寸四分，腹深五寸七分，足高四分，重一斤十五两，十炼洋铜铸成，棠梨色，腹间二带及豸首钿以赤金。

——《宣德鼎彝谱》卷八，《景印文渊阁四库全书》，台北商务印书馆，1986 年

赐内府佛堂及天下名山寺院低足押经炉　　仿宋哥窑款式，高二寸七分，耳长八分四厘，环大六分二厘，足高一分三厘，重七两一钱，八炼洋铜铸成，棠梨色。共二百座。

——《宣德鼎彝谱》卷八，《景印文渊阁四库全书》，台北商务印书馆，1986 年

都太仆言，仁宗监国，问谕德杨士奇曰："哥窑器可复陶否？"士奇恐其玩好心，答云："此窑之变，不可陶。"他日，以问赞善王汝玉，汝玉曰："殿下陶之则立成，何不可之有？"仁宗喜，命陶之，果成。

——（明）皇甫录：《皇明纪略》，《丛书集成初编》，中华书局，1985 年

哥窑，浅白断纹，号百圾碎。宋时有章生一、生二兄弟，皆处州人，主龙泉之琉田窑。生二所陶青器，纯粹如美玉，为世所贵，即官窑之类。生一所陶者色淡，故名哥窑。

——（明）陆深：《春雨堂随笔》，《丛书集成初编》，中华书局，1985 年

又宋时处州章生兄弟者皆作窑，兄所作者视弟色稍白而断纹多，号白圾碎，故曰哥窑。

——（明）王世贞：《弇州四部稿》卷一百七十，《景印文渊阁四库全书》，台北商务印书馆，1986 年

县南七十里曰琉华山，高出境内诸山，山巅宽平，有长湖深不可测。相传旧有古刹，龙兴云雨，没而为湖。山下即琉田，居民多以陶为业。相传旧有章生一、章生二兄弟二人，未详何时人，主琉田窑造青器，粹美冠绝当世。兄曰哥窑，弟曰生二窑，价高而征课遂厚。自后器之出于琉田者，已粗陋利微，而课额不减，民甚病焉。然则为工者，亦何贵于精也。

——（明嘉靖）《浙江通志》卷八，明嘉靖四十年刊本

哥窑与龙泉窑皆出处州龙泉县。南宋时有章生一、生二弟兄各主一窑，生一所陶者为哥窑，以兄故也，生二所陶者为龙泉，以地名也。其色皆青，浓淡不一，其足皆铁色，亦浓淡不一，旧闻紫足，今少见焉，惟土脉细薄、油水纯粹者最贵，哥窑则多断文，号曰百圾破。龙泉窑，至今温、处人称为章窑，闻国初先正章溢乃其裔云。

——（明）郎瑛：《七修类稿续稿》卷六·事物类，上海书店出版社，2001 年

高子曰，论窑器必曰柴、汝、官、哥……官窑品格大率与哥窑相同，色取粉青为上，淡白次之，油灰色，色之下也。纹取冰裂、鳝血为上，梅花片、墨纹次之，细碎纹，纹之下也。论制如商庚鼎、纯素鼎、葱管空足冲耳乳炉、商贯耳弓壶、大兽面花纹周贯耳壶、汉耳环壶、文巳尊、祖丁尊，皆法古图式进呈物也……若上五制与欲姬壶样，深得古人铜铸体式，当为官窑第一妙品，岂可概以茄袋言之。又如葱管脚鼎炉、环耳汝炉、小竹节云板脚炉、冲耳牛奶足小炉、戟耳彝炉、盘口束腰桶肚大瓶、子一觚、立戈觚、周之小圜觚、素觚、纸槌瓶、胆瓶、双耳匙箸瓶、笔筒、笔格、元葵笔洗、桶样大洗、瓮肚盂钵二种、水中丞二色、双桃水注、立瓜卧瓜卧茄水注、匾浅磬口橐盘、方印色池、四入角委角印色池、有文图书戟耳彝炉、小方蓍草瓶、小制汉壶、竹节段壁瓶，凡此皆官哥之上乘品也。桶炉、六棱瓶、盘口纸槌瓶、大蓍草瓶、鼓炉、菱花壁瓶、多嘴花罐、肥腹汉壶、大碗、中碗、茶盏、茶托、茶洗、提包茶壶、六棱酒壶、瓜壶、莲子壶、方圆八角酒氅、酒杯、各制劝杯、大小圆碟、河西碟、荷叶盘、浅碟、桶子箍碟、绦环水池、中大酒海、方圆花盆、菖蒲盆、底龟背绦环六角长盆、观音弥勒洞宾神像、鸡头罐、楂斗、圆砚、箸㧽二色文篆隶书象棋子、齐箸小碟、螭虎镇纸，凡此皆二窑之中乘品也。又若大双耳高瓶、径尺大盘、夹底骰盆、大撞梅花瓣春胜合、棋子罐、大匾兽耳彝敦、鸟食罐、编笼小花瓶、大小平口药镡、眼药各制小罐、肥皂罐、中果盒子、蟋蟀盆、内中事件、佛前供水碗、束腰六脚小架、各色酒案盘碟，凡此皆二窑之下乘品也。要知古人用意，无所不到，此余概论如是，其二窑烧造种种，未易悉举例此可见。所谓官者，烧于宋修内司中，为官家造也，窑在杭之凤凰山下。其土紫，故足色若铁，时云紫口铁足，紫口乃器口上仰，渤水流下，比周身较浅，故口微露紫痕。此何足贵？惟尚铁足，以他处之土咸不及此。哥窑烧于私家，取土俱在此地。官窑质之隐纹如蟹爪，哥窑质之隐纹如鱼子，但汁料不如官料佳耳。二窑烧出器皿，时有窑变，状类蝴蝶禽鱼麟豹等象，布于本色渤外，变色或黄黑或红紫，形肖可爱，是皆火之义明幻化，否则理不可晓，似更难得。后有董窑、乌泥窑，俱法官窑，质粗不润，而渤水燥暴，溷入哥窑，今亦传世。后若元末新烧，宛不及此。近年诸窑美者亦有可取，惟紫骨与粉青色不相似耳。若今新烧，去诸窑远甚，亦有粉青色者，干燥而无华，即光润者变为绿色，且索大价。愚人更有一种复烧，取旧官哥磁器，如炉欠足耳、瓶损口棱者，以旧补旧，加以渤药，裹以泥，合入窑一火烧成，如旧制无异，但补处色浑而本质干燥不甚精采，得此更胜新烧。奈何二窑如葱脚鼎炉在海内仅存一二，乳炉、花觚存计十数，彝炉或以百计，四品为鉴家至宝，无怪价之忘值，日就增重，后此又不知凋谢如何。故余每得一睹，心目爽朗，神魂为之飞动，顿令腹饱，岂果就玩痼僻使然，更伤后人，闻有是名而不得见是物也。

——（明）高濂：《遵生八笺》卷十四，《景印文渊阁四库全书》，台北商务印书馆，1986 年

论窑器必曰柴、汝、官、哥、定……官窑品格与哥窑大约相同，其色俱以粉青色为上，淡白色次之，油灰色最下。纹取冰裂、鳝血为上，梅花片、墨纹次之，细碎纹最下，必铁足为贵，紫口为良第不同者。官窑质之隐纹亦如蟹爪，哥窑质之隐纹如鱼子，其汁料稍不如官窑之尤佳耳。

——（明）张应文：《清秘藏》卷上，《景印文渊阁四库全书》，台北商务印书馆，1986 年

余于项玄度家见官窑人面杯、哥窑一枝瓶、哥窑八角把杯，又哥窑乳炉，又白玉莲花胭脂盒，又白玉鱼盒，又倭厢倭几，又宋红剔桂花香盒，又水银青绿鼎、铜青绿提梁卣，盖底皆有款，又金翅壶，又商金鹏尊，有四螭上下蟠结，而青绿比他器尤翠，皆奇物也。是日为乙未八月二十有五日。

——（明）陈继儒：《妮古录》卷一，《丛书集成初编》，中华书局，1985 年

辰玉言，京中见双管汉玉杯，下穴一酒眼过酒，有鸳鸯及熊蟠其上，乃合卺杯也，而精巧非常，血侵中半杂青绿，后刘锦衣质杭州吴复斋。项希宪言，司马公哥窑合卺双桃杯，桃一合一开，即有哥窑盘承之，盘中一坎正相容，亦奇物也。后入刘锦衣家。

——（明）陈继儒：《妮古录》卷四，《丛书集成初编》，中华书局，1985 年

官、哥二窑，宋时烧之凤凰山下，紫口铁脚，今其泥尽，故此物不再得。间有能补旧窑者，如一炉耳碎，觅他已毁官窑之器，捣筛成粉，塑而附之，以烂泥别涂炉身，止留此耳，入火遂相传合，亦巧手也。近惟处之龙泉盛行，然亦惟旧者质光润而色葱翠，非独摩弄之久，亦其制造之工也。新者色黯质麤，火气外凝，殊远清赏。

——（明）王士性：《广志绎》卷四，《元明史料笔记丛刊》，中华书局，1981 年

宋时处州章氏兄弟皆造窑，兄所作者，视弟色稍白而断纹多，号白坂碎，故曰哥窑。有火碎纹、铁足胎，土极坚细如铁者。次，象窑，色如象牙。又次，彭窑。

——（明）徐懋升编：《留留青》，收录于（明）田艺蘅著《留青日札》，《浙江文丛》，浙江古籍出版社，2012 年

柴窑之外，有定、汝、官、哥四种，皆宋器也。流传至今者，惟哥窑稍易得，盖其质厚，颇耐藏耳。定、汝白如玉，难于完璧，而宋时官中所用，率铜钤其口，以是损价。

——（明）谢肇淛：《五杂俎》卷十二·物部四，上海书店出版社，2009 年

又宋时处州章生兄弟皆作窑，而兄所作者视弟色稍白，而断纹多，号曰坂碎，故曰哥窑……柴窑之外又有定、汝、哥、官四种，今惟哥窑有传者。

凡辨古陶者……哥陶紫口铁足，其色白，其文断碎若折。

——（明）徐应秋：《玉芝堂谈荟》卷二十八，《景印文渊阁四库全书》，台北商务印书馆，1986 年

哥窑，宋时旧物，留传虽久，真赝相杂，人间颇多求，其真宋而精美者绝少秀之。嘉善巨族曹琼获一香炉，高可二寸余阔称是，以美玉镂海东青捉天鹅为盖，真绝美者也，渐闻于镇守麦太监。麦囚琼索之，其子艮不得已而献焉。后为司礼监之有力者所夺。正德间盗窃得之，复货于吴下。上海澱山张信夫溇好骨董，以二百金易之而归。后至南京游都市，遍陈窑器，无甚奇□，虽千金不吝，务索其绝美者。市家云，止闻苏人得一内府哥窑，价可数百金，为上

海张信夫所得，此其最者舆？然此物为内府所重得之者，终不能为己物耳。市家不知其为张信夫，云然。信夫闻之大惊，归而潜货于吴之好事者，后内府竟不追，今亦不知其归于何人矣。

——（明）余永麟：《北窗琐语》，《丛书集成初编》，中华书局，1985 年

浙省处州丽水、龙泉两邑，烧造过锈杯碗，青黑如漆，名曰处窑。宋元时龙泉华琉山下有章氏造窑，出款贵重，古董行所谓哥窑器者即此。

——（明）宋应星：《天工开物》卷中·陶埏，明崇祯初刻本，商务印书馆，1933 年

匋即窑，柴、汝、官、哥、定，固不若永宣成嘉之尽善也……陆文裕曰，哥窑浅白断文，号百圾碎。宋时有章生一、生二兄弟，皆处州人，主龙泉之琉田窑。生二所陶青器纯粹如美玉，为世所贵，即官窑之类。生一所陶者色淡，故名哥窑，正类董窑……今假哥窑碎文，不能铁足，铁足则不能声。

——（清）方以智：《通雅》卷三十三，《景印文渊阁四库全书》，台北商务印书馆，1986 年

柴、汝、官、哥、定，宋窑之名也……陆文裕曰，宋处州章生一、生二兄弟至龙泉之琉田窑，而生一陶者百圾碎而色淡，故名哥窑，以铁足有声为验。

——（清）方以智：《物理小识》卷八，《景印文渊阁四库全书》，台北商务印书馆，1986 年

官窑者烧于宋修内司中，为官家造也，窑在杭州凤皇山下，其土紫，故足色若铁，时云紫口铁足。紫口乃器口上仰，泑水流下，比周身较浅，故口露紫痕，此何足贵。惟尚铁足，以它处之土咸不及此地。

哥窑者烧于私家，取土亦在凤皇山。官窑质之隐纹如蟹爪，哥窑质之隐纹如鱼子，恒汁泑不如官窑料佳乎。二窑烧出器皿时有窑变，状类蝴蝶禽鸟麟豹等像，本于本色泑外，变色或黄或紫红，肖形可爱，皆文明乃火之幻化，否则理不可晓，似更难得。后有薰窑、乌泥窑、官窑，质粗不润而泑水燥暴，溷入官、哥窑，今亦传世。后元末新烧，宛不及此。近年诸窑美者亦有可取，惟紫骨与粉青色不相似耳。若今新烧，去诸窑远甚，亦有粉青色，干燥无华，即光润者，变为绿色，且索大价愚人。更有一种后烧者，取旧官哥磁器如炉欠耳足、瓶损口棱者，以旧补旧，加以泑药，一火烧成如旧制无二，但补处色浑，而本质干燥不甚精，得此更胜新者。

——（清）谷应泰：《博物要览》卷三，《丛书集成初编》，中华书局，1985 年（此书作者应为谷泰）

章姓生二名，不知何时人，尝主琉田窑，凡磁器之出于生二窑者，极其青莹。□□□瑕如美玉，然今人家亦鲜存者。或一瓶一钵，□□十数金。厥兄□章生一所主之窑，其器皆□□□□，号百圾碎，亦冠绝当世。今人家藏者，尤为□□，世人称其兄之器曰歌歌窑，称其弟之器曰生二章云。

——（清顺治）《龙泉县志》卷十，清顺治十二年刻本

哥窑鱼耳彝炉，双层夹造，油灰色，大片冰纹，火气消尽，明润欲滴，但无柴骨铁足，此官、哥之别也。

——（清）孔尚任：《享金簿》，《孔尚任全集辑校注评》第四册，齐鲁书社，2004 年

（哥窑）即名章窑，出杭州大观之后。章姓兄弟处州人也、业陶，窃做于修内司，故釉色仿佛观窑，纹片粗硬，隐以墨漆，独成一宗。釉色亦肥厚，有粉青、月白色、淡牙色数种。又有深米色者为弟窑，不堪珍贵。间有溪南窑、商山窑，仿佛花边俱露本骨，亦好。今之做哥窑者，用女儿岭釉加椹子石末，间有可观铁骨，则加以粗料配其黑色。

——（清）佚名：《南窑笔记》，《美术丛书》四集第一辑，神州国光社，1936 年

（宋哥窑）本龙泉琉田窑，处州人章生一、生二兄弟于龙泉之窑，各主其一。生一以兄故，其所陶者曰哥窑。

《格古要论》：旧哥窑色青，浓淡不一，亦有铁足紫口，色好者类董窑，今亦少有。

《稗史类编》：土脉细薄，油水纯粹者最贵，哥窑则多断纹，号百圾碎。

《春风堂随笔》：哥窑浅白断纹。

《博物要览》：官窑质之隐纹如蟹爪、哥窑质之隐纹如鱼子、但汁釉不如官窑。

《五杂俎》：柴窑之外，定、汝、官、哥皆宋器也，流传至今，惟哥窑稍易得，盖质重耐藏，定、汝难于完璧。

——（清）朱琰：《陶说》卷二，《国学基本丛书简编》，商务印书馆，1936 年

（哥器）镇无专仿者，惟碎器户兼造，遂充称哥窑户，以前户能辨本原，今仿哥者只照式仿造，究不知哥何由称矣。

——（清）蓝浦著，郑廷桂、问谷补辑：《景德镇陶录》卷二，《美术丛书》二集第八辑，神州国光社，1936 年

（哥窑）宋代所烧，本龙泉琉田窑，处州人章姓兄弟分造。兄名生一，当时别其所陶曰哥窑，土脉细紫，质颇薄，色青，浓淡不一。有紫口铁足，多断纹，隐裂如鱼子。釉惟米色、粉青二种，汁纯粹者贵。

《唐氏肆考》云，古哥窑器质之隐纹如鱼子，古官窑质之隐纹如蟹爪，碎器纹则大小块碎。古哥窑色好者类官，亦号百圾碎，今但辨隐纹耳。又云汁油突不如官窑。案哥窑在元末新烧，土脉粗燥，色亦不好，见《格古要论》。旧呼哥哥窑亦取土于杭。

——（清）蓝浦著，郑廷桂、问谷补辑：《景德镇陶录》卷六，《美术丛书》二集第八辑，神州国光社，1936 年

《格古要论》谓：旧哥哥窑色青，浓淡不一，好者类董窑，今亦少有。成群队者是元末新烧，欠佳……

鱼子纹，《格古要论》以为哥器纹，而《陶成记》载汝釉亦有鱼子纹，合之无纹汝釉、蟹爪纹汝釉，可知汝器古有三种釉式。

——（清）蓝浦著，郑廷桂、问谷补辑：《景德镇陶录》卷十，《美术丛书》二集第八辑，神州国光社，1936 年

又《南宋杂事诗》注《五杂俎》：柴窑之外有定、汝、官、哥四种，皆宋器也，传流至今者，惟哥窑稍易得，盖其质厚，颇耐藏耳……《四部稿》：南宋时处州章生兄弟皆作窑，兄所作者，视弟色稍白，而断纹多，号百圾碎。又《考古括遗芳》称，兄所作为哥窑。

又南渡后邵成章提举后苑，时号邵局，法政和间京师旧制，名官窑，进奉之物，臣庶不敢用。又南宋时处州章生兄陶者为哥窑，弟陶者为龙泉，足皆铁色。哥窑多断纹，名百圾破，更见重于世。

——（清）程哲：《窑器说》，《美术丛书》初集第三辑，神州国光社，1936 年

Appendix: Historic Texts Related to Ge Ware

Shan Yingying

Based on literature known to date, the earliest text referring to Ge ware appeared in the Yuan dynasty. Texts on Ge ware became more abundant and detailed during the following Ming and Qing dynasties and the Republican period. In the following, texts related to Ge ware ranging from the Yuan to the Republican period are compiled. These cover a great variety of issues on Ge wares such as their date(s) and place(s) of manufacture, periodization, characteristics of body, glaze and crackles, form, value, relationship with Guan and with Longquan wares, imitations of later ages, and so on. Some of the texts are directly or indirectly copying other sources, but some render direct personal experiences. Based on an investigation of the sources, provenance and specific contents of these texts, we may gain a better understanding of Ge wares, and can discover how knowledge of Ge wares was passed on and evolved during the Ming, Qing and Republican periods.

后记

在中国陶瓷发展史上，"五大名窑"（汝窑、官窑、哥窑、定窑、钧窑）影响很大，但其中需要研究的问题也很多。故宫博物院故宫研究院陶瓷研究所（原"故宫博物院古陶瓷研究中心"）自 2005 年成立以来，一直致力于利用故宫博物院在藏品和人才方面的优势，并借助外界科研力量开展针对中国陶瓷史上一些重大学术问题的研究。经过认真考虑，决定首先将"五大名窑"研究作为重点科研项目。

继 2010 年、2012 年、2013 年、2015 年分别成功举办"百圾冰纹裂·色佳称粉青——宋代官窑瓷器展""洁白恬静——故宫博物院定窑瓷器展""色彩绚烂——故宫博物院钧窑瓷器展""清淡含蓄——故宫博物院汝窑瓷器展"和分别召开相应国际学术研讨会后，又于 2017 年 11 月推出"金丝铁线——故宫博物院哥窑瓷器展"并召开国际学术研讨会。此展览以故宫博物院收藏的传世哥窑及仿哥窑（釉）瓷器为主，辅以向浙江省文物考古研究所、杭州市文物考古研究所、上海博物馆、龙泉青瓷博物馆、山东博物馆、首都博物馆等六家兄弟单位商借的传世品和考古发掘出土的瓷片标本，以期较全面地反映传世南宋哥窑瓷器和后仿哥窑（釉）瓷器的风貌，揭示哥窑的历史地位及其在当时和对后世的影响，进一步推动哥窑研究的深入开展。

在筹办展览和编辑本书过程中，故宫博物院和六家借展单位的相关领导、专家、学者及同志付出了辛勤的劳动。

故宫博物院研究馆员耿宝昌先生担任学术顾问，并为本书作序。

故宫博物院常务副院长王亚民先生、副院长任万平女士主抓展览设计和图书编辑。

故宫博物院器物部主任吕成龙先生多次审阅、修改展览大纲和图录文稿，并为本书惠赐宏文。

浙江省文物考古研究所研究员沈岳明先生为本书惠赐宏文。

故宫博物院器物部副主任徐巍先生统筹、协调文物摄影、签订借展协议、文物运输等事宜。

浙江省文物考古研究所、杭州市文物考古研究所、上海博物馆、龙泉青瓷博物馆、山东博物馆、首都博物馆的领导对借展工作给予大力支持，刘建安、蔺洲、俞锦辉、钱诚先生及李迎、史春月女士分别负责六家借展单位的具体协调工作。

故宫博物院文保科技部主任史宁昌先生、副主任雷勇先生以及段鸿莺、侯佳钰、贾翠女士及丁银忠、康葆强先生等对部分展品进行了无损检测。

故宫博物院器物部陶瓷组韩倩女士负责起草展览大纲，陶瓷组全体同仁以及六家借展单位部分同仁为本书选用展品撰写了文物说明。

故宫博物院资料信息部李凡、孙竞先生负责书中故宫博物院藏品的拍摄和影像提用工作。六家借展单位所指定同仁负责书中选用的各单位藏品的摄影和影像提用工作。

故宫博物院展览部主任张光耀先生以及纪炜、宋海洋、薄海昆先生、高冉女士等，为展览的形式设计付出了心血。

故宫博物院文物管理处负责借展文物的进、出院手续办理事宜。

故宫出版社万钧、方妍女士为本书的编辑付出了辛勤劳动。

伦敦大学学院高级荣誉研究员、《ART.ZIP》杂志李宝平先生在百忙中为本书翻译部分英文。

在此一并致以最诚挚的谢意！

其他如有遗漏，敬请见谅！

哥窑研究中一系列问题的解决，不可能一蹴而就，随着考古资料的不断增多和文献资料的进一步梳理，还需要做大量细致工作，我们只是尽了一份努力。我们深知工作中一定会有做得不足的方面，恳请读者朋友们不吝赐正。

编辑委员会
2017 年 11 月

Postscript

The Ru, Guan, Ge, Ding and Jun wares are collectively known as the Five Great Wares. These wares exerted great influence in the history of Chinese ceramics, but many questions remain to be answered. Since its founding in 2005, the Ceramic Research Institute (formerly the Research Centre of Ancient Ceramics) of the Palace Museum has been engaged in making use of the Museum's rich collection as well as the expertise of its scholars to research major academic questions on ceramics, with the assistance of scientific techniques. Upon careful consideration, the Institute decided to take the Five Great Wares as primary topics for its research projects.

In 2010, 2012, 2013 and 2015, the Institute organised successful exhibitions, respectively, on Guan, Ding, Jun and Ru wares, with accompanying international symposia. In November 2017, the Institute is launching the exhibition *Gold Thread and Iron Wire: Ge Wares of the Palace Museum* together with an international symposium on this topic. The ceramics in the present exhibition are mainly heirloom pieces designated as Ge wares (heirloom Ge wares), and imitations of Ge wares/glazes from the collection of the Palace Museum. In addition, heirloom pieces and archaeological finds have been loaned from six other organisations, including the Zhejiang Province Research Institute of Cultural Relics and Archaeology, the Hangzhou Municipal Research Institute of Cultural Relics and Archaeology, the Shanghai Museum, the Longquan Celadon Museum, the Shandong Museum, and the Capital Museum. It is hoped this exhibition will provide a full picture of Ge wares of the Southern Song period as well as later imitations, and document the historic significance of this ware and its influence on contemporary and later ceramics, to advance the research on Ge ware.

Many colleagues from the Palace Museum and the six contributing organisations have diligently worked towards the organisation of the exhibition and completion of the catalogue.

Mr. Geng Baochang, Senior Research Fellow of the Palace Museum, has acted as the Academic Advisor for this project and has written the preface for this book.

Mr. Wang Yamin, Executive Vice-Director of the Palace Museum, and Ms. Ren Wanping, Vice-Director of the Museum, have supervised the exhibition design and catalogue compilation.

Mr. Lv Chenglong, Director of the Department of Objects and Decorative Arts of the Museum, has reviewed and edited the exhibition outline and catalogue texts several times, and has contributed an essay to the catalogue.

Mr. Shen Yueming, Research Fellow of Zhejiang Province Research Institute of Cultural Relics and Archaeology, has contributed an essay to the catalogue.

Mr. Xu Wei, Vice Director of the Museum's Department of Objects and Decorative Arts, has supervised and coordinated issues such as photography, loan agreements and transportation of exhibition objects.

Responsible for coordinating the loans from the above-mentioned six organizations were, respectively, Mr. Liu Jian'an, Ms. Li Ying, Mr. Lin Zhou, Mr. Yu Jinhui, Ms. Shi Chunyue and Mr. Qian Cheng.

Non-destructive analysis was conducted on some of the exhibition objects at the Museum's Department of Science and Technology for Cultural Relics Protection, by its Director, Mr. Shi Ningchang, and its Vice Director, Mr. Lei Yong, as well as comrades Ms. Duan Hongying, Ms. Hou Jiayu, Mr. Ding Yinzhong, Ms. Jia Cui and Mr. Kang Baoqiang.

Ms. Han Qian from the Ceramic Team of the Museum has drafted the outline for the exhibition. The Ceramic Team of the Palace Museum and experts of the six contributing organisations wrote the descriptions for the exhibition objects.

Mr. Li Fan and Mr. Sun Jing from the Museum's Department of IT, Imaging and Digital Media managed the photography and image selection for objects in the Museum's collection; for those from the six contributing organisations designated members of staff were responsible.

The Exhibition Department of the Palace Museum looked after the design of the exhibition, including its Director Mr. Zhang Guangyao, and comrades Mr. Ji Wei, Mr. Song Haiyang, Mr. Bo Haikun and Ms. Gao Ran.

The Collection Management Department of the Museum is in charge of procedures for receipt and release of the loan objects.

Ms. Wan Jun and Ms. Fang Yan from the Forbidden City Publishing House have tirelessly worked in editing this book.

Mr. Li Baoping of ART.ZIP, Honorary Senior Research Associate of Institute of Archaeology, University College London, translated part of this book into English.

We extend our most sincere thanks to all these organisations and individuals!

Please accept our apology if we omitted anyone in the acknowledgement!

The series of questions concerning Ge ware studies cannot possibly be solved in one single project like this. More research has to be conducted as more and more archaeological material will come to light, and a deep and systematic investigation and interpretation of texts related to Ge wares, known already or still undetected among the vast historical literature, needs to be undertaken. We are just endeavoring to contribute to answering the Ge ware questions according to our capacity and resources. Our work will undoubtedly be deficient due to time limits and other reasons, and we would greatly appreciate opinions and suggestions from readers.

The Editorial Committee
November 2017

图书在版编目（CIP）数据

哥瓷雅集：故宫博物院珍藏及出土哥窑瓷器荟萃 /
故宫博物院编. — 北京：故宫出版社，2017.11（2018.11重印）
ISBN 978-7-5134-1059-5

Ⅰ. ①哥… Ⅱ. ①故… Ⅲ. ①哥窑－瓷器（考古）－
中国－图录 Ⅳ. ①K876.32

中国版本图书馆CIP数据核字（2017）第257130号

哥瓷雅集
故宫博物院珍藏及出土哥窑瓷器荟萃

故宫博物院 编
出 版 人：王亚民
责任编辑：方　妍
装帧设计：李　猛
责任印刷：常晓辉　顾从辉
出版发行：故宫出版社
　　　　　地址：北京市东城区景山前街4号　邮编：100009
　　　　　电话：010-85007808　010-85007816　传真：010-65129479
　　　　　网址：www.culturefc.cn　邮箱：ggcb@culturefc.cn
印　　刷：北京雅昌艺术印刷有限公司
开　　本：889毫米×1194毫米　1/12
印　　张：33.5
版　　次：2017年11月第1版
　　　　　2018年11月第2次印刷
印　　数：2,001~4,000册
书　　号：ISBN 978-7-5134-1059-5
定　　价：460.00元